ჯვრის მოწოდება

ჯვრის

მოწოდება

დოქტორი ჯაეროკ ლი

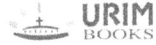

URIM BOOKS

ჯვრის მოწოდება დოქტორი ჯაეროკ ლისაგან
გამოქვეყნებულია ურიმ ბუქსის მიერ (წარმომადგენელი:
სეონგკეონ ვინი)
361-66, Shindaebang-Dong, Dongjak-Gu, სეული, კორეა
www.urimbooks.com

ყველა ციტატა ამოღებულია ბიბლიის თარგმნის ინსტიტუტის
რუსეთი/CIS ქართული ბიბლიიდან (2002). გამოყენებულია
ნებართვით. გამოყენებულია ნებართვით.

საავტორო უფლება © 2013 დოქტორი ჯაეროკ ლისაგან
ISBN: 978-89-7557-695-9
თარგმნის საავტორო უფლება © 2012 დოქტორი ესთერ კ.
ჩუნგისგან. გამოყენებულია ნებართვით.

მანამდე გამოქვეყნებულია კორეულად 2002 წელს ურიმ
ბუქსისგან.

პირველი გამოცემა 2013 წლის მარტი

რედაქტირებულია დოქტორი გეუმსუნ ვინის მიერ
ილუსტრირებულია ურიმ ბუქსის სარედაქციო ბიუროს მიერ
დამატებითი ინფორმაციისათვის
დაგვიკავშირდით: urimbook@hotmail.com

წინასიტყვაობა

გისურვებ ჩასწვდე უფლის გულს და მის დიდ განზრახვას სიყვარულში და ჩადო მტკიცე საძირკველი შენი რწმენისათვის

1986 წლიდან *ჯვრის მოწოდება* უთვალავ ადამიანს წარუძღვა ხსნისაკენ და მოახდინა უამრავი სული წმინდის სასწაულების დემონსტრირება საზღვარგარეთულ ლაშქრობებზე. ბოლოს მამა ღმერთმა დამლოცა, რათა გამომექვეყნებინა იგი. მე ვაძლევ დიდებას მას და ვუხდი მადლობას!

უამრავი ადამიანი ამბობს რომ მათ შემოქმედი ღმერთის სწამთ და იციან მისი ვაჟის, იესო ქრისტეს სიყვარული, მაგრამ არ შეუძლიათ სახარების გაბედულად ქადაგება. სინამდვილეში მხოლოდ რამდენიმე ქრისტიანი სწვდება მის გულს. გარდა ამისა ზოგი ქრისტიანი გამოყოფილია უფლისგან, რადგან მათ არ მიუღიათ ნათელი პასუხი უამრავ კითხვაზე, რომლებიც ბიბლიაშია ნაჩვენები, ან არ შეუძლიათ უფლის სიყვარულის იდუმალი არსებობის გაგება.

მაგალითად, რა პასუხს გასცემდი მომდევნო სამ კითხვას: "რატომ აღმოაცენა უფალმა ხე სიცოცხლისა

და ხე კეთილისა და ბოროტის შეცნობის და რატომ მისცა ადამიანს უფლება ეჭამა ამ ხის ნაყოფი?" "რატომ შექმნა ღმერთმა ჯოჯოხეთი მიუხედავად იმისა, რომ მან ცოდვილებს შესწირა თავისი ძე იესო ქრისტე?" და "რატომ არის იესო ქრისტე ერთადერთი მხსნელი?"

მე ვერ ვიგებდი უფლის შექმნის ღრმა არსებობას და მის საიდუმლოებებს, რომლებიც დამალულია ჯვარში ჩემი ქრისტიანული ცხოვრების პირველი რამოდენიმე წლის განმავლობაში. მას შემდეგ რაც სახარების მღვდლად დამნიშნეს ჩემს თავს ვკითხე, "როგორ წარვუძღვე უამრავ ადამიანს ხსნისაკენ?" მე მივხვდი რომ ბიბლიის ყოველი სიტყვის მნიშვნელობა უნდა გამეგო რთული ადგილების ჩათვლით და მექადაგა მთელს მსოფლიოში. ხშირად ვმარხულობდი და ვლოცულობდი ამისთვის. შვიდი წელი გავიდა სანამ უფალმა ამის გამოვლენა დაიწყო.

1985 წელს როდესაც მხურვალედ ვლოცულობდი, სული წმინდით ავივსე. მან დაიწყო უფლის არსებობის საიდუმლოების განმარტება, რომელიც აქამდე დაფარული იყო. ეს იყო "ჯვრის მოწოდება." მე ეს ვიქადაგე ყოველი კვირის წირვა-ლოცვაზე 21 კვირის განმავლობაში. "ჯვრის მოწოდების" კასეტების ჩანაწერებმა ზეგავლენა მოახდინა უამრავ ადამიანზე ქვეყნის შიგნით და საზღვარგარეთაც. ყოველთვის, როდესაც "ჯვრის მოწოდებას" ვქადაგებდი, სული წმინდა მუშაობდა როგორც მხურვალე ცეცხლი. უამრავმა ადამიანმა მოინანია ცოდვები და განიკურნენ

დაავადებებისგან. მათ გაანდევნეს ეჭვები უფლის არსებობის შესახებ და მოიხვეჭეს ჭეშმარიტი რწმენა და საუკუნო სიცოცხლე. მანამდე მათ ზუსტად არ იცოდნენ ღმერთი და მისი ღრმა სიყვარული. მათ დაიწყეს ღმერთის განზრახვის გაგება, შეხვდნენ მას და აქვთ იმედი საუკუნო სიცოცხლისა ამ მოწოდების მეშვეობით.

თუ ნათლად იგებ რატომ აღმოაცენა უფალმა ხე სიცოცხლისა და ხე კეთილის და ბოროტის შეცნობის ედემის ბაღში, მაშინ შენ შეგიძლია გაიგო მისი არსებობა ადამიანის განვითარებისათვის და მას კიდევ უფრო მეტად შეიყვარებ. გარდა ამისა, თუ შენი სიცოცხლის მიზანი გეცოდინება, მაშინ შეგეძლება შენი ცოდვების წინააღმდეგ ბრძოლა სისხლის დაღვრამდე, შეეცდები უფალი იესო ქრისტეს გულს დაემსგავსო და სიკვდილის ბოლომდე იყო უფლის ერთგული.

ჯვრის მოწოდება გაჩვენებს ღმერთის საიდუმლო არსებობას, რომელიც დაფარულია ჯვარში და დაგეხმარება ჩადო ჭეშმარიტი საფუძველი ქრისტიანულ ცხოვრებაში. მაშასადამე, ყველა ვინც ამ წიგნს წაიკითხავს, გაიგებს ღმერთის ღრმა არსებობას და სიყვარულს, ექნება ჭეშმარიტი რწმენა და დანერგავს და წარუძღვება ქრისტიანულ ცხოვრებას, რომელიც უფლის თვალებს ესიამოვნება.

მე მადლობას ვუხდი დოქტორ გეუმსუნ ვინს, ურიმ ბუქსის სარედაქციო ბიუროს დირექტორს და მის პერსონალს, რომლებმაც დიდი მალისხმევით

გამოაქვეყნეს ეს ნამუშევარი.

უამრავმა ადამიანმა გაიგო უფლის ღრმა არსებობა, შეხვდა მის სიყვარულს და გახდნენ უფლის ჭეშმარიტი შვილები - ამ ყველაფერს ვლოცულობ უფალი იესო ქრისტეს სახელში!

ჯაეროკ ლი

შესავალი

ჯვრის მოწოდება არის უფლის ძალა და სიბრძნე და ძლიერი მოწოდება რომელიც გარს შემოერტყმევა ყველა ქრისტიანს!

მე ვადიდებ და მადლობას ვუხდი მამა ღმერთს, რომელმაც გვიხელმძღვანელა გამოგვექვეყნებინა *ჯვრის მოწოდება*. მსოფლიოს გარშემო მანმინის უამრავი წევრი ელოდებოდა მის გამოქვეყნებას. ეს წიგნი იძლევა ნათელ პასუხებს იმ უამრავ კითხვაზე, რომლებსაც მრავალი ქრისტიანი კითხულობდა: "როგორი იყო შემოქმედი ღმერთი დაწყებამდე?" "რატომ შექმნა ღმერთმა ადამიანი და მისცა უფლება ეცხოვრა ამ ქვეყანაზე?" "რატომ აღმოაცენა უფალმა ხე სიცოცხლისა და ხე კეთილისა და ბოროტის შეცნობის ედემის ბაღში?" "რატომ გააგზავნა ღმერთმა თავისი ერთადერთი ვაჟი მსხვერპლად?" "რატომ დაგეგმა ღმერთმა ხსნის ბედისწერა უსწორმასწორო ხის ჯვრის მეშვეობით?" და კიდევ უამრავი სხვა კითხვა.

ეს წიგნი შედგება დოქტორი ჯაეროკ ლის მიერ ქადაგებული სულით სავსე მოწოდებებით და გატყობინებს რომ იცოდე და იგებდე ღრმა, ვრცელ და უზარმაზარ უფლის სიყვარულს.

თავი პირველი, "შემოქმედი ღმერთი და ბიბლია," წარმოგიდგენს უფალს და როგორ მუშაობს იგი შენში. ამ თავის მეშვეობით შენ იპოვნი ცოცხალი ღმერთის მტკიცებულებას და გააცნობიერებ ბიბლიის სიმართლეს კაცობრიობის ისტორიის ფონზე. მეტიც, ეს ადასტურებს ევოლუციის თეორიის სიყალბეს და ღმერთის არსებობის ჭეშმარიტებას.

თავი მეორე, "უფალი ქმნის და ხვეწავს ადამიანს," ამტკიცებს, რომ უფალმა შექმნა ყველაფერი სამყაროში და ჩამოაყალიბა ადამიანი თავისი გამოსახულებით. ამას გარდა, ეს თავი გასწავლის ადამიანის ცხოვრების ჭეშმარიტ მნიშვნელობას და ადამიანების მისი ნამდვილი შვილებივით აღზრდის დანიშნულებას.

თავი მესამე, "ხე სიცოცხლისა და ხე კეთილისა და ბოროტის შეცნობის," პასუხს სცემს ყველა ქრისტიანის ძირითად კითხვებს: რატომ აღმოაცენა უფალმა ხე სიცოცხლისა და ხე კეთილისა და ბოროტის? ეს თავი განმარტავს მიზეზს დეტალებში და გეხმარება გაიგო ღრმა სიყვარული და საიდუმლო განგება უფლისა,

რომელიც ანვითარებს ადამიანებს დედამიწაზე. თავი მეოთხე, "დამალული საიდუმლო დროის დაწყებამდე," ხსნის ურთიერთობას მიწის გამოსყიდვის კანონსა და ადამიანების ხსნის სულიერ კანონს შორის (ლევიანნი 25). ეს თავი ასევე განმარტავს იმას, რომ ადამიანები უნდა წასულიყვნენ სიკვდილის გზაზე თავიანთი ცოდვების გამო, მაგრამ უფალმა მოამზადა მათი ხსნის გასაოცარი გზა სანამ დრო დაიწყებოდა. დასასრულს ეს თავი გასწავლის თუ რატომ აქვს უფალს დამალული ადამიანის გადარჩენის გზა მისი არჩევის დრომდე და რატომ არის იესო ქრისტე შესაფერისი მიწის გამოსყიდვის კანონის გარემოებებისთვის.

თავი მეხუთე, "რატომ არის იესო ჩვენი ერთადერთი მხსნელი?" განმარტავს თუ როგორ შესრულდა იესოს მეშვეობით უფლის ადამიანების დახვეწის გეგმა, რომელიც დამალული იყო დროის დაწყებამდე, მისი ჯვარცმის მიზეზი, უფლის შვილების დალოცვა და უფლებები, "იესო ქრისტეს" სახელის დანიშნულება, მიზეზი თუ რატომ მისცა უფალმა იესო ქრისტეს ეს სახელი ზეცის ქვეშ, რითითაც ადამიანები უნდა იხსნან და ასე შემდეგ. შენ იგრძნობ უფლის განუზომელ სიყვარულს თუ გაიგებ ამ თავის სულიერ მნიშვნელობას.

თავი მეექვსე, "ჯვრის განგება," გაცნობებს იესოს ტანჯვის ღრმა მნიშვნელობებს. რატომ დაიბადა იესო ცხოველების ბაკში და რატომ იწვა გეჯაზე თუ კი იგი იყო უფლის ჭეშმარიტი ვაჟი? რატომ იყო იგი ღარიბი მთელი თავისი ცხოვრების განმავლობაში? რატომ გამათრახდა იგი მთელს სხეულზე ეკლებით შემკობილი გვირგვინით და რატომ მიაჭედეს იგი ჯვარზე ლურსმნებით? რატომ ეწამა იგი ტკივილისაგან სისხლის ღვრამდე?

ეს თავი სცემს ზუსტ პასუხებს ასეთ კითხვებზე და გეხმარება გაიგო მისი ტანჯვის სულიერი მნიშვნელობა. ყველა სახის დაავადება, პრობლემები როგორიცაა სიღარიბე, ოჯახში უთანხმოება, ბიზნესის სირთულეები და ა.შ. მოგვარდება შენი გაგების და იესო ქრისტეს ტანჯვის სულერი მნიშვნელობების რწმენის მეშვეობით. ეს თავი გეხმარება იცოდე უფლის ღრმა სიყვარული, ჩამოშორდე ყველა სახის ბოროტებას და მონაწილეობა მიიღო ღვთისმეტყველ ბუნებაში.

თავი მეშვიდე, "ჯვარზე გაკრული იესოს ბოლო შვიდი სიტყვა," განმარტავს ჯვარზე გაკრულ იესო ქრისტეს ბოლო შვიდი სიტყვის სულიერ მნიშვნელობას სანამ იგი გარდაიცვლებოდა. ჯვარზე ბოლო შვიდი სიტყვის მეშვეობით მან შეასრულა მისი მისია, რომელიც მას თავისი მამა ღმერთისგან ჰქონდა

მიღებული. ეს თავი ხაზს უსვამს იმას რომ უნდა გესმოდეს იესოს დიდი სიყვარული ადამიანებისადმი, ელოდო მის მეორედ მოსვლას და იბრძოლო წესიერი ბრძოლა ბოლომდე მკვდრეთით აღდგომის იმედით.

თავი მერვე, "ჭეშმარიტი რწმენა და საუკუნო სიცოცხლე," გეუბნება, რომ ჩვენ გავხდებით ერთნი ჩვენს საქმრო იესო ქრისტეში მხოლოდ ჭეშმარიტი რწმენით. ბიბლია აფრთხილებს მათ ვინც ამბობს რომ სჯერათ მხსნელი იესო ქრისტესი, მაგრამ ვერ გადარჩებიან განაჩენის დღეს. ბიბლია ხაზს უსვამს არა მხოლოდ იესო ქრისტეს მიღებაზე, არამედ უფლის მის ხორცის ჭამაზე და მისი სისხლის დალევაზეც. შენ შეგიძლია გქონდეს ჭეშმარიტი რწმება, რომელიც წარგიძღვება ხსნისაკენ, როდესაც შეჭამ მის ხორცს და დალევ მის სისხლს. ეს თავი ასევე გასწავლის ჭეშმარიტი რწმენის არსს, როგორ იძენ მას და რა უნდა ქნა მთლიანი ხსნის მისაღწევად.

თავი მეცხრე, "რათა დაიბადო წყლად და სულით," თავიდან აღნიშნავს დიალოგს იესოსა და ნიკოდემუსს შორის. ეს გაცვლა აბოლოვებს *ჯვრის მოწოდებას.* შენი გული შეუწყვეტლივ უნდა ახლდებოდეს წყლით და სული წმინდით მანამ, სანამ იესო ქრისტე დაბრუნდება და უნდა შეინახო შენი სული და უმწიკლო სხეული

უფალი იესო ქრისტეს მეორედ მოსვლაზე, დრო როდესაც უფალი მიგიღებს როგორც თავის ლამაზ პატარძალს.

თავი მეათე, "რა არის ერესი?" შეისწავლის ერესის ბუნებას და განიხილავს ქრისტიანების უარყოფით და ცრუ გაგებას მის შესახებ. დღეს, ბევრ ადამიანს ეშლება ან აბრალებს უფლის სამუშაოებს ერეტიკოსობას ან არასწორად იგებს დაუდევრობის გამო, რადგან მათ არ იციან ჰერესის ბიბლიური დანიშნულება. ეს თავი გაფთხილებს, რომ არ უნდა განკიცხო ან დაადანაშაულო სული წმინდის სამუშაოები ერეტიკულ სამუშაოებად და გიხსნის თუ როგორ განასხვავო ჭეშმარიტი და მცდარი სული ერთმანეთისგან და ასევე ზოგიერთი ერეტიკული სარწმუნოებების შესახებ. საბოლოოდ ეს თავი ხაზს უსვამს იმას, რომ შენ განუწყვეტლივ უნდა ილოცო და იცხოვრო სამართლიანად, რათა არ ჩავარდე მცდარი სულის ცდუნებაში.

პავლე მოციქულმა სთქვა ჯვრის მოწოდების შესახებ 1 კორინთელთა 1:18-ში, "ვინაიდან ჯვრის სიტყვა სიშლეგეა წარწყმედილთათვის, ხოლო ჩვენებრ ხსნილთათვის ძალაა ღვთისა." ყველას შეუძლია ჰქონდეს ჭეშმარიტი რწმენა, შეხვდეს ცოცხალ ღმერთს

და სიამოვნებით იცხოვროს ქრისტიანული ცხოვრებით, როდესაც იგი იგებს ჯვარში დაფარულ საიდუმლოებას და ხვდება უფლის ღრმა სიყვარულს კაცობრიობისათვის.

ჯვრის მოწოდება არის ძირითადი სწავლება შენი ცხოვრებისათვის. ამიტომ, მე ვლოცულობ, რომ შენ განათავსო საძირკველი შენი ქრისტიანული ცხოვრებისათვის და მიაღწიო ხსნას და საუკუნო სიცოცხლეს.

გეუმსუნ ვინი
სარედაქციო ბიუროს დირექტორი

ს ა რ ჩ ე ვ ი

წინასიტყვაობა

შესავალი

თავი 1 _ შემოქმედი ღმერთი და ბიბლია • 1

- ღმერთი არის შემოქმედი
- მე ვარ რომელიც ვარ
- უფალი არის ყოვლისმცოდნე და ყოვლისშემძლე
- უფალი არის ბიბლიის ავტორი
- ბიბლიის ყოველი სიტყვა სიმართლეა

თავი 2 _ უფალი ქმნის და ხვეწავს ადამიანს • 29

- ღმერთი ქმნის ადამიანებს
- რატომ ხვეწავს ღმერთი ადამიანებს?
- უფალი გამოყოფს ხორბალს და ჩალას

თავი 3 _ ხე სიცოცხლისა და კეთილისა
და ბოროტის შეცნობის • 49
- ადამი და ევა ედემის ბაღში
- ადამი არ დაემორჩილა საკუთარი ნებით
- ცოდვის საზღაური არის სიკვდილი
- რატომ აღმოაცენა უფალმა ხე სიცოცხლისა და ხე
კეთილისა და ბოროტის შეცნობის ედემის ბაღში?

თავი 4 _ დაფარული საიდუმლო დროის დაწყებამდე • 77
- ადამის ძალაუფლება გადაეცა ეშმაკს
- მიწის გამოსყიდვის კანონი
- დაფარული საიდუმლო დროის დაწყებამდე
- კანონის მიხედვით იესო ქრისტე შესაფერისია

თავი **5** _ რატომ არის იესო ჩვენი ერთადერთი მხსნელი? • 99
  - ხსნის განგება იესო ქრისტეს მეშვეობით
  - რატომ იყო იესო ხის ჯვარზე გაკრული?
  - არა სხვა სახელი დედამიწაზე, მხოლოდ
    "იესო ქრისტე"

თავი **6** _ ჯვრის განგება • 121
  - თავლაში დაბადებული და გეჯაში ნაწოლი
  - იესოს ცხოვრება სიღარიბეში
  - გამათრახებული და ღვრის თავის სისხლს
  - ატარებს ეკლების გვირგვინს
  - იესოს ტანისამოსი და კვართი
  - ლურსმნებით დაჭედებული ხელებით და ფეხებით
  - იესოს ფეხები არ მოსტყდა, მაგრამ მისი გვერდი
    განიგმირა

თავი **7** _ ჯვარზე გაკრული იესოს ბოლო შვიდი სიტყვა • 173
  - მამაო, შეიწყალე ისინი
  - დღესვე ჩემთან ერთად იქნები სამოთხეში
  - ჰოდედაჰ დედაკაცო, აჰა შენი ძე; აჰა შენი დედა
  - ელოი, ელოი, ლამა საბაჩთანი?
  - მწყურია
  - აღსრულდა
  - მამაო, შენს ხელს ვაბარებ ჩემს სულს

თავი 8 _ ჭეშმარიტი რწმენა და საუკუნო სიცოცხლე • 207
- როგორი უზარმაზარი საიდუმლოებაა!
- ცრუ ადიარებანი არ წაგიძღვება ხსნამდე
- უფლის ვაჟის ხორცი და სისხლი
- პატიება მხოლოდ ნათელ̄ში სიარულით
- რწმენა მოქმედებით არის ჭეშმარიტი რწმენა

თავი 9 _ რათა დაიბადო წყლად და სულით • 265
- ნიკოდემუსი მიდის იესოსთან
- იესო ეხმარება ნიკოდემუსს სულიერ გაგებას
- როდესაც იბადები წყლითა და სულით
- სამი დამამტკიცებელი საბუთი: სული,
  წყალი და სისხლი

თავი 10 _ რა არის ერესი? • 283
- ერესის ბიბლიური განმარტება
- ჭეშმარიტების სული და ცდომილების სული

თავი 1

შემოქმედი ღმერთი და ბიბლია

- ღმერთი არის შემოქმედი
- მე ვარ რომელიც ვარ
- უფალი არის ყოვლისმცოდნე და ყოვლისშემძლე
- უფალი არის ბიბლიის ავტორი
- ბიბლიის ყოველი სიტყვა სიმართლეა

”თავდაპირველად ღმერთმა
შექმნა ცა და მიწა.”

დაბადება 1:1

ამ ქვეყანაზე უამრავი ადამიანი დაჟინებით ამბობს რომ ღმერთი არ არსებობს. ასევე არიან ადამიანები, რომლებიც ადიდებენ ადამიანის წარმოსახვით შექმნილ ღმერთებს. მიუხედავად იმისა, რომ ჩვენ არ შეგვიძლია მისი დანახვა, იგი უდავოდ ცოცხალია და მხოლოდ ერთი ღმერთი არსებობს, რომელიც ჩვენ უნდა ვადიდოთ. ღმერთი არის სამყაროს, კაცობრიობის და ყველაფრის შემქმნელი. იგი არის ყველაფრის მმართველი.

რა არის ღმერთი? სინამდვილეში არ არის ადვილი ადამიანისათვის ღმერთის ახსნა. ადამიანი არის ჭეშმარიტი ქმნილება. ღმერთი არის უსაზღვრო. არ აქვს მნიშვნელობა რამდენს დავინახავთ ჩვენი ცოდნით, ჩვენ მაინც არ შეგვიძლია უფლის სრულიად გაგება და მის შესახებ ყველაფრის ცოდნა.

მიუხედავად იმისა, რომ არ შეგვიძლია ყველაფერი ვიცოდეთ მის შესახებ, არის ძირითადი რაღაცეები, რაც ჩვენ უნდა ვიცოდეთ როგორც უფლის შვილებმა. მთავარი აზრი იქნება დეტალურად ახსნილი.

ღმერთი არის შემოქმედი

დღეს უთვალავი წიგნი არსებობს მსოფლიოში, მაგრამ ბიბლიის გარდა ვერც ერთი წიგნი ვერ გამლევს დეტალურ და ნათელ პასუხს კითხვებზე წარმოშობის, სამყაროს შექმნის და კაცობრიობის დასაწყისის და დასასრულის შესახებ.

ბიბლია იმლევა ნათელ პასუხს კითხვაზე სამყაროს და სიცოცხლის დასაწყისის შესახებ. დაბადება 1:1-ში წერია *"თავდაპირველად ღმერთმა შექმნა ცა და მიწა"* და ებრაელთა 11:3-ში წერია *"რწმენით შევიცნობთ, რომ ღვთის სიტყვით შეიქმნენ საუკუნენი, და რომ ხილული უხილავისაგან იღებს დასაბამს."*

ყველაფერი რასაც ვხედავთ არ შექმნილა ისეთი რამისგან რაც უკვე არსებობდა. ეს შეიქმნა "არაფრისგან" უფლის ბრძანებით.

ადამიანს შეუძლია შექმნას რაიმე რაიმესგან რაც უკვე არსებობს, სახელდობრ მასალების ტრანსფორმირებით ან კომბინირებით, რომლებიც უკვე არსებობენ შეიძლება, მაგრამ ადამიანს არ შეუძლია რაიმეს შექმნა არაფრისგან.

წარმოუდგენელია რომ ადამიანმა შეძლოს ორგანიზმის შექმნა. მიუხედავად იმისა, თუ კარგად აქვს განვითარებული მეცნიერული ტექნოლოგია ხელოვნური ინტელექტის კომპიუტერების გასაკეთებლად, მაინც არ შეუძლია შექმნას ამება არაფრისგან.

ამიტომ ადამიანები უბრალოდ ქმნიან ცოცხალ

ორგანიზმებს ისეთი რაღაცეებისგან, რაც უფლისგან აქვთ მიცემული და კომბინირებას უკეთებენ მათ სხვადასხვა გზით. შენ უნდა იცოდე, რომ ამის მეტი არაფერია.

ამგვარად უნდა იცოდე, რომ ღმერთს შეუძლია რაიმეს შექმნა არაფრისგან. მხოლოდ შემოქმედმა ღმერთმა შექმნა სამყარო თავისი ბრძანებით და აკონტროლებს მას, მსოფლიო ისტორიას, სიცოცხლეს და სიკვდილს და კაცობრიობის დალოცვასა და დაწყევლას.

დამამტკიცებელი საბუთი, რომელიც გაჯერებს შემოქმედ ღმერთს

ყველაფერი - სახლი, მაგიდა ან ლურსმანიც კი დაპროექტებულია ვიღაცის მიერ. რაღა თქმა უნდა ამ უსაზღვრო სამყაროს დამპროექტებელიც უნდა არსებობდეს. უნდა იყოს მფლობელი, რომელმაც ის შექმნა და მართავს მას. ეს არის შემოქმედი ღმერთი, რომლის შესახებაც ბიბლია გეუბნება.

როდესაც მიმოიხედავ, დაინახავ, რომ შემოქმედების უხვი დამამტკიცებელი საბუთები არსებობს. მარტივი მაგალითისათვის დაფიქრდი სამყაროში ადამიანების უშველებელ რაოდენობაზე. მიუხედავად რასის, ასაკის, სქესის, სოციალური მდგომარეობის და ა.შ. ყველას აქვს ორი თვალი, ორი ყური, ერთი ცხვირი ორი ნესტოთი და ერთი პირი.

მიუხედავად იმისა რომ ყოველ ცხოველს აქვს

უმნიშვნელო განსხვავება სახეობების შესაბამისად, მათ აქვთ იგივე პირსახის აღნაგობა. მაგალითად სპილოს აქვს გრძელი ცხვირი (ხორთუმი), მაგრამ იგი არის პირსახის ცენტრში და პირის მაღლა. ის არ არის თვალების მაღლა, პირის დაბლა ან თავზე. ყოველ სპილოს აქვს ორი ნესტო, ორი თვალი, ორი ყური და ერთი პირი. ყველა ჩიტს, ყველა თევზს ოკეანეში ან მდინარეში.

არა მხოლოდ ყოველ ცხოველს აქვს ერთი და იგივე აღნაგობა, არამედ ყოველი ძუძუმწოვარა არის იდენტური. ასევე ყოველი მათგანი ჭამს საჭმელს პირით და რაც პირში შედის ყველაფერი კუჭში ჩადის და გამოდის სხეულიდან. ყოველი ძუძუმწოვარა წყვილდება საპირისპირო სქესთან და ამრავლებენ თავიანთ შთამომავლობას.

როდესაც ამ აშკარა ფაქტებს ერთად დააწყობ, არ შეგიძლია თქვა რომ ეს არის უბრალო დამთხვევა ან ევოლუციის დამამტკიცებელი საბუთი. ასეთი რამის ახსნა ევოლუციის თეორიით შეუძლებელია.

მაშასადამე, ის ფაქტი რომ ორივეს, ადამიანებს და ცხოველებს აქვთ ერთი და იგივე ორგანული აღნაგობა, საკმარისია იმის დასამტკიცებლად, რომ ყველაფერი შექმნილია და დაპროექტებულია შემოქმედი ღმერთისგან. თუ კი უფალი არ იქნებოდა მარტო და იქნებოდა სხვა ღმერთებთან ერთად, ქმნილებებს ექნებოდათ ორგანოების განსხვავებული რაოდენობა და სხეულის განსხვავებული აღნაგობა.

გარდა ამისა როდესაც კარგად დააკვირდები ბუნებას და სამყაროს, შემოქმედების უფრო მეტ დამამტკიცებელ საბუთს დაინახავ. როგორი გასაოცარია როდესაც იცი რომ ყველაფერი მზის სისტემაში, როგორიცაა დედამიწის რევოლუცია და ბრუნვა, მუშაობს ყოველგვარი ცთომილების გარეშე. შეხედე საათს შენს მაჯაზე. შიგნით არის უამრავი ოსტატურად გაკეთებული ნაწილები. იგი არ იმუშავებს ერთი პატარა ნაწილის გარეშეც კი. ამგვარად ეს სამყარო ისეა დაპროექტებული, რომ უფლის განგებით იმუშაოს.

მაგალითად არცერთ ადამიანს და არცერთ ცოცხალ არსებას არ შეუძლია არსებობა მთვარის გარეშე, რომელიც ბრუნავს დედამიწის გარშემო. მთვარე არ შეიძლება გამოძრავდეს ცოტათი ახლოს ან შორს დედამიწისგან. უფალმა განათავსა იგი შესაფერის ადგილას, რათა ადამიანს შეეძლოს დედამიწაზე ცხოვრება.

მთვარის ამჟამინდელი ადგილმდებარეობის გამო, მისი ძალის მიზიდულობა ქმნის ზღვის მიმოქცევას. ეს მიმოქცევა კი ქმნის ზღვის მოძრაობას და წმენდას. მსგავსად, ყველაფერი სამყაროში შეიქმნა, რათა იმოძრაონ ზუსტად უფლის განგებით.

რატომ არ სჯერა ზოგიერთს შემოქმედი ღმერთის?

ზოგ ადამიანს სჯერა შემოქმედი ღმერთის და

ცხოვრობენ მისი სიტყვის თანახმად. მათ ვისაც
შეუძლიათ მოსაზრება და პასუხების მოძებნა
ყველაფერზე მეცნიერებაში, არ სჯერათ შემოქმედი
ღმერთის?
თუ ნასწავლი გაქვს რომ ღმერთი ცოცხალია და რომ
იგი არის ყოვლისშემძლე შემოქმედი მორწმუნე
ქრისტიანების ბავშვობიდან, არ იქნება ძნელი რომ
შემოქმედი ღმერთის გწამდეს.
დღეს ბევრი თქვენთაგანი იმყოფება ევოლუციის
თეორიის ზეგავლენის ქვეშ ახალგაზრდობის წლების
შემდეგ და არსებობს უამრავი "მეცნიერება," რომელიც
არ არის სიმართლე. შენ ასევე ურთიერთობ მათთან,
ვისაც უფლის არ სწამს ან ეჭვები გააჩნია მის შესახებ.
ასეთ გარემოში ცხოვრების შემდეგ თუ ეკლესიაში
წახვალ და მოისმენ უფლის სიტყვას, ხშირად ეჭვი
გეპარება და არ გწამს შემოქმედი ღმერთის, რადგან
წინამავალი ცოდნა ეწინააღმდეგება იმას რაც
ეკლესიაში ისწავლე და მოისმინე.
სანამ არ მოიცილებ იმ აზრებს და ცოდნას, რაც
მსოფლიოში ისწავლე მიუხედავად იმისა რომ
რეგულარულად ივლი ეკლესიაში, არ შეგეძლება
გქონდეს სულიერი რწმენა, რომელიც შორსაა
ყოველგვარი ეჭვებისგან.
შენ არ შეგეძლება გჯეროდეს ზეციური სამეფოსი ან
ჯოჯოხეთის სულიერი რწმენის გარეშე. შენ მიიჩნევ
დასანახ მსოფლიოს ერთადერთ სამყაროდ და
ცხოვრობ შენი საკუთარი გზით.
რამდენჯერ გინახავს თეორიები, რომლებიც

შეიცნეს და მიიღეს იმ დროს და შემდეგ შეცვალეს და გადააბრუნეს ახალ თეორიებში? მაშინაც კი, თუ ეს არ არის ზუსტი შემთხვევა, სიმართლეა რომ პირობითი თეორიები და მტკიცებები განუწყვეტლივ იცვლება ახლად ნაპოვნი ფაქტებით.

როგორც დრო გადის და მეცნიერება ვითარდება, ადამიანებიც აკეთებენ უკეთეს ახსნა-განმარტებას და თეორიებს, მიუხედავად იმისა რომ ისინი არ არის სრულყოფილი, მაგრამ მე არ ვამბობ რომ მეცნიერების ყველა კვლევა არასწორია.

სამყაროში კიდევ უამრავი რამ არსებობს, რისი ახსნა-განმარტებაც ადამიანის უნარიანობას არ შეუძლია, ამიტომ შენ ეს ფაქტი უნდა აღიარო.

მაგალითად, შენ არასოდეს ყოფილხარ დედამიწიდან სამყაროს შორეულ მხარეს და არც დაბრუნებულხარ უძველეს დროში. თუმცაღა ხალხი ცდილობს სამყაროს ახსნას სხვადასხვა ჰიპოთეზების და თეორიების მეშვეობით.

სანამ ადამიანი მთვარეზე წავიდოდა ჩვენ ვვარაუდობდით "იქ შეიძლება იყოს რაიმე ცოცხალი ორგანიზმი ან ორგანიზმები შეიძლება იყოს სადღაც ამ მზის სისტემაში დედამიწის გარეთ." ადამიანის მთვარეზე მოგზაურობის შემდეგ ჩვენ გამოვაცხადეთ "იქ არ არის ცოცხალი ორგანიზმი." ამჟამად მეცნიერები იძახიან "მარსზე ცოცხალი ორგანიზმის არსებობის ალბათობაა" ან "წითელ პლანეტაზე წყლის ნაკვალევებია."

მიუხედავად იმისა თუ გამოკვლეული გაქვს დიდი

ხნის განმავლობაში და გაზრდილი გაქვს შენი ცოდნა, თუ შენ არ იცი შემოქმედი ღმერთის ნება-სურვილი, განგება და ძალა, აღმოჩნდები ადამიანის უნარის შეზღუდვის წინაშე.

მაშასადამე რომაელთა 1:20-ში წერია, რომ ”*და მართლაც, მისი უხილავი სრულყოფილება, წარუვალი ძალა და ღვთაებრიობა, ქვეყნიერების დასაბამიდან მისსავ ქმნილებებში ცნაურდება და ხილული ხდება: ასე რომ, არა აქვთ პატიება.*”

ვინც გააღებს თავის გულს და ჩაფიქრდება, იგრძნობს უფლის ძალას და მის ღვთაებრივ არსს ისეთი ქმნილებების საშუალებით, როგორიცაა მზე, მთვარე და ვარსკვლავები, რითითაც უფალი ნებას გრთავს იცოდე მისი არსებობის შესახებ და გწამდეს მისი.

მე ვარ რომელიც ვარ

როდესაც ხალხს შემოქმედი ღმერთის შესახებ ესმით, ზოგმა შეიძლება იფიქროს ”როგორ არსებობდა იგი თავდაპირველად?” ”საიდან მოვიდა იგი?” ან ”როგორ გამოცხადდა იგი?”

ადამიანის ცოდნას არ შეუძლია გადალახოს განსაზღვრული ზღვარი, რომელიც ბრძანებს რომ ყველაფერს აქვს დასაწყისი და დასასრული. მაშასადამე ჩვენ მოვითხოვთ ნათელ პასუხებს ასეთ კითხვებზე. და მაინც, ღმერთი არსებობს ადამიანის

გაგების გარშემო, ამიტომ იგი არის ის ვინც "იყო," "არის" და "იქნება."

გამოსვლა 3 აღწერს სცენას, სადაც უფალი უბრძანებს მოსეს წარუძღვეს ისრაელიანებს კანაანელთა მიწაზე. მოსემ ჰკითხვა ღმერთს თუ რა ეპასუხა ისრაელიანებისათვის, თუ ისინი ჰკითხავდნენ მას ღმერთის შესახებ.

იმ მომენტში უფალმა უთხრა მოსეს "მე ვარ რომელიც ვარ" და უბრძანა მას ისრაელიანთათვის ეთქვა "რომელიც ვარ მგზავნის თქვენთან" (გამოსვლა 3:14).

"რომელიც ვარ" არის ფრაზა, რომლითაც უფალი მიმართავდა თავის თავს და ნიშნავს, რომ არავის გაუჩენია ან შეუქმნია იგი, მაგრამ იგი არის სრულყოფილი ქმნილება, თვით შემოქმედი.

დასაწყისში უფალი იყო სინათლე ხმით

იოანე 1:1-ში წერია "დასაბამიდან იყო სიტყვა, და სიტყვა იყო ღმერთთან და ღმერთი იყო სიტყვა." ამ გზით, ღმერთი რომელიც იყო სიტყვა დასაწყისში იყო ქმნილება, რომელიც მარტო არსებობდა შეუქმნელად. როგორ და სად არსებობდა იგი?

ღმერთი არის სული, ამიტომ იგი იმყოფებოდა სიტყვის ფორმაში მეოთხე განზომილებაში. უფალი არ არსებობდა რაიმე ფორმაში, მაგრამ როგორც ღრმა და ლამაზი სინათლე წმინდა და ნათელი ხმით და იგი

მართავდა მთელს სამყაროს.

ამიტომ 1 იოანე 1:5-ში წერია "ეს არის აღთქმა, რომელიც ვისმინეთ მისგან, და გაუწყებთ, რომ ღმერთი არის ნათელი და არ არის მასში არავითარი ბნელი." ამას აქვს სულიერი აზრი და აქვს უფლის გამოჩენილობის გამოთქმა, რომელიც დასაწყისში იყო სინათლე.

დასაწყისში ღმერთი არსებობდა როგორც სინათლე ხმით. მისი ხმა არის წმინდა, ტკბილი და რბილი და გაისმის მთელს სამყაროში. მათ ვისაც ღმერთის ხმა აქვს გაგებული პირადად, ამას გაიგებს.

ღმერთი იყო მარტო სანამ დრო დაიწყებოდა

დაბადება 1:26 ნათლად აჩვენებს სამეულის გამოსახულებას და ეს არის იგივე გამოსახულება, როდესაც მან შექმნა სამოთხეები და დედამიწა. "თქვა ღმერთმა: გავაჩინოთ კაცი ჩვენს ხატად, ჩვენს მსგავსებად. ეპატრონოს ზღვაში თევზს, ცაში ფრინველს, პირუტყვს, მთელს დედამიწას და ყველა ქვემძრომს, რაც კი მიწაზე დახოხავს." შემოქმედი ღმერთი არსებობდა სანამ დრო დაიწყებოდა, დაგეგმა მისი სულიერი შვილების ამაღლება და განაგრძობდა ამით. მაშასადამე, თუ შენ სრულებით გაიგებ ღმერთს, შენ უნდა უარჰყო შენი საკუთარი გზით ფიქრი, თეორიები და სტერეოტიპები და მიიღო უფლისგან მოწოდებული შექმნის სამუშაო.

ღმერთისგან შექმნილი ქმნილებების განსხვავებით,

ადამიანის შექმნილ ქმნილებებს აქვთ თავიანთი შეზღუდვები და ნაკლები. როგორც ადამიანების ცოდნა და ცივილიზაცია შეუჩერებლად ვითარდება, უკეთესი პროდუქტები იქმნება მაგრამ მაინც აქვთ უამრავი დეფექტები.

ზოგი კერპებს აკეთებს ოქროსგან, ვერცხლისგან, ბრინჯაოსგან და ლითონისგან და ეძახიან მათ ღმერთებს, რომლების წინაშეც იჩოქებიან და ლოცულობენ. ისინი არის მხოლოდ ხის, ლითონის ან ქვის გამოსახულებები, რომლებსაც არ შეუძლიათ სუნთქვა, ლაპარაკი ან თვალების დახამხამებაც კი (ავაკუმი 2:18-19).

მაინც ისინი იზრალებენ ბრძენობას, ხალხს ფაქტობრივად არ შეუძლია სიმართლისა და სიცრუის განსხვავება, მაგრამ სამაგიეროდ აკეთებენ გამოსახულებებს და ეძახიან მათ თავიანთ ღმერთებს, რომლებსაც ისინი თაყვანს სცემენ (რომაელთა 1:22-25). როგორი სულელური და სამარცხვინოა ეს?

მაშასადამე, თუ ხალხი თაყვანს სცემს და ემსახურება ფუჭ ღმერთებს, რადგან ისინი იყვნენ უფლის უმეცრები, მათ საფუძვლიანად უნდა მოინანიონ ეს, ადიდონ უფალი და შეასრულონ მოვალეობები როგორც უფლის შვილებმა.

უფალი არის ყოვლისმცოდნე და ყოვლისშემძლე

შემოქმედი ღმერთი, რომელმაც შექმნა მთელი სამყარო არის სრულყოფილი არსება, რომელიც არსებობდა დროის დაწყებამდე და იგი არის ყოვლისმცოდნე და ყოვლისშემძლე. ბიბლიაში წერია მრავალი სასწაული, რომლის შესრულებაც არ შეუძლია ადამიანის ძალას და ცოდნას.

ეს ძლიერი სამუშაოები ყოვლისშემძლე და ყოვლისმცოდნე ღმერთისა, რომელიც არის დღეს იგივე რაც იგი გუშინ იყო, მოხდა ახალი და ძველი აღთქმის დროს უფლის ადამიანების მეშვეობით, რომლებსაც ჰქონდათ მისი ძალა.

ეს იმიტომ რომ იესომ სთქვა იოანე 4:48-ში "თუკი არ იხილავთ სასწაულებსა და ნიშნებს, არ ირწმუნებთ." ხალხს არ სჯერა სანამ არ დაინახავენ ყოვლისშემძლე ღმერთის სასწაულებს.

ღმერთი აჩვენებს გასაოცარ სასწაულებსა და ნიშნებს

გამოსვლის წიგნში დეტალურად წერია, რომ ყოვლისმცოდნე და ყოვლისშემძლე ღმერთმა შეასრულა გასაოცარი სასწაულები და ნიშნები მოსეს მეშვეობით, მან ისრაელიანები გამოიყვანა ეგვიპტიდან კანაანის მიწაზე.

მაგალითად, როდესაც ღმერთმა გაგზავნა მოსე

ფარაონთან, ეგვიპტის მეფესთან, მან მოავლინა ათი უბედურება მასზე და მის ერზე, მან ისრაელიანები ატარა მშრალ მიწაზე, წითელ ზღვაში ყვინთვით და გაიყვანა შემრწუნებული ეგვიპტური არმია ტალღების დინებაში.

გამოსვლის შემდეგაც კი, წყალი ამოვიდა ქვიდან, როდესაც მოსემ დაარტყა თავისი კვერთხით, მწარე წყალი შეიცვალა ტკბილ წყლად და ციური მანა ჩამოვიდა ზეციდან, რათა მილიონობით ხალხს ეცოცხლა საკვებზე ზრუნვის გარეშე.

მოგვიანებით ძველ აღთქმაში ჩვენ ვხედავთ, რომ ღმერთი უფლებას აძლევს ელიას იწინასწარმეტყველოს სამნახევარი წლის გვალვა, იწვიმოს მისი ლოცვის მეშვეობით და გააცოცხლოს მკვდარი.

ახალ აღთქმაში ჩვენ ვხედავთ რომ იესო, უფლის ძე აცოცხლებს ლაზარეს, რომელიც იყო მკვდარი ოთხი დღის განმავლობაში, ბრმას თვალებს უხელდა და კურნავდა უამრავ ადამიანს სხვადასხვა დაავადებების, უძლურებებისა და ბოროტი სულებისაგან. მან გაიარა წყალზე და დაამშვიდა ქარი და ტალღები.

"ხოლო ღმერთი მრავალ სასწაულს ახდენდა პავლეს ხელით. ასე რომ მის ნაქონ ხელსახოცებს თუ წელსაკრავებს თვით სნეულთაც კი აფენდნენ, რომელნიც იკურნებოდნენ და უკეთური სულები გამოდიოდნენ მათგან" (საქმე 19:11-12). მრავალრიცხოვანი ნიშნები მოჰყვა პეტრეს, რომელიც იყო იესოს ერთერთი საუკეთესო მოწაფე. ხალხმა

მოიყვანა ავადმყოფები ქუჩაში და დააწვინეს ლოგინებზე, რათა პეტრეს ჩრდილი მაინც მოჰფენოდათ მათ როდესაც იგი ჩაივლიდა (საქმე 5:15).

გარდა ამისა, უფალმა წარმოადგინა სასწაულები და აჩვენა ნიშნები სტეფანის და ფილიპეს მეშვეობით ბიბლიაში და იგი დღეს აგრძელებს მათ ჩვენებას ჩვენი ეკლესიის საშუალებით.

უამრავი განუკურნებელი დაავადებები განიკურნა, როგორიცაა კიბო, ფილტვების ტუბერკულოზი, ლეიკემია და შიდსი. მკვდარი გაცოცხლდა და კოჭლს ფეხზე დადგომა შეეძლო, სიარული და სირბილი.

გარდა ამისა, უფალი გვაჩვენებს ნიშნებს და სასწაულებს და შესანიშნავ საოცრებებს: ტელეფონით და ცხვირსახოცის ლოცვის მეშვეობით, რომელზეც მე ვილოცე უამრავი ავადმყოფი განიკურნა, გაფუჭებული მანქანები შეკეთდა და გულის დიდი სურვილები შესრულდა.

ამიტომ ვისაც სჯერა ყოვლისშემძლე ღმერთის და ლოცულობს მისი სურვილის შესაბამისად, შეუძლია მიიღოს პასუხი რასაც ლოცვისას იკითხავს.

უფალი არის ბიბლიის ავტორი

უფალი არის სული, ამიტომ იგი არის უხილავი, მაგრამ ყოველთვის აჩვენებს თავის თავს სხვადასხვა გზით. ღმერთი ჩვეულებრივ აჩენს თავის თავს ბუნების მეშვეობით და განსაკუთრებით ხალხის

მტკიცებებით, რომლებიც განიკურნენ და მიიღეს მისგან პასუხი. იგი ასევე თავის თავს დეტალურად აჩვენებს ბიბლიაში.

მაშასადამე ბიბლიის მეშვეობით შენ შეგიძლია გაიცნო ჭეშმარიტი ერთი ღმერთი, შეხვდე მას და მიაღწიო ხსნას და საუკუნო სიცოცხლეს, თუ კი მიხვდები უფლის სამუშაოს. გარდა ამისა შენ შეგიძლია იცხოვრო წარმატებული ცხოვრებით და მისი გულის გაგებით და მიხვედრით, თუ როგორ უნდა გიყვარდეს იგი და როგორ უნდა უყვარდე მას და როგორ უნდა შეასხა მას ქება-დიდება.

ბიბლია არის ღმერთის სულით სავსე

2 პეტრე 1:21-ში წერია რომ *"რადგანაც წინასწარმეტყველება არასოდეს კაცის ნებით არ წარმოთქმულა, არამედ სული წმიდის კარნახით წარმოსთქვამდნენ მას ღვთის წმიდა კაცნი."* ეს იმას ნიშნავს რომ ბიბლია დაბადების წიგნიდან აპოკალიფსის წიგნამდე არის უფლის სიტყვა, რომელიც დაიწერა მხოლოდ უფლის ნებით.

ამიტომ არსებობს უამრავი ფრაზა, როგორიცაა "ღმერთი ამბობს," "უფალი ამბობს" და "უფალი ღმერთი ამბობს." ესენი ადასტურებს, რომ ბიბლია არის უფლის სიტყვა და არა ადამიანის.

ბიბლიას აქვს 66 წიგნი, რომლებიც შედგება 39 ძველი აღთქმის წიგნებისა და 27 ახალი აღთქმის წიგნებისაგან. მწერლების რაოდენობა არის

დაახლოებით 34. ბიბლიის დაწერის პერიოდი დაიწყო ქრისტეს შობამდე 1500 წლით ადრე ქრისტეს შობიდან 100 წლამდე დაახლოებით 1600 წლის განმავლობაში. განსაცვიფრებელი ის არის, რომ მიუხედავად იმისა რომ სხვადასხვა ავტორებმა დაწერეს იგი, ბიბლია სრულიად თანმიმდევრულია თავიდან ბოლომდე და თითო სტროფი ემთხვევა სხვა სტროფებს.

ესაია 34:16-ში წერია *"მოძებნეთ უფლის წიგნში და წაიკითხეთ: არცერთი მათგანი არ დააკლდება, სათითაოდ საძებარნი არ იქნებიან, რადგან თავად მისმა ბაგემ ბრძანა და მისმა სულმა თავი მოუყარა."*

ასეთი რამ შეიძლება მოხდეს, რადგან ბიბლიის ჭეშმარიტი ავტორი უფალია, სული წმინდამ მართა ავტორების გულები და ერთად შეკრიბა სიტყვები. უნდა გახსოვდეს, რომ ბიბლიის ავტორები არიან მხოლოდ შემცვლელი ავტორები, რომლებმაც დაწერეს უფლისათვის და ბიბლიის ჭეშმარიტი ავტორი უფალია.

მოდით ავიღოთ მაგალითი. დავუშვათ რომ არის ასაკში შესული დედა, რომელიც ცხოვრობს სოფელში. იგი აგზავნის წერილს თავის უმცროს ვაჟთან, რომელიც ქალაქში სწავლობს. მან არ იცის წერა-კითხვა, ამიტომ იგი თავის შეტყობინებას უფროს ვაჟს ეუბნება. როდესაც უმცროსი ვაჟი წერილს იღებს ქალაქში, იგი იფიქრებს რომ დედამ წერილი გაუგზავნა და არა უფროსმა ძმამ, მიუხედავად იმისა, რომ წერილი ძმის დაწერილი იყო. ზუსტად ასეა ბიბლიაც.

უფლის სიყვარულის წერილი კურთხევითა და დაპირებებით სავსე

ბიბლია დაიწერა უფლის სულით სავსე მსახურებისგან, რათა თვით უფალი გამოევლინებინათ. შენ უნდა დაიჯერო ის ფაქტი, რომ ეს არის ერთგული ღმერთის სიტყვა, რომელიც თავის თავს ავლენს.

უფლის სიტყვა არის სული და სიცოცხლე (იოსნე 6:63), ამიტომ ვინც ამას გაიგონებს და დაიჯერებს, მიიღებს საუკუნო და წარმატებულ სიცოცხლეს და იქნება უფლის სრულყოფილი ადამიანი იესო ქრისტეს შემდეგ.

უფალი დედამიწაზე ხორციელად მოევლინა, რათა ეჩვენებინა თავისი თავი კაცობრიობისათვის და ეს ხორცი იყო იესო. ფილიპემ, იესოს მოწაფემ ეს არად ჩააგდო და მოითხოვა იესოს ეჩვენებინა უფალი. მან ვერ გააცნობიერა, რომ იესო განასახიერებდა უფალს.

იოანე 14:8 და მომდევნო სტროფები წარმოგვიდგენს დიალოგს ფილიპესა და იესოს შორის:

ფილიპემ უთხრა: უფალო, გვიჩვენე მამა და საკმარისია ჩვენთვის. უთხრა მას იესომ: რა ხანია თქვენთანა ვარ და ვერ მიცნობ, ფილიპე? ვინც მე მიხილა, მამაც იხილა; როგორღა ამბობ, მამა გვიჩვენეო? ვინც მე მიხილა, მამაც იხილა; როგორღა ამბობ, მამა გვიჩვენეო? ნუთუ არ გწამს,

რომ მე მამაში ვარ და მამა - ჩემში. სიტყვებს, რომლებსაც გეუბნებით, ჩემით როდი გეუბნებით, არამედ ჩემში მყოფი მამა აკეთებს საქმეს (იოანე 14:8-10).

მიუხედავად იმისა, რომ იესომ მისცა დამარწმუნებელი საბუთი, რომ იგი და უფალი არიან ერთი სასწაულის შესრულებით, რომელიც შეუძლებელი იქნებოდა უფლის ძალის გარეშე, ფილიპეს სურდა რომ იესოს ეჩვენებინა მისთვის მამა. იესომ უთხრა, რომ დაეჯერებინა მისი სწავლებებისათვის სასწაულების მოწმობებით.

უფალი ამ ქვეყანაზე ხორციელად მოვიდა, რათა ეჩვენებინა თავისი თავი და მან დაწერა ბიბლია, რადგან ჩვეულებრივ ადამიანებისათვის შეუძლებელია მისი დანახვა ადამიანური თვალებით.

მაშასადამე, შენ შეგიძლია გქონდეს კურთხევა და პასუხები, რომლებსაც უფალი გპირდება ბიბლიაში, როდესაც ძვირფასი ურთიერთობა გექნება ცოცხალ ღმერთთან ბიბლიის მეშვეობით, გაიგებ მის სურვილს და განგებას და შეასრულებ მის სიტყვას.

ბიბლიის ყოველი სიტყვა სიმართლეა

ისტორიული ჩანაწერები საშუალებას გაძლევს გქონდეს ცოდნა ხალხის ან წარსულის ინციდენტების

შესახებ. ისტორია არის დროის ცვლილებების ანგარიში და გაძლევს საშუალებას დეტალურად იცოდე ყველაფერი, ადამიანები ან იმ დროის საცხოვრებელი პირობები.

კაცობრიობის ისტორიამ დაამტკიცა, რომ ბიბლია არის სიმართლე. შენ აღმოაჩენ რომ, ბიბლია არის ისტორიული და რეალისტური, განსაკუთრებით როდესაც კარგად დააკვირდები ინციდენტებს, ხალხს, ადგილებს ან ზნე-ჩვეულებებს.

მას შემდეგ რაც ძველი აღთქმა თაობებს გადაეცა ობიექტური ფაქტების საფუძველზე, როგორიცაა მნიშვნელოვანი ან უმნიშვნელო ინფორმაციის ნაწილები, რომლებიც გაჩნდა ცალკეულ პირებში, ხალხში ან ჯგუფებში ადამის და ევას დროიდან, ისრაელმა განიხილა ძველი აღთქმა, როგორც მათი ერის წმინდა და ისტორიული დოკუმენტი. უამრავი ისტორიკოსიც კი აღიარებს ბიბლიას საიმედო წყაროდ.

ისტორია ამტკიცებს ბიბლიის სიმართლეს

უპირველეს ყოვლისა, ბიბლიაზე დაფუძვნებით მინდა გაგიზიარო ისრაელის ისტორია და დავადასტურო, რომ ბიბლიაში უფლის სიტყვა სიმართლეა.

ადამმა, კაცობრიობის წინაპარმა უფლის წინააღმდეგ ცოდვა ჩაიდინა, ამიტომ მისი შთამომავლები იმ დროიდან ცოდვის გზისკენ წავიდნენ და ცხოვრობდნენ უფლის, მათი შემქმნელის

გარეშე. სწორედ მაშინ ღმერთმა აირჩია ერთი ერი და მიზნად დაისახა თავისი თავის გამოვლენა და განგება მისი მეშვეობით.

თავდაპირველად უფალმა დაუძახა აბრაამს, რომელსაც ჰქონდა საუკეთესო "გულის მინდორი," გაწმინდა იგი და დაამტკიცა რწმენის მამად. აბრაამი იყო ისააკის მამა, ისააკი იაკობის და ღმერთმა იაკობს "ისრაელი" დაუძახა და შექმნა მისი 12 ვაჟის 12 ტომი.

როდესაც იაკობი ცოცხალი იყო, ღმერთმა იგი ეგვიპტეში გადაიყვანა და შესაძლებლობა მისცა შეექმნა ერი მისი შთამომავლობის გაზრდით და საბოლოოდ წარუძღვა მას კანაანის მიწისკენ.

უფალმა მოსეს მისცა კანონი უდაბნოში ყოფნისას, მოამზადა ისრაელიანები, რომ ეცხოვრათ მისი სიტყვის თანახმად და წარუძღვა მათ მხოლოდ თავისი სიტყვით.

კანაანში მისვლის შემდეგ, ისინი მხოლოდ კანონის დამორჩილების შემდეგ აყვავდნენ. როდესაც ისრაელი ეთაყვანებოდა კერპებს და ბოროტებას სჩადიოდა, მისმა ეროვნულმა ძალამ უარყო და იტანჯებოდა უცხოეთის შემოსევებით. ისრაელიანები დააპატიმრეს ან დაიმონეს. როდესაც მათ მოინანიეს, მათი ერი აღდგა. ეს ციკლი კვლავ მეორდებოდა და მეორდებოდა.

ამგვარად ღმერთი კაცობრიობას აჩვენებს ისრაელის ისტორიით, რომ იგი არის ცოცხალი და მართავს ყველაფერს თავისი სიტყვით.

შენ ასევე ხედავ, რომ ბიბლიაში

წინასწარმეტყველებები შესრულდა და შესრულების
პროცესშია. მაგალითად ლუკა 19:43-44-ში იესომ
მიმართა იერუსალიმის დაცემას:

*ვინაიდან მოგივლენ დღენი, როცა მტრები
თხრილს შემოგავლებენ გარშემო, შემოგერტყმიან
და შეგავიწროებენ ყოველი მხრიდან; მიწასთან
გაგასწორებენ და შენს შვილებს მუსრს გაავლებენ
შენში, და ქვას ქვაზე აღარ დატოვებენ შენში,
ვინაიდან ვერ შეიცან შენი მოხილვის ჟამი.*

ამ სტროფებში იესომ იგულისხმა, თუ როგორ
განადგურდებოდა იერუსალიმის ქალაქი თავიანთი
უზნეური გაზრდის გამო. წინასწარმეტყველება
შესრულდა ჩვენი წელთაღრიცხვიდან 70 წელში,
როდესაც რომაული იმპერიის გენერალმა ტიტუსმა
ააშენებინა თავის ხალხს სანაპირო იერუსალიმის
წინააღმდეგ, გარს შემოარტყა და კედლის შიგნით
უამრავი ადამიანი მოკლა. ეს მოხდა იესოს
წინასწარმეტყველებიდან 40 წლის შემდეგ.

იესომ სთქვა მათე 24:32-ში "ლეღვის ხისგან
ისწავლეთ იგავი: როცა მისი ტოტები რბილდება და
ფოთლები გამოაქვს, იცით, რომ ახლოა ზაფხული." აქ
ლეღვის ხე სიმბოლურად გამოხატავს ისრაელის ერს
და იგავი ასწავლის, რომ ისრაელი იქნება
დამოუკიდებელი, როდესაც ისესოს მეორედ მოსვლა
მოახლოვდება. საბოლოოდ ისტორია ამტკიცებს, რომ
უფლის სიტყვა ასრულდა, როდესაც ისრაელი

სასწაულებრივად აღდგა 1948 წლის 14 მაისს დანგრევიდან 1900 წლის შემდეგ.

ძველი აღთქმის წინასწარმეტყველება და მისი შესრულება ახალ აღთქმაში

მე ვადასტურებ, რომ უფლის სიტყვა ბიბლიაში არის სიმართლე, იმის სწავლით, თუ როგორ შესრულდა ძველი აღთქმის წინასწარმეტყველება ახალი აღთქმის დროს.

ძველი აღთქმის კანონი არ იყო სრულყოფილი გზა "უფლის ჭეშმარიტი შვილების მიღების." ეს იყო უბრალოდ უფლის ჩვენების ჩრდილი. ზუსტად ამიტომ უფალი დაგვპირდა მესიის მოსვლას ძველი აღთქმის დროს. როდესაც დრო მოვიდა მან გამოგზავნა იესო ამ ქვეყანაზე, რათა შეესრულებინა თავისი დაპირება.

ნათელია რომ იესო დედამიწაზე 2000 წლის წინ მოვიდა. დასავლეთის ისტორია დაყოფილია ორ ჯგუფად იესოს დაბადების თანახმად. თვით ისტორიაც კი ადასტურებს იესოს დაბადებას.

მოდით ჯერ შევხედოთ დაბადება 3:15:

მტრობას ჩამოვაგდებ შენსა და დედაკაცს შორის, შენს თესლსა და დედაკაცის თესლს შორის: ის თავს გიჭეჭყავდეს, შენ კი ქუსლს უგესლავდე!

ამ სტროფმა იწინასწარმეტყველა, რომ ჩვენი მხსნელი, როგორც დედაკაცის თესლი, მოვიდოდა და გაანადგურებდა სიკვდილის ძალაუფლებას. "დედაკაცი" ამ სტროფში ნიშნავს ისრაელს. სინამდვილეში იესო დედამიწაზე მოვიდა იოსების ძედ, რომელიც მიეკუთვნებოდა ისრაელის იუდეას ტომის წევრს (ლუკა 1:26-32).

ესაია 7:14-ში წერია *"ამიტომ თავად მოგცემს მეუფე ნიშანს: აჰა, მუცლადიღებს ქალწული და შობს ძეს, და უწოდებს სახელად ემანუელს."*

ეს გულისხმობს, რომ უფლის ძე გამოიგზავნება კაცობრიობის ცოდვების გამოსასყიდად სული წმინდის გამოსახვით. მართლაც იესო დაიბადა ქალწული მარიამით სული წმინდის მეშვეობით (მათე 1:18).

ნაწინასწარმეტყველები იყო რომ იესო დაიბადებოდა ბეთლემის მხარეში, როგორც მიქა 5:2-ში წერია:

> *შენ კი, ეფრათას ბეთლემო, უმცირესი ხარ იუდას ათასეულთა შორის, მაგრამ შენგან გამომივა ხელმწიფე ისრაელში და ძველითაგან იქნება მისი წარმოშობა, საუკუნო დღეებიდან.*

ეს სიტყვები ასრულდა და იესო დაიბადა ბეთლემში, იუდეაში მეფე ჰეროდეს დროს. ისტორიაც კი ადასტურებს ამას.

იესოს დაბადების დროს მეფე ჰეროდეს მიერ

უამრავი უდანაშაულო ჩვილის ხოცვა-ჟლეტვა იყო (იერემია 31:15; მათე 2:16), იესოს იერუსალიმში შესვლა (ზაქარია 9:9; მათე 21:1-11) და იესოს აღსდგომა ზეცაში (ფსალმუნნი 16:10; საქმე 1:9) ნაწინასწარმეტყველები იყო და ასრულებული შესაბამისად.

გარდა ამისა იუდა ისკარიოტელის ღალატი, რომელიც იესოს მიყვებოდა სამი წლის განმავლობაში (ფსალმუნნი 41:9) და მისი იესოს ღალატი 30 ვერცხლად (ზაქარია 11:12) ორივე ნაწინასწარმეტყველები და შესრულებული იყო.

ამგვარად შენ შეგიძლია დაიჯერო, რომ ბიბლია არის სიმართლე და რომ იგი არის ჭეშმარიტად უფლის სიტყვა, განსაკუთრებით მაშინ, როდესაც ხედავ რომ ყველა წინასწარმეტყველება ძველი აღთქმიდან ზუსტად შესრულდა.

ბიბლიის წინასწარმეტყველებები, რომლებიც ჯერ კიდევ უნდა შესრულდეს

უფალმა შექმნა იესო ქრისტე ჩვენს მხსნელად და შეასრულა ყოველი წინასწარმეტყველება ძველი აღთქმიდან ახალი აღთქმის პერიოდში. ყოველი წინასწარმეტყველება იესოზე, ისრაელის ისტორიის მსვლელობა და კაცობრიობის ისტორია ასრულდა ყოველგვარი შეცდომის გარეშე. მსოფლიოს ისტორიის ყურადღებით შესწავლა წინ გვიძღვება ვიპოვნოთ ის ყოველი წინასწარმეტყველების სიტყვა, რომლებიც ბიბლიაში შესრულდა და შესრულდება.

წინასწარმეტყველებმა ახალ და ძველ აღთქმაში იწინასწარმეტყველეს მსოფლიოს ძალის ამაღლება და დაცემა, იერუსალიმის განადგურება და აღდგენა და მნიშვნელოვანი ადამიანების მომავალი ურთიერთობები. ბიბლიიდან უამრავი წინასწარმეტყველება ასრულდა და ახლაც სრულდება და ხალხმა ჯერ კიდევ უნდა ნახონ იესოს მეორედ მოსვლა, აღფრთოვანება, ათასწლეულის სამეფო და უზარმაზარი თეთრი სამეფო ტახტის განაჩენი. ჩვენი უფალი ახლა ამზადებს ამზადებს ადგილს შენთვის, როგორც დაგპირდა (იოანე 14:2) და მალე იგი წაგიყვანს საუკუნო ადგილას.

ჩვენი სამყარო ახლა იტანჯება შიმშილისგან, მიწისძვრებისგან, არანორმალური ამინდისა და კოლოსალური ინციდენტებისგან. შენ არ უნდა მიიჩნიო ეს დამთხვევად და სამაგიეროდ გააცნობიერო, რომ იესოს მეორედ მოსვლა ახლოსაა (მათე 24:3-14). ფხიზლად ყოფნით და შენი თავის გაღმერთებით, როგორც პატარძალი, უნდა მიაღწიო სრულ ხსნას.

თავი 2

უფალი ქმნის და
ხვეწავს ადამიანს

- ღმერთი ქმნის ადამიანებს
- რატომ ხვეწავს ღმერთი
  ადამიანებს?
- უფალი გამოყოფს ხორბალს
  და ჩალას

"შექმნა ღმერთმა კაცი, თავის ხატად შექმნა იგი, მამაკაცად და დედაკაცად შექმნა ისინი. აკურთხა ღმერთმა ისინი და უთხრა: ინაყოფიერეთ და იმრავლეთ, აავსეთ დედამიწა, დაეუფლეთ მას, ეპატრონეთ ზღვაში თევზს, ცაში ფრინველს, ყოველ ცხოველს, რაც კი დედამიწაზე დახოხავს."

დაბადება 1:27-28

ერთხელ მაინც შენს ცხოვრებაში სვამ ისეთ კითხვებს როგორიცაა დასაწყისი, დასასრული, დანიშნულება და აზრი ცხოვრებისა. შემდეგ ცდილობ მოიპოვო პასუხები. უამრავი ადამიანი იყენებს სხვადასხვა მეთოდებს ამ პრობლემების მოსაგვარებლად, მაგრამ საბოლოოდ ამ ქვეყნიდან პასუხების გარეშე მიდიან.

მსოფლიოში სახელგანთქმული ბრძენები როგორიცაა კონფუცი, ბუდა ან სოკრატე, ასევე ცდილობდნენ მოეპოვებინათ ეს ძირითადი პასუხები. კონფუცი ყურადღებას ამახვილებდა მორალზე, რომელიც აჩვენებდა რომ ზნეობრივად მოქცევა მიჩნეული იყო ზნეობად, მაგრამ ეს იყო შეუძლებელი მოქმედება და მან მოიპოვა უამრავი მიმდევარი. ბუდა დიდი ხნის განმავლობაში იტანჯავდა თავს, რათა განთავისუფლებულიყო ამყვეყნიერებისაგან. სოკრატე სიმართლეს თავისი საკუთარი გზით ეძებდა.

ვერც ერთმა მათგანმა ვერ იპოვნა ურყევი, ძირითადი პასუხი, მიაღწია ჭეშმარიტ სიმართლეს ან მოიპოვა სამარადისო ცხოვრება. ეს იმიტომ, რომ სიმართლე რომელიც დაფარულია სამყაროს შექმნის დრომდე, არის რაღაც საღმრთო, რომელიც არის უჩინარი და მიუწვდომელი. შენ ვერ იპოვნი ნათელ

პასუხებს ცხოვრების შესახებ სანამ არ გაიგებ შემოქმედი ღმერთის განგებას კაცობრიობაზე.

ღმერთი ქმნის ადამიანებს

ადამიანის ორგანოების, უჯრედების და ქსოვილების ჩამოყალიბება არის განუზომელი. ღმერთმა, რომელმაც შექმნა ადამიანი ასეთი ხერხით, უნდა რომ მოიპოვოს ჭეშმარიტი შვილი ვისთან ერთადაც მას სამუდამოდ შეეძლება სიყვარულის გაზიარება. ამ მიზნისათვის უფალმა შექმნა ადამიანი თავისი წარმოსახვით და განავითარა ისინი და მოამზადა ზეცა.

როგორ შექმნა ღმერთმა ყველაფერი სამყაროში და ადამიანის მოყვანილობა?

ღმერთის ექვს დღიანი შემოქმედება

დაბადება 1 კარგად აღწერს იმ პროცესს, როდესაც ღმერთმა შექმნა ზეცები და დედამიწა ექვს დღეში. თქვა ღმერთმა *"იყოს ნათელი"* და გაჩნდა ნათელი (დაბადება 1:3). შემდეგ მან სთქვა *"შეგროვდეს ერთგან ცისქვეშეთის წყალი და გამოჩნდეს ხმელეთი"* და ჩვენ ვიცით რომ ასე მოხდა (დაბადება 1:9) და ა.შ.

როგორც ებრაელთა 11:3–შია ნათქვამი *"რწმენით შევიცნობთ, რომ ღვთის სიტყვით შეიქმნენ საუკუნენი, და რომ ხილული უხილავისაგან იღებს დასაბამს."*

ღმერთმა შექმნა მთელი სამყარო თავისი სიტყვით.

ღმერთმა შექმნა ნათელი პირველ დღეს და ცის სივრცე მეორე დღეს. მესამე დღეს, როდესაც ღმერთმა სთქვა *"შეგროვდეს ერთგან ცისქვეშეთის წყალი და გამოჩნდეს ხმელეთი"* (დაბადება 1:9), ასეც მოხდა და ღმერთმა ხმელეთს დაარქვა დედამიწა და შეგროვილ წყალს ზღვები. შემდეგ ღმერთმა სთქვა *"აღმოაცენოს მიწამ მცენარეული – ბალახი, თესლის მთესველი, ხე ნაყოფიერი, თესლოვანი ნაყოფის მომტანი მიწაზე თავისი გვარისდა მიხედვით"* (დაბადება 1:11), დედამიწამ მოიტანა მცენარეულობა, მცენარეებმა მოსავალი მოიტანეს გვარისდა მიხედვით და ხეებმა კი თესლებიანი ხილი. მეოთხე დღეს მან შექმნა მზე, მთვარე და ვარსკვლავები ცის სივრცეში და უფლება მისცა მზეს ემართა დღე და მთვარეს კი ღამე. მეხუთე დღეს მან შექმნა ზღვის არსებები და ყველანაირი ცოცხალი არსება. მეექვსე დღეს მან შექმნა ცხოველები, არსებები რომლებიც მოძრაობენ მიწაზე.

ღმერთის წარმოსახვით შექმნილი ადამიანი

შემოქმედმა ღმერთმა მოამზადა სივრცე ექვსი დღისთვის, სადაც ადამიანს შეეძლებოდა ცხოვრება და შექმნა ადამიანი თავისი წარმოსახვით. მან აკურთხა ადამიანი, როგორც ყოველი არსების ღმერთი და უთხრა მას ემართა ისინი.

შექმნა ღმერთმა კაცი, თავის ხატად შექმნა იგი,

მამაკაცად და დედაკაცად შექმნა ისინი. აკურთხა ღმერთმა ისინი და უთხრა: ინაყოფიერეთ და იმრავლეთ, აავსეთ დედამიწა, დაეუფლეთ მას, ეპატრონეთ ზღვაში თევზს, ცაში ფრინველს, ყოველ ცხოველს, რაც კი დედამიწაზე დახოხავს (დაბადება 1:27–28).

მაშ როგორ ჩამოაყალიბა ღმერთმა ადამიანი?

გამოსახა უფალმა ღმერთმა ადამი (კაცი) მიწის მტვერისაგან და შთაბერა მის ნესტოებს სიცოცხლის სუნთქვა და იქცა ადამი ცოცხალ არსებად. (დაბადება 2:7).

ამ სტროფში მტვერი მიმართავს თიხას. მოხერხებული მეთუნუქე იყენებს კარგი ხარისხის თიხას, ქმნის კერამიკის ფაიფურს ან დიდი ღირებულების თეთრ ფაიფურს. სხვა მეთუნუქეები კი ქმნიან უშუშო ჭურჭელს, სახურავის კრამიტებს ან აგურებს.

თიხის ჭურჭლის ფასი ძირითადად დამოკიდებულია იმაზე, თუ ვინ შექმნა, როგორ ოსტატურად შეიქმნა, რა სახის თიხა იყო გამოყენებული და რა ტიპის ჭურჭელია. როგორც ყოვლისშემძლე ღმერთმა ჩამოაყალიბა ადამიანი თავისი წარმოსახვით, როგორ ლამაზად შექმნა მან იგი?

ადამიანის მტვრისგან შექმნის შემდეგ ღმერთმა

ჩაჰბერა მის ნესტოებში სიცოცხლე, რომელიც არის ცხოვრების ენერგია. შემდეგ ადამიანი გახდა ცოცხალი სული. ცხოვრების სუნთქვა არის უფლის ძალა, ენერგია და სული.

ღმერთი ჰბერავს სიცოცხლის სულს ადამიანში

როდესაც ფიქრობ ფლურესცენციული სინათლის რადიალურ პროცესზე, შენ უფრო ადვილად შეგიძლია გაიგო ის პროცესი, რომლითაც ადამიანი შეიქმნა ცოცხალ არსებად. თუ გინდა რომ შექმნა ფლურესცენციული სინათლის დასხივება, ჯერ უნდა მოამზადო კარგად გამოყვანილი და შემდეგ შეაერთო. მაგრამ მას არ შეუძლია გასხივება სანამ შენ არ გადართავ ელექტრო დენზე.

ტელევიზორიც შენს სახლში ასე მუშაობს. შენ ვერაფერს ხედავ ეკრანზე სანამ არ ჩართავ, მაგრამ როდესაც ჩაირთვება შენ ხედავ და გესმის სხვადასხვა გამოსახულებები და ხმები. მხოლოდ ტელევიზორის ჩართვით შენ შეგიძლია გამოსახულებები გახადო ვიზუალური ეკრანზე. ტელევიზორის უკან ოსტატურად გაკეთებული ნაწილები არის აწყობილი ძალიან რთული ხერხით.

მსგავსად ღმერთმა არა მხოლოდ ჩამოაყალიბა ადამიანი, არამედ მან შექმნა შიდა ორგანოები და ძვლები მიწის მტვრისაგან. მან შექმნა ვენები, სადაც სისხლი მიედინებოდა და ნერვული სისტემა, რომელსაც სრულყოფილად შეეძლო თავისი ფუნქციის

შესრულება.

ღმერთის ძალას შეუძლია შეცვალოს მტვერი რბილ კანად თუ მას სურს. როგორც ელექტრობის დინება, ასევე მან ჩაჰბერა სიცოცხლის სული ადამიანში. შემდეგ სისხლმა დაიწყო მიმოქცევა მასში და მას შეეძლო სუნთქვა და მოძრაობა.

გარდა ამისა, რადგან ღმერთი აკეთებს მეხსიერების ერთეულებს ადამიანების ტვინის უჯრედებში, ადამიანები აწარმოებენ და იმახსოვრებენ რასაც იგებენ და გრძნობენ ტვინის უჯრედებში. რაც წარმოებს და მახსოვრდება ხდება ცოდნა და ცოდნა წარმოიშვება ფიქრებად. როდესაც შენ იყენებ დაგროვებულ ცოდნას ცხოვრებაში, შენ მას ეძახი სიბრძნეს.

ადამიანები, მიუხედავად მარტივი ქმნილებებისა, ზრდიან თავიანთ სიბრძნეს და ცოდნას და კარგად განავითარებენ ოსტატურად დამუშავებულ მეცნიერულ ცივილიზაციას. დღეს ისინი იკვლევენ სამყაროს და აკეთებენ კომპიუტერებს და მასიურ ინფორმაციას უშვებენ მათში და ამიტომ ისინი დიდად სარგებლობენ კომპიუტერებით, ზუსტად ისე როგორც ღმერთმა შექმნა მეხსიერების ერთეულები ტვინის უჯრედებში. მათ ისე შორს მიაღწიეს რომ ხელოვნური ინტელექტის კომპიუტერებს ქმნიან, რომლებსაც შეუძლიათ ასოების ან ადამიანის ხმის გამოცნობა და ასევე შეუძლიათ სხვებთან კომუნიკაცია. დროის განმავლობაში ისინი გახდებიან უფრო და უფრო კარგად განვითარებულები.

როგორ ბევრად უფრო ადვილი იყო ყოვლისშემძლე

ღმერთისათვის ადამიანის შექმნა მიწის მტვრისაგან და ცხოვრების სულის ჩაბერვა მასში, რათა ცოცხალი არსება გამხდარიყო! ღმერთისთვის ადვილია, რომელსაც არაფრისგან რაიმეს შექმნა შეუძლია, მაგრამ ადამიანისათვის ეს გასაოცარი და მიუწვდომელი რამ არის (ფსალმუნნი 139:13–14).

რატომ ხვეწავს ღმერთი ადამიანებს?

იესო გვასწავლის უფლის განგებას უამრავი იგავის მეშვეობით, რადგან სულიერი სამყაროს გაგება შეუძლებელია ადამიანის ცოდნით, მან გამოიყენა დედამიწის საგნები იგავებში, რათა გაგვეგებინებინა შენთვის.

მაგალითად, არსებობს მთესველის იგავი (მათე 13:3–23; მარკოზი 4:3–20; ლუკა 8:4–15), მდოგვის თესლის იგავი (მათე 13:31–32; მარკოზი 4:30–32; ლუკა 13:18–19), იგავი სარეველა ბალახისა მინდორში (მათე 13:24–30; 36–43), ვენახის იგავი (მათ 20:1–16) და მოიჯარის იგავი (მათე 21:33–41; მარკოზი 12:1–9; ლუკა 20:9–16).

ეს იგავები გვაჩვენებს, რომ როგორც ფერმერები ასუფთავებენ მიწას, თესავენ თესლებს და მომკის პროცედურა, ღმერთი ქმნის ადამიანებს დედამიწაზე და გამოყოფს ხორბალს ჩალისგან.

ღმერთს სურს რომ გაუზიაროს ჭეშმარიტი სიყვარულის თავის შვილებს

უფალს არა მხოლოდ ღვთისმეტყველება აქვს, არამედ ადამიანურობაც. ღვთისმეტყველება არის ყოვლისმცოდნეობის და ყოვლისშემძლეობის უფლის ძალა და ადამიანურობა არის ადამიანის გონება. ამგვარად, ღმერთმა შექმნა და მართავს მთელს სამყაროს, კაცობრიობის ისტორიას და ცხოვრებას. მას ასევე შეუძლია სიხარულის, დარდის და სიამოვნების შეგრძნება და სურს რომ გაუზიაროს სიყვარული თავის შვილებს.

ბიბლია ბევრჯერ გვაჩვენებს, რომ ღმერთს აქვს ინდივიდუალურობა როგორც ადამიანებს, ღმერთს უხარია და ლოცავს მათ როდესაც ისინი, რომლებიც უფლის წარმოსახვით შეიქმნენ, აკეთებენ იმას რაც არის სწორი, მაგრამ წუხს და ბრაზდება მაშინ, როდესაც ისინი ცოდვებს ჩადიან. ღმერთს დიდი სურვილი აქვს, რომ კავშირი ჰქონდეს თავის შვილებთან და მათთვის ყველაფერი კარგის მიცემა შეეძლოს და ეს ხშირად ღმერთის სიტყვაში გამოიხატება.

თუ უფალს მხოლოდ ღვთისმეტყველი ხასიათი ექნებოდა, მას არ დასჭირდებოდა დასვენება ექვს დღიანი შემოქმედების შემდეგ და არ ენდომებოდა ჩვენთან ურთიერთობა *"გამუდმებით ილოცეთ"* (1 თესალონიკელთა 5:17), და *"დამიძახე და პასუხს გაგცემ და გამოგიცხადებ დიდსა და მიუწვდომელ*

რასმე, რაც აქამდე არ იცოდით" (იერემია 33:3).

ხანდახან მარტო ყოფნა გინდა, მაგრამ ზოგჯერ შეიძლება იყო უფრო ბედნიერი ისეთი მეგობრის გვერდით, რომელსაც შეუძლია თავისი სიყვარულის შენთან გაზიარება. მსგავსად, ღმერთმა შექმნა ადამიანი თავისი წარმოსახვით, რადგან მას უნდა რომ ვინმესთან გაცვალოს სიყვარული. იგი ხვეწავს ადამიანის სულს დედამიწაზე, რადგან მას სურს ჭეშმარიტი შვილები, რომლებსაც შეუძლიათ მისი გულის გაგება და მისი გულით სიყვარული.

ღმერთს სურს შვილები ემორჩილებოდნენ თავიანთი ნებით

ზოგმა შეიძლება გაიფიქროს რატომ შექმნა ღმერთმა ადამიანები და რატომ ზრდის მათ მიუხედავად იმისა, რომ ძალიან ბევრი დამჯერი ანგელოზებია და უამრავი ადამიანი სამოთხეში. გარდა ამისა ანგელოზების უმრავლესობას არ აქვს ადამიანის მახასიათებლები, რომლებიც ყველაზე მნიშვნელოვანია სიყვარულის გაზიარებაში. სხვა სიტყვებით, მათ არ აქვთ თავისუფალი არჩევანის გაკეთების უფლება. ისინი ემორჩილებიან ბრძანებებს როგორც რობოტები, მაგრამ არ შეუძლიათ სიხარულის, რისხვის, მწუხარების ან სიამოვნების ისე შეგრძნება, როგორც ადამიანებს. ამიტომ მათ არ შეუძლიათ სიყვარულის გულის სიღრმიდან გაზიარება.

მაგალითად წარმოიდგინე გყავს ორი შვილი.

ერთერთი მათგანი მხოლოდ შენს ბრძანებებს ემორჩილება ყველანაირი ემოციის, აზრის ან სიყვარულის გამოხატვის გარეშე, როგორც კარგად დაპროგრამებული რობოტი. მეორე ზოგჯერ გულს გტკენს, მაგრამ მალევე ნანობს თავის საქციელს, გულში გიკრავს ტკბილად და გამოხატავს თავის სიყვარულს უამრავი გზით. რომელი გეყვარებოდა უფრო მეტად? რა თქმნა უნდა მეორე.

წარმოიდგინე გყავს რობოტი, რომელიც საჭმელს ამზადებს, სახლს ალაგებს და გემსახურება. მიუხედავად ამისა შენ არ გიყვარს რობოტი შენს შვილებზე მეტად. არ აქვს მნიშვნელობა რა მძიმედ იმუშავებს რობოტი შენთვის და როგორი სასარგებლო იქნება, მას არ შეუძლია შენი შვილების შეცვლა.

მსგავსად ღმერთი ამჯობინებს ადამიანებს, რომლებიც სიხარულით ემორჩიალებიან მას თავიანთი ნებით. იგი აძლევს ადამიანებს თავისუფალ აზრს და თავის სიტყვას. შემდეგ იგი ასწავლის მათ რა არის კარგი და ცუდი და რა არის ხსნის ან სიკვდილის გზა. იგი ელოდება მოთმინებით სანამ ისინი გახდებიან ჭეშმარიტი შვილები.

ღმერთის ადამიანის დამუშავება მშობლისეული სიყვარულით

დაბადება 6:5–6–ში წერია *"დაინახა უფალმა ღმერთმა, რომ იმატა ადამიანთა უკეთურებამ ამქვეყნად, რომ უკეთური იყო მუდამჟამს მათი*

ყოველი გულისთქმა. ინანა უფალმა, რომ შექმნა ადამიანი ამქვეყნად, და შექუხდა."

ნიშნავს ეს იმას, რომ ღმერთმა არ იცოდა ეს ფაქტი, როდესაც მან ადამიანი შექმნა? მან სავსებით იცოდა ამის შესახებ. ღმერთი არის ყოვლისშემძლე და ყოვლისმცოდნე, ამიტომ მან იცოდა ყველაფერი სანამ დრო დაიწყებოდა. მაგრამ მიუხედავად ამისა, მან შექმნა ადამიანები და ანვითარებს მათ.

თუ შენ ხარ მშობელი, მაშინ ამას უფრო ადვილად გაიგებ. როგორი ძნელია გააჩინო ბავშვები და გაზარდო ისინი! როდესაც ქალი ფეხმძიმედაა, ცხრა თვის განმავლობაში მას აქვს უამრავი სახის ტკივილი, როგორიცაა გულისრევა. მშობიარობის დროს უზარმაზარი ტკივილიც თან ხლავს. საკვები, ჩაცმა და შვილების სწავლება, მშობლები დიდ ძალისხმევას აკეთებენ და ძლიერად მუშაობენ დღე და ღამე. როდესაც შვილები სახლში გვიან ბრუნდებიან, მშობლები ნერვიულობენ მათზე. როდესაც ისინი ავად ხდებიან, მშობლები უფრო მეტ ტკივილს განიცდიან ვიდრე შვილები.

რატომ ზრდიან მშობლები თავის შვილებს მიუხედავად ასეთი ძალისხმევის და ტკივილებისა? მიზეზი არის ის, რომ მშობლებს სურს ისეთი ობიექტები, ვისთანაც სიყვარულს გაიზიარებენ, ესე იგი ვისაც შეუძლია მშობლების სიყვარულის შეგრძნება და მათი გულით სიყვარული. მშობლებისათვის ასეთ ტკივილებსაც კი ბედნიერება მოაქვს. გარდა ამისა თუ შვილები მშობლებს

დაემსგავსებიან, როგორი საყვარლები არიან ისინი! რა თქმა უნდა ყველა შვილი არ შეიძლება იყოს დამჯერი. ზოგ ბავშვს უყვარს თავისი მშობლები და პატივს სცემს მათ, მაგრამ ზოგი ადარდიანებს მათ.

აგრეთვე მიუხედავად ასეთი ტკივილისა შვილების აღზრდისას, მშობლები ასეთ რამეებს არ უყურებენ როგორც ტკივილს. მაგივრად, ისინი უზარმაზარ მალისხმევას გამოხატავენ, უნდათ რომ შვილები კარგად აღიზარდონ და იყვნენ მათი სიხარული. ასევე ღმერთმა იცოდა, რომ ადამიანები არ დაემორჩილებოდნენ, განირყვნებოდნენ და მწუხარებას გამოიწვევდნენ, მაგრამ მან ასევე იცოდა რომ იქნებოდნენ ჭეშმარიტი შვილებიც, რომლებიც მასთან სიყვარულს გააზიარებდნენ. ამგვარად ღმერთმა შექმნა ადამიანები და სიამოვნებით ზრდის მათ.

ღმერთს სურს თავისი ჭეშმარიტი შვილებისგან ქება–დიდება

უფალი ანვითარებს ადამიანების სულს დედამიწაზე არა მხოლოდ იმისათვის, რომ მოიპოვოს ჭეშმარიტი შვილები, არამედ იმისთვის რათა მათ ქება–დიდება შეასხან ღმერთს. ღმერთს შეუძლია მიიღოს ქება–დიდება დიდი რაოდენობის ანგელოზებისა და ზეციური ხალხისაგან. მაგრამ მაინც, რაც მას მართლა სურს არის არის ქება–დიდება თავისი ჭეშმარიტი შვილებისაგან თავიანთი გულის სიღრმიდან.

უფალი გვეუბნება ესაია 43:7–ში, რომ ”ყველა, ვინც ჩემი სახელით არის წოდებული და ვინც ჩემი დიდებისთვის შევქმენი, გამოვსახე და გავაჩინე,” და გასწავლის 1 კორინთელთა 10:31–ში ”ასე რომ, ჭამთ, სვამთ თუ სხვა რამეს აკეთებთ, ყველაფერი ღვთის სადიდებლად აკეთეთ.”

ღმერთი არის შემოქმედი, სიყვარული და სამართლიანობა. მან გაიღო თავისი ერთადერთი შვილი ჩვენს გადასარჩენათ და მოამზადა სამოთხე და საუკუნო სიცოცხლე. იგი ღირსიცაა და მეტიც, რომ ქება–დიდება შევასხათ. გარდა ამისა, მას სურს ქება–დიდების უკან დაბრუნება მათთვის, ვინც მას ქება–დიდება შეასხა.

ამიტომ შენ უნდა გახდე უფლის ჭეშმარიტი შვილი, რომელსაც შეუძლია სიყვარულის მასთან გაზიარება იმის გაგებით, თუ რატომ სურს მას ქება–დიდება თავისი სულიერი შვილებისაგან.

უფალი გამოყოფს ხორბალს და ჩალას

ფერმერები ამუშავებენ მიწას, რადგან მათ სურთ დიდძალი მოსავლის მომკა. ასევე ღმერთი ამუშავებს ადამიანების სულებს დედამიწაზე, რათა მოიპოვოს ჭეშმარიტი შვილები, რომლებიც მას მხოლოდ შეიყვარებენ და აქებენ და ადიდებენ და ასევე გაუზიარებენ მას სიყვარულს ზეცაში.

მომკისას ყოველთვის არის ხორბალი და ჩალაც, ამიტომ ფერმერები გამოყოფენ ხორბალს ჩალისგან, აგროვებენ ხორბალს ფარდულებში და ჩალას კი წვავენ. ასევე ღმერთი გამოყოფს ხორბალს ჩალისაგან ადამიანების სულის მოშენების დასასრულს:

მას ხელთ უპყრია თავისი არნადი და გაწმენდს თავის კალოს, და შეინახავს ხორბალს ბეღელში, ხოლო ბზეს მისცემს უშრეტ ცეცხლს (მათე 3:12).

ამიტომ შენ მტკიცედ უნდა გჯეროდეს, რომ ღმერთი ამუშავებს ადამიანის სულს დედამიწაზე და შემდეგ იგი შეაგროვებს ხორბალს – ჭეშმარიტ შვილებს – სამოთხეში საუკუნო სიცოცხლისათვის, მაგრამ ჩალას იგი დაწვავს დაუშრეტელ ცეცხლში.

შემდეგ მოგვცემს უფლებას ღრმად შევისწავლოთ, თუ რა სახის ადამიანები არიან ხორბლები და ჩალა ღმერთის მხედველობაში და რა ტიპის ადგილებია სამოთხე და ჯოჯოხეთი.

ხორბალი და ჩალა

ხორბალი იმ ადამიანების სიმბოლოა, ვინც იღებს იესო ქრისტეს, ჭეშმარიტებაში დადიან და ღმერთს უზიარებენ სიყვარულს. ისინი არიან ნათელის შვილები, რომლებიც უკან იძენენ უფლის დაკარგულ გამოსახულებას და აკეთებენ იმას რასაც უფალი ბრძანებს.

ამის საპირისპიროდ, ჩალა წარმოადგენს იმ ადამიანებს, ვინც არ იღებს იესო ქრისტეს ან მათ ვინც იზრალებენ რომ სჯერათ, მაგრამ არ ცხოვრობენ ღმერთის სიტყვით.

1 ტიმოთე 2:4 აღწერს ჩვენს უფალს *"რომელსაც ნებავს, რომ ყველა კაცი გადარჩეს და ეზიაროს ჭეშმარიტების შემეცნებას."* ეს იმას ნიშნავს რომ უფალს სურს ყველა ადამიანი იყოს ხორბალი და შევიდეს სამოთხის სამეფოში. უფალი ცდილობს გაგაგებინოს, რომ ეს არის წამყვანი გზა ხსნისაკენ. მიუხედავად ამისა ზოგი ადამიანი საბოლოოდ უფლის ნებასა და განგებას არღვევს თავიანთი თავისუფალი ნების თანახმად. ეს ადამიანები არ არიან გარეულ ცხოველებზე რაიმეთი უკეთესები ღმერთის წინაშე, რადგან მათ დაკარგეს ადამიანის ფასეულებები.

ფერმერები ჩალას წვავენ ან იყენებენ მას სასუქად, რადგან თუ ჩალასა და ხორბალს ერთად შეაგროვებ, ხორბალი დალპება. მაშასადამე, უფალი არ შეუშვებს ჩალას სამოთხის სამეფოში, სადაც ხორბალი იქნება. ცხოველებისგან განსხვავებით ადამიანს აქვს სამარადისო სული, რადგან ღმერთმა ჩაჰბერა სიცოცხლის სული მასში, როდესაც მან იგი შექმნა, ამიტომ ღმერთს არ შეუძლია ჩალის განადგურება.

უფლისთვის აუცილებელია სამოთხეში ხორბლის შეგროვება და მისცეს მათ უფლება ისიამოვნონ საუკუნო სიცოცხლით და სამუდამოდ დაწვას ჩალა ჯოჯოხეთის დაუშრეტელ ცეცხლში. ამგვარად შენ ეს ფაქტი გონებაში უნდა ჩაიბეჭდო, რათა არ ჩავარდე

ჯოჯოხეთის ცეცხლში.

სამოთხის სილამაზე და საზარელი ჯოჯოხეთი

ერთის მხრივ სამოთხე ისეთი ლამაზია, რომ ვერაფერს ვერ შეადარებ ამ სამყაროში. მაგალითად ამ სამყაროში ყვავილები მალე ჭკნებიან, მაგრამ ყვავილები სამოთხეში არასოდეს ჭკნებიან, რადგან სამოთხეში ყველაფერი სამარადისოა. გზები წმინდა ოქროთია გაკეთებული, რომელიც შუშასავით ნათელია, სიცოცხლის მდინარე კაშკაშებს, როგორც წმინდა ბროლი და სახლები გაკეთებულია სხვადასხვა სახის ბრილიანტებით. ყველაფერი უსიტყვოდ ლამაზია (იხილეთ *სამოთხე I და II*).

მეორეს მხრივ ჯოჯოხეთი არის ის ადგილი, სადაც ჭიები არ კვდებიან და სადაც ცეცხლი არასოდეს ქრება. იქ ყველანი იქნებიან ცეცხლით დამარილებულნი (მარკოზი 9:48–49). გარდა ამისა იქ არის მწველი გოგირდის ტბა, რომელიც ცეცხლის ტბაზე შვიდჯერ მეტად ცხელია (აპოკალიფსი 20:10, 15). გადაურჩენელმა ხალხმა სამუდამოდ უნდა იცხოვრონ დაუშრეტელი ცეცხლის ან მწველი გოგირდის ტბაში. როგორი შემზარავი და საშინელია იქ სამუდამოდ ცხოვრება (იხილეთ *ჯოჯოხეთი*)!

ამიტომ იესომ სთქვა მარკოზი 9:43–ში, რომ *"თუ შენი ხელი გაცთუნებს, მოიკვეთე იგი: გიჯობს სახიჩარი შეხვიდე სიცოცხლეში, ვიდრე ორივე ხელის მქონე ჩავარდე გეენაში, გაუნელებელ ცეცხლში."*

რატომ შექმნა სიყვარულის ღმერთმა ჯოჯოხეთი და სამოთხე? თუ ბოროტ ადამიანებს შეუძლიათ იქ შესვლა, სადაც ცხოვრობენ ისინი, ვინც არიან სასიამოვნო და კარგები უფლის ნებისათვის, ეს მტანჯველი იქნება კარგი ადამიანებისათვის და სამოთხე დაბინძურდება ბოროტებისაგან. მოკლედ რომ ვთქვათ, ღმერთმა შექმნა ჯოჯოხეთი, რადგან მას უყვარს ადამიანები და საუკეთესო უნდა რომ მისცეს თავის შვილებს.

უზარმაზარი თეთრი სამეფო ტახტის განაჩენი

როგორც ფერმერი თესავს თესლებს და შემდეგ წლების შემდეგ მკის მათ, ღმერთი ამუშავებს ადამიანების სულებს მას შემდეგ, რაც ადამი განიდევნა ედემის ბაღიდან და იგი ამას იქამდე გააგრძელებს, სანამ იესო ქრისტე არ დაბრუნდება.

ღმერთმა აჩვენა თავისი ნება–სურვილი რწმენის წინაპრებს როგორებიც არიან ნოა, აბრაამი, მოსე, იოანე ნათლისმცემელი, პეტრე და პავლე მოციქული. დღეს იგი შეუწყვეტლივ ამუშავებს ადამიანის სულებს თავისი მღვდლებისა და მომუშავეების მეშვეობით. თუმცა, როგორც დასასრული მოსდევს ყოველ დასაწყისს, ადამიანის სულების გაშენებაც სამუდამოდ არ გაგრძელდება.

2 პეტრე 3:8 გვეუბნება ”*ისიც იცოდეთ, საყვარელნო რომ ერთი დღე უფლისათვის როგორც ათასი წელი, და ათასი წელი, როგორც ერთი დღე.*” როგორც უფალმა

დაისვენა მეშვიდე დღეს სამყაროს ექვს დღიანი შექმნის შემდეგ, იესოს მოსვლა და ახალი ათასწლეული, შაბატის პერიოდი მოვა ადამის დაუმორჩილებლობიდან ექვსი ათასი წლის შემდეგ. ამის შემდეგ უზარმაზარი თეთრი ტახტის განაჩენის მეშვეობით, ღმერთი ხორბალს შეუშვებს სამოთხეში და ჩალას კი ჩაყრის ჯოჯოხეთის ცეცხლში.

ამიტომ მე ვლოცულობ უფალი იესოს სახელში რომ გავიგო უფლის განგება და ღრმად მიყვარდეს ადამიანები, წარვუძღვე დალოცვილ ცხოვრებას და მხურვალედ ვაქო და ვადიდო უფალი სამოთხის იმედით.

თავი 3

ხე სიცოცხლისა და კეთილისა და ბოროტის შეცნობის

- ადამი და ევა ედემის ბაღში
- ადამი არ დაემორჩილა საკუთარი ნებით
- ცოდვის საზღაური არის სიკვდილი
- რატომ აღმოაცენა უფალმა ხე სიცოცხლისა და ხე კეთილისა და ბოროტის შეცნობის ედემის ბაღში?

"აიყვანა ადამი უფალმა ღმერთმა და დაასახლა ედემის ბაღში მის დასამუშავებლად და დასაცავად. გააფრთხილა უფალმა ღმერთმა ადამი, უთხრა: ყველა ხის ნაყოფი გეჭმევა ამ ბაღში. მხოლოდ კეთილის და ბოროტის შეცნობის ხის ნაყოფი არ ჭამო, რადგან როგორც კი შეჭამ, მოკვდებით."

დაბადება 2:15-17

მათ ვინც არ იციან შემოქმედი ღმერთის დიდი სიყვარული და მისი ღრმა და ბრძნული განგება თავისი ჭეშმარიტი შვილების აღსაზრდელად, შეიძლება ასეთი კითხვა დასვან "რატომ აღმოაცენა უფალმა ხე სიცოცხლისა და ხე კეთილისა და ბოროტის შეცნობისა ედემის ბაღში?" "რატომ მისცა უფლება მან პირველ ადამიანს წასულიყო განადგურების გზაზე?" ისინი ფიქრობენ რომ ადამიანი არ მოკვდებოდა და სამარადისოდ ისიამოვნებდა ბედნიერი ცხოვრებით ედემის ბაღში, მაშინ, თუ ღმერთი არ აღმოაცენებდა ხეს იქ.

ზოგი კი ამბობს "შეიძლება უფალმა არ იცოდა წინასწარ, რომ ადამი შეჭამდა ამ ხის ნაყოფს," რადგან მათ არ სჯერათ უფლის ყოვლისმცოდნეობის და ყოვლისშემძლეობისა. აღმოაცენა მან ხე ედემის ბაღში მწირი განმჭრიახობით ადამის მომავალი დაუმორჩილებლობის ცოდნის გარეშე? ან განგებ აღმოაცენა მან ხე და უბიძგა ადამიანს სიკვდილისაკენ? რა თქმა უნდა არა!

მაშინ, რატომ აღმოაცენა ღმერთმა ხე სიცოცხლისა და ხე კეთილისა და ბოროტის შეცნობისა ედემის ბაღის შუაგულში? რატომ არ დაემორჩილა ადამი უფლის ბრძანებას და რატომ გადავარდა სიკვდილის

გზაზე?

ადამი და ევა ედემის ბაღში

ღმერთმა შექმნა ადამიანი მიწის მტვრისაგან და ჩაჰბერა მას ნესტოებში სიცოცხლის სული და ადამიანი გახდა ცოცხალი არსება (დაბადება 2:7). ცოცხალი არსება არის სულიერი არსება, რომელსაც თავიდან არ აქვს არანაირი ცოდნა. ავიღოთ მარტივი მაგალითი. ახალდაბადებულ ჩვილს არ აქვს სიბრძნე და ცოდნა. მას აქვს მეხსიერების სისტემა ტვინში, მაგრამ არასოდეს გაუგონია, უნახია ან არავის უსწავლებია მისთვის არაფერი. ამიტომ ჩვილს მოქმედება მხოლოდ ინსტინქტებით შეუძლია.

ასევე ადამას არ ჰქონდა სულიერი სიბრძნე ან ცოდნა, როდესაც თავდაპირველად იგი გახდა ცოცხალი არსება.

ადამმა უფლისგან შეისწავლა სიცოცხლის ცოდნა

ღმერთმა ბაღი აღმოსავლეთით მოათავსა ედემში და იქ ჩასვა ადამი. ღმერთმა ადამს მისცა სიცოცხლის ცოდნა, იგი მასთან ერთად დადიოდა იქ, რათა გაეკონტროლებინა იგი და ემართა ედემის ბაღი.

დაბადება 2:19–ში ვკითხულობთ "გამოსახა უფალმა

ღმერთმა მიწისგან ველის ყველა ცხოველი და ცის ყველა ფრინველი და მიჰგვარა ადამს, რომ ენახა, რას დაარქმევდა. რომელ სულდგმულს რას დაარქმევდა ადამი, მისი სახელიც ის იქნებოდა." ადამი აღჭურვილი იყო საკმარისად სიცოცხლის ცოდნით, რათა ემართა ყველაფერი.

ასევე ღმერთმა იფიქრა რომ კარგი არ იქნებოდა ადამის მარტოდ ყოფნა. ასე რომ ღმერთმა ძილი მოჰგვარა ადამს, რათა მისი შესაფერისი შემწე შეექმნა. მან გამოუღო ადამიანს ნეკნი და იმ ადგილას ხორცი ჩაუდო. შემდეგ მან შექმნა დედაკაცი ამ ნეკნისგან, რომელიც ადამს გამოუღო და ადამს მიუყვანა. ღმერთმა შეაერთა ადამი დედაკაცთან და ისინი გახდნენ ერთი ხორცი (დაბადება 2:20–22).

ეს იმიტომ არ მოხდა, რომ ადამმა მარტოდ იგრძნო თავი, არამედ იმიტომ რომ ღმერთი დიდი ხნის განმავლობაში მარტო იყო სანამ დრო დაიწყებოდა და იცოდა რა იყო მარტოობა. უფლის უზარმაზარმა სიყვარულმა და წყალობამ შეაქმნევინა მას ადამის შემწე და დალოცა ადამიანი და მისი მეუღლე, რათა ყოფილიყვნენ ნაყოფიერნი, აყვავებულიყვნენ და აევსოთ დედამიწა.

ადამის გრძელი ცხოვრება ედემის ბაღში

რამდენი ხანი ცხოვრობდნენ ადამი და მისი მეუღლე ევა ედემის ბაღში? ბიბლია ამას არ განიხილავს დეტალურად, მაგრამ შენ უნდა იცოდე,

რომ ისინი უფრო დიდი ხანი ცხოვრობდნენ ვიდრე ხალხი ფიქრობს. ბიბლია ამ ყველაფერს გვეუბნება მხოლოდ რამოდენიმე სტროფში. ამგვარად ბევრი ფიქრობს, რომ ადამმა შეჭამა აკრძალული ხილი და გადავარდა განადგურების გზაზე არც ისე დიდი ხნის შემდეგ, რაც ღმერთმა იგი ედემის ბაღში ჩასვა. ზოგი მათგანი კითხულობს "ბიბლია ამბობს რომ ადამიანების ისტორია არის ექვსი ათასი წელი, მაგრამ როგორ შეგიძლია ახსნა განამარხებული ნივთების თარიღები რამდენიმე ათასი წლის წინათ?"

ადამიანის მოშენების ისტორია ბიბლიაში დაახლოებით 6,000 წელია, იმის შემდეგ რაც ადამი და ევა განიდევნენ ედემის ბაღიდან. ეს არ შეიცავს იმ პერიოდს, როდესაც ისინი ცხოვრობდნენ ედემის ბაღში. დიდი დრო გავიდა და იყო დიდი გეოლოგიური და გეოგრაფიული ცვლილებები, როგორიცაა დედამიწის ქერქის რეაქცია და გამრავლების რამდენიმე ციკლი და გადაშენებას ჰქონდა ადგილი დედამიწაზე. როგორც პირველ თავში განვიხილე ბევრი განამარხებული ნივთი ადასტურებს ამ ფაქტს.

როგორც უფალმა დალოცა ადამი და მისი მეუღლე დაბადების 1:28–ში, პირველი ადამიანი ადამი, სანამ დაიწყევლებოდა, დადიოდა უფალთან ერთად და უამრავი ბავშვი გააჩინა დიდი ხნის განმავლობაში და

გაავსო ედემის ბაღი. როგორც ყოვლის შემქმნელმა უფალმა, ადამმა დაიმორჩილა და მართავდა დედამიწას ისევე, როგორც ედემის ბაღს.

ადამი არ დაემორჩილა საკუთარი ნებით

უფალმა ადამს და ევას მისცა თავისუფალი ნება და უფლება მისცა მათ ესიამოვნებინათ ედემის ბაღის სიუხვითა და სიხარულით. თუმცა, იყო ერთი რამ, რაც ღმერთმა აუკრძალა მათ. ღმერთმა აუკრძალა მათ ხე სიცოცხლისა და ხე კეთილისა და ბოროტის შეცნობის ნაყოფის ჭამა.

თუ ადამი გაიგებდა უფლის ღრმა გულს და ჭეშმარიტად ეყვარებოდა იგი, მაშინ არ შეჭამდა აკრძალულ ხილს, რადგან მან იცოდა უფლის ბრძანება. მაგრამ იგი არ დაემორჩილა ამ ბრძანებას, რადგან მას ღმერთი ჭეშმარიტად არ უყვარდა.

ღმერთმა აღმოაცენა ხე სიცოცხლისა და ხე კეთილისა და ბოროტის შეცნობისა ედემის ბაღში და დააწესა მკაცრი კანონი ღმერთსა და ადამიანს შორის. მან უფლება მისცა ადამიანს თავისი ნებით დამორჩილებულიყო ბრძანებას. ეს იმიტომ, რომ მას სურდა მიეღო ჭეშმარიტი შვილი, რომელიც დაემორჩილებოდა მას გულის სიღრმიდან.

ადამმა უგულვებელყო უფლის სიტყვა

ბიბლიაში უფალი ხშირად ჰპირდება კურთხევას მათ, ვინც მის ბრძანებას დაემორჩილება და ყურს დაუგდებს მის ყოველ სიტყვას (2 რჯული 15:4–6, 28:1–14). თუმცა ვინ ემორჩილება მის ბრძანებებს? ბიბლიაც კი გვეუბნება, რომ მხოლოდ რამოდენიმე ადამიანია მსოფლიოში ვისაც ეს შეუძლია.

ღმერთმა ასწავლა პირველ ადამიანს, რომ იგი ისიამოვნებდა საუკუნო სიცოცხლით თუ უფალს დაემორჩილებოდა და თუ კი არ დაემორჩილებოდა საუკუნო სიკვდილს მიაღწევდა. ღმერთმა გააფრთხილა იგი რომ არ ეჭამა ხე სიცოცხლისა და ხე კეთილისა და ბოროტის შეცნობის ნაყოფი.

თუმცა, ადამმა და ევამ არაფრად ჩააგდეს მისი სიტყვა და შეჭამეს აკრძალული ხილი. ეშმაკმა დასაწყისშივე სცადა ღმერთის გეგმის, ჭეშმარიტი და სულიერი შვილების გაზრდის გეგმის ჩაშლა. საბოლოოდ ეშმაკმა წარმატებით შეაცდინა ისინი ცხოველებში ყველაზე ცბიერი ცხოველის, გველის მეშვეობით, რომ ეჭამათ აკრძალული ხილი (დაბადება 3:1). ადამი და ევა არ დაემორჩილნენ უფლის ბრძანებას. მაშინ როგორ არ დაემორჩილა ადამი უფლის ბრძანებას მიუხედავად იმისა, რომ იგი იყო ცოცხალი სული და ნასწავლი ჰქონდა სიმართლე უფლისაგან?

დაბადება 2:15–ში ჩვენ ვპოულობთ, რომ ღმერთმა ადამს მისცა შესაძლებლობა ემართა და მოეარა ედემის

ბაღისათვის. ადამმა მიიღო ძალაუფლება
ღმერთისაგან, რომ ემართა და დაეცვა იგი. ღმერთმა
იგი მის დაცვად დააყენა, იმ შემთხვევაში თუ სატანა
დააპირებდა შესვლას. მიუხედავად ამისა ეშმაკმა
მოახერხა გველის გაკონტროლება და მისი მეშვეობით
ადამი და ევა შეაცდინა. როგორ იყო ეს შესაძლებელი?
ერთი სიტყვით, ეშმაკი არის ბოროტი სული,
რომელსაც აქვს ძალაუფლება ჰაერის სამეფოზე. მას არ
აქვს ფიგურა. ეფესელთა 2:2-ში ეშმაკი მოხსენიებულია
როგორც ჰაერის ძალის და სულის პრინცად, რომელიც
ახლა მოქმედებს დაუმორჩილებელ შვილებში.
რადგან ეშმაკი რადიო ტალღასავითაა, რომელიც
ჰაერში დაფრინავს, მას შეეძლო ედემის ბაღში გველის
გაკონტროლება, რათა ადამი და ევა შეეცდინა.
დაბადება 1 გვაჩვენებს განსაკუთრებულ ფრაზას.
ყოველი შექმნის დღის ბოლოს ბიბლია იმეორებს
"ღმერთმა დაინახა რომ ეს კარგი იყო." ამ ფრაზას არ
გაუჟღერია მეორე დღეს, როდესაც სივრცე შეიქმნა.
კვლავ ეფესელთა 2:2 საუბრობს "რომლებითაც უწინ
ამ წუთისოფლის წესისამებრ იარებოდით, ჰაერის
ძალთა მთავრის – იმ სულის ნებით, ვის
ძალამოსილებასაც ამჟამად ჰმონობენ ურჩობის ძენი."
ღმერთმა წინასწარ იცოდა, რომ ბოროტ სულს
ექნებოდა ძალაუფლება ჰაერის სამეფოზე.

ევა ჩავარდა გველის ცდუნებაში

გველი არის მინდორის ერთერთი მარტივი

ცხოველი. როგორ მოახერხა მან ევას შეცდენა არ დამორჩილებოდა უფლის ბრძანებას?

ედემის ბაღში ადამიანებს შეეძლოთ დაკავშირება ყველა ცოცხალ არსებასთან, როგორიცაა ყვავილები, ხეები, გარეული ცხოველები და ა.შ. ევას ასევე შეეძლო გველთან კავშირი. დღევანდელი დღეების განსხვავებით, ადამიანებს უყვარდათ გველები. ისინი იყვნენ ძალიან გლუვები, გრძელები, მრგვალები და ბრძენები, რადგან ევას ისინი ძალიან უყვარდა. ისინი კარგად იცნობდნენ და ამხიარულებდნენ მას. ეს შემთხვევა იგივეა როდესაც ძალიან უყვართ პატრონებს თავიანთი ძაღლები, რადგან ისინი არიანი ჭკვიანები და ყველაზე დამჯერები სხვა ცხოველებთან შედარებით.

თუმცა უამრავი ადამიანი ამბობს "გველები არიან შხამიანები და საზიზღრები." მათ თითქმის ინსტიქტურად არ მოსწონთ გველები, რადგან გველები არიან ისინი, რომლებმაც მოატყუეს ადამს და მის მეუღლეს ევას, რომ არ დამორჩილებულიყვნენ ბრძანებას და უბიძგეს სიკვდილის გზისაკენ.

გველის ბუნების გასაგებად უნდა იცოდე მათი თავდაპირველი დამახასიათებელი თვისება. ყოველ ნიადაგს აქვს სხვადასხვა ინგრედიენტები და პროპორცია. ნიადაგზე მიერთებული ელემენტების თანახმად, ნიადაგი შეიძლება გახდეს კარგი ან უხეირო. როდესაც უფალმა შექმნა ყველა სახის ველის ცხოველი და ცის ყველა ფრინველი, მან ამოარჩია ყოველი ნიადაგი, რომელიც მათთვის შესაფერისი იყო

(დაბადება 2:19).

ღმერთს თავდაპირველად გველი ცბიერად არ შეუქმნია. მან იგი შექმნა საკმაოდ ბრძენი, რათა ადამიანებს შეეყვარებინათ. თუმცა გველი გახდა ცბიერი მას შემდეგ, რაც ბოროტმა ბუნებამ დაისადგურა მასში. თუ გველი არ მიიღებდა სატანის ხმას და მხოლოდ უფლის ნებას ატარებდა, მაშინ იგი გახდებოდა ბრძენი და კარგი ცხოველი. რადგან მან მოუსმინა და დაემორჩილა ეშმაკის ხმას, იგი გახდა ცბიერი ცხოველი, რომელმაც მოატყუა ევას, რათა სიკვდილში გადავარდნილიყო.

რადგან ევამ შეცვალა უფლის სიტყვა

გველმა იცოდა თუ რა უთხრა უფალმა ადამს: *"ყველა ხის ნაყოფი გეჭმევა ამ ბაღში. მხოლოდ კეთილის და ბოროტის შეცნობის ხის ნაყოფი არ შეჭამო, რადგან როგორც კი შეჭამ მოკვდებით"* (დაბადება 2:16–17). გველმა ევას ეშმაკურად ჰკითხა, *"მართლა გითხრათ ღმერთმა, ბაღის არცერთი ხის ნაყოფი არ შეჭამოთო?"* (დაბადება 3:1)

რა უპასუხა ევამ გველს?

რაც კი ბაღშია, ყველა ხის ნაყოფი გვეჭმევა, ოღონდ შუაგულ ბაღში რომ ხე დგას, იმის ნაყოფს ნუ შეჭამთ, გვითხრა ღმერთმა; არ გაეკაროთ თორემ მოკვდებითო (დაბადება 3:2–3).

ღმერთმა ადამს ნათელი გაფრთხილება მისცა: *"მხოლოდ კეთილის და ბოროტი შეცნობის ხის ნაყოფი არ შეჭამო, რადგან როგორც კი შეჭამ, მოკვდებით"* (დაბადება 2:17). მან ხაზი გაუსვა იმას, რომ არასოდეს იქნებოდნენ ცოცხლები თუ ამ ხიდან შეჭამდნენ. მაგრამ მაინც, ევას პასუხი არ იყო ასეთი აშკარა. მან მხოლოდ არაცხადად უპასუხა "მოკვდები." მან გამოტოვა სიტყვა "უთუოდ." სხვა სიტყვებით, მან იგულისხმა "თუ შეჭამ აკრძალულ ხილს, ან მოკვდები და ან არა."

იგი გონებაში არ დაემორჩილა უფლის ბრძანებას და მის სიტყვაში ცოტათი ეჭვი შეეპარა. მას შემდეგ რაც გველმა გაიგონა მისი გაურკვეველი პასუხი, სწრაფად დაიწყო მისი შეცდენა. მან შერყვნა კიდეც უფლის ბრძანება. გველმა უთხრა დედაკაცს "უსათუოდ არ მოკვდები." მან დაიწყო უფლის ბრძანების გადაკეთება და გული გაუმხნევა ევას: *"მაგრამ იცის ღმერთმა, რომ როგორც კი შეჭამთ, თვალი აგეხილებათ და შეიქნებით ღმერთივით კეთილისა და ბოროტის შემცნობელნი"* (დაბადება 3:5). ამან კიდევ ერთხელ შეაცდინა ევა, უფრო მეტად აგულიანებდა მის ცნობისმოყვარეობას.

ევა არ დაემორჩილა თავისი საკუთარი ნებით

მას შემდეგ რაც ეშმაკმა ჩაჰბერა ცოდვებიანი სურვილები დედაკაცში მისი მცდარი ფიქრების მეშვეობით, ხე მისთვის გახდა განსხვავებული სხვა ხეებისაგან, რომლებიც მან უკვე იცოდა. დაბადება 3:6–

ში წერია *"როცა დაინახა დედაკაცმა, რომ კარგი იყო საჭმელად ის ხე, რომ თვალწარმტაცი და საამური სანახავი იყო, მოწყვიტა ნაყოფი და შეჭამა. მისცა თავის კაცს და კაცმაც შეჭამა."*

მას მტკიცედ და მთლიანად უნდა განედევნა გველის ცდუნება. ცოდვილი ადამიანის ძლიერმა სურვილებმა, მისი თვალების ჟინმა და სიცოცხლის სიამაყემ გაანადგურა იგი და ურჩობის ცოდვაში ჩააგდო.

ზოგი ამბობს "იმიტომ არ შეჭამეს ადამმა და ევამ ამ ხის ნაყოფი, რომ მათ ჰქონდათ" "ცოდვილი ბუნება?" მათ არ ჰქონიათ ცოდვილი ბუნება, მათ ჰქონდათ მხოლოდ სიკეთე სანამ დაუმორჩილებლობას გამოამჟღავნებდნენ. მათ ჰქონდათ მხოლოდ საკუთარი ნება, რითითაც მათ შეეძლოთ ან არ შეეძლოთ აკრძალული ხილის ჭამა უფლის ბრძანების წინააღმდეგ.

დრო გავიდა და მათ არად მიიჩნიეს უფლის ბრძანება. შემდეგ ეშმაკმა შეაცდინა ისინი გველის მეშვეობით და ცდუნებაში ჩააგდო. ამ გზით ცოდვა მოვიდა მათზე და დაარღვიეს ბრძანება, რომელიც უფლის დაწესებული იყო.

ეს არის მსგავსი შემთხვევა ბავშვების ბოროტებაში აღზრდისა. ბავშვიც კი, რომელიც არის უზნეო საქციელითა და სიტყვით, ყოველთვის არ არის დაბადებიდან ბოროტი და უზნეო. თავდაპირველად იგი ბაძავს სხვა ბავშვების უზრდელურ სიტყვებს ან გინებებს, მიუხედავად იმისა რომ მათი მნიშვნელობა

არ იციან. ან იგი ბაძავს სხვა ბიჭს რომელიც სხვებს ურტყამს და სიამოვნებას იღებს ამით, როდესაც ხედავს რომ ისინი ტირიან. ამიტომ იგი ურტამს სხვებს არაერთხელ და ბოროტება იბადება და იზრდება მასში.

ანალოგიურად ადამს არ ჰქონია ცოდვილი ბუნება თავდაპირველად. როდესაც მან უგულვებელყო უფლის ბრძანება და შეჭამა აკრძალული ხიდან თავისი ნებით, ცოდვა ჩაისახა და ბოროტება დაარსდა მასში.

ცოდვის საზღაური არის სიკვდილი

როგორც უფალმა უთხრა ადამს "შენ არ უნდა შეჭამო ამ ხის ნაყოფი. როდესაც მას შეჭამ, უსათუოდ მოკვდები," ადამი და ევა მოკვდნენ ამ ხის ნაყოფის ჭამის შემდეგ. ამას ამბობს იაკობი 1:15–ში *"ხოლო შემდეგ გულისთქმა ჩასახავს და შობს ცოდვას, ჩადენილი ცოდვა კი სიკვდილსა შობს."*

რომაელთა 6:23 გასწავლის სულიერი სამეფოს კანონს ცოდვის შედეგის შესახებ *"ცოდვის საზღაური არის სიკვდილი."* მოდით ვნახოთ, თუ როგორ მოვიდა სიკვდილი ადამსა და ევაზე მათი დაუმორჩილებლობის გამო.

მათი სულების სიკვდილი

ღმერთმა გასაგებად უთხრა ადამს "მხოლოდ კეთილის და ბოროტის შეცნობის ხის ნაყოფი არ

შეჭამო, რადგან როგორც კი შეჭამ, მოკვდებით." თუმცა ისინი ეგრევე არ მოკვდნენ, მას შემდეგ რაც უფლის ბრძანებას არ დაემორჩილნენ. მათ იცხოვრეს დიდხანს და უამრავი შვილი გააჩინეს. მაშ რა იყო ის "სიკვდილი" უფალმა რომ გააფრთხილა?

მას არ უგულისხმებია მათი სხეულების სიკვდილი, მან იგულისხმა მათი სულების სიკვდილი. ადამიანები არიან შექმნილნი სულით, რომელსაც შეუძლია უფალთან დაკავშირება, არსება რომელიც არის მათი სულების მსახური და სხეული, რომელშიც მათი სულები ბინადრობენ. 1 თესალონიკელთა 5:23 ამბობს, რომ ადამიანი შედგება სულისა და სხეულისაგან. როდესაც ადამმა და ევამ არ გაიგონეს უფლის ბრძანება, მათი სულები, ადამიანის მეპატრონეები მოკვდნენ.

უფალი უდანაშაულო, წუნდაუდებელი და წმინდაა, ის ვინც ბინადრობს მიუწვდომელ ნათელში, ამიტომ ცოდვილებს არ შეუძლიათ მასთან ყოფნა. ადამს შეეძლო უფალთან კავშირი, როდესაც იგი ცოცხალი სული იყო, მაგრამ ცოდვის გამო მისი სული მოკვდა და აღარ შეეძლო უფალთან კავშირი.

მტანჯველი ცხოვრების დასაწყისი

ედემის ბაღი იყო ბარაქიანი და ლამაზი ადგილი, სადაც არ იყო მღელვარება და შფოთვა და ადამს და ევას სამუდამოდ შეეძლოთ იქ ცხოვრება და სიცოცხლის ხისგან კვება. მაგრამ ისინი განიდევნენ

ედემის ბაღიდან მას შემდეგ, რაც ცოდვა ჩაიდინეს და დაიწყო მათი უსიამოვნებები და გაჭირვებები.

მშობიარობისას დედაკაცს უფრო მეტი ტკივილები ჰქონდა. მას უფრო დიდი ლტოლვა ჰქონდა თავისი ქმრისა და ქმარი კი მას ბატონობდა. უფალმა მიწა დასწყევლა და ადამიანი ტანჯვით იღებდა საზრდოს მთელი ცხოვრების განმავლობაში (დაბადება 16:17).

დაბადება 3:18–19–ში უფალი ეუბნება ადამს *"ძეძვი და ეკალი აღმოგიცენოს და მინდვრის ბალახი იყოს შენი საზრდო. პიროფლიანი ჭამდე პურს, ვიდრე მიწად მიიქცეოდე, რადგან მისგანა ხარ აღებული, რადგან მტვერი ხარ და მტვრადვე მიიქცევი."* ამ სტროფებში უფალი გულისხმობს, რომ ადამიანი უნდა დაუბრუნდეს ერთ მუჭა მტვერს.

რადგან ადამმა, ადამიანების წინაპარმა ურჩობის ცოდვა ჩაიდინა და მისი სული მოკვდა, მისი მთელი შთამომავლობა დაიბადა ცოდვილებად და წავიდნენ სიკვდილის გზაზე.

რომაელთა 5:12–ში წერია ადამის გამძლე მემკვიდრეობის შესახებ: *"ვინაიდან როგორც ერთი კაცის მიერ შემოვიდა ცოდვა ამ ქვეყნად, ცოდვის მიერ კი – სიკვდილი, ისე სიკვდილიც გადავიდა ყველა კაცში, რადგანაც ყველამ სცოდა."*

ყოველი ადამიანი დაბადებულია თავდაპირველი ცოდვით

უფალი შესაძლებლობას აძლევს ხალხს იყვნენ

ნაყოფიერნი და გამრავლდნენ სიცოცხლის თესლებით, რომლებსაც იგი აძლევს მათ როდესაც იგი მათ ქმნის. ადამიანი ისახება სპერმის და კვერცხუჯრედის შერწყმით, რომელსაც ღმერთი აძლევს ყოველ კაცსა და ქალს როგორც სიცოცხლის თესლებს. რადგან სპერმას და კვერცხუჯრედს აქვს თითოეული მშობლის დამახასიათებელი თვისებები, ჩვილი ისახება სპერმისა და საკვერცხის უნიფიცირებით და ემსგავსება თავის მშობლებს გარეგნობით, დამახასიათებელი თვისებებით, გემოვნებით, ჩვევებით, სიარულით და ა.შ.

ამავე გზით ადამის ცოდვილი ბუნება გადავიდა მის ყოველ შთამომავალზე. ეს არის ე.წ. "თავდაპირველი ცოდვა." ადამის შთამომავლები იბადებიან თავდაპირველი ცოდვით, ამიტომ ყოველი ადამიანი არის ცოდვილი.

ზოგი ურწმუნო ჩივის "როგორ ან რანაირად ვარ ცოდვილი? არასოდეს ჩამიდენია ცოდვა." ან ზოგი კითხულობს "როგორ გადმოვიდა ჩემზე ადამის ცოდვა?"

ავიღოთ მაგალითი ბავშვზე. დედას ჰყავს შვილი, რომელიც ერთი წლისაც კი არ არის. იგი ძუძუთი კვებავს სხვა ბავშვს თავისი ბავშვის თვალწინ. სავარაუდოა რომ ბავშვი გაბრაზდება და ეცდება მეორე ბავშვის გაწევას. თუ დედა არ შეწყვეტს სხვა ბავშვის ჭმევას ან თუ ბავშვი არ შეწყვეტს ძუძუს წოვას, მისმა შვილმა შეიძლება ჩაარტყას მას ან იმ ან შეიძლება ატირდეს.

მიუხედავად იმისა, რომ არავის უსწავლებია პატარა ბავშვისთვის შური, ეჭვიანობა, სიძულვილი ან გაუმაძღრობა, ბავშვს ეს ბოროტი თვისებები დაბადებიდანვე ჰქონდა გონებაში. ეს ფაქტი ხსნის იმას, რომ ადამიანები იბადებიან თავდაპირველი ცოდვით, რომელიც მემკვიდრეობით გადმოეცათ მშობლებისგან.

მთელი ცხოვრების მანძილზე რამდენჯერ სცოდავს ადამიანი? შენ უნდა გაიგო, რომ არა მარტო ცოდვილი ქმედებები, არამედ ყველა სახის ბოროტება ადამიანის გონებაში არის ცოდვა უფლის წინაშე, რომელიც არის თვით ნათელი. უფალი გრძნობს და უყურებს ბოროტებას გონებაში როგორიცაა, სიძულვილი, გაუმაძღრობა, მსჯავრის დადება და სხვა ბევრი.

ამიტომ ბიბლია გვეუბნება, რომ არავინ იქნება გამოცხადებული სამართლიანად უფლის მხედველობაში კანონის დაცვით, რადგან ყოველ ადამიანს აქვს ჩადენილი ცოდვა (რომაელთა 3:20–23).

არა მხოლოდ ადამიანი, არამედ ყველაფერი დაწყევლილია

როდესაც ადამმა, რომელიც ყველაფრის განმგებელი იყო, ცოდვა ჩაიდინა და დაიწყევლა, მიწა და ყოველი შინაური ცხოველი, მინდვრის პირუტყვი და ჰაერის ჩიტები დაიწყევლნენ მასთან ერთად. მას შემდეგ მავნე და შხამიანი ინსექტები, როგორიცაა ბუზები ან კოღოები გაჩნდნენ, რომლებიც გადასცემენ ყველანაირ

დაავადებებს.

მიწამ ეკლების გამოყოფა დაიწყეს და ადამიანებს საკვების მომკა მხოლოდ მძიმე შრომითა და ოფლის ღვრით შეეძლოთ. ისინი იძულებულნი იყვნენ შეხვედროდნენ ცრემლებს, მწუხარებას, ტკივილს, დაავადებებს და სიკვდილს, რადგან ისინი დაწყევლილნი იყვნენ ამ ქვეყანაზე.

მაშასადამე რომაელთა 8:20–22–ში ვკითხულობთ *"იმიტომ, რომ ქმნილება ნებსით კი არ დაემორჩილა ამაოებას, არამედ მის მიერ, ვინც ამაოებას დაუმორჩილა იგი, იმის იმედით, რომ თვით ქმნილებაც განთავისუფლდებოდა ხრწნილების მონობისაგან, რათა წილი დაედო ღვთის შვილთა დიდებასა და თავისუფლებაში. რადგანაც ვიცით, რომ მთელი ქმნილება ერთიანად გმინავს და წვალობს დღემდე."*

მაშინ როგორ დაიწყევლა გველი? დაბადება 3:14–ში ღმერთმა უთხრა ცბიერ გველს, რომელმაც ადამიანები შეაცდინა *"აკი ეს ჩაიდინე, წყეულიმც იყავ ყველა პირუტყვს შორის! მუცლით იხოხე და მტვერი ჭამე მთელი სიცოცხლე."* თუმცა გველები არ ჭამენ მტვერს, ისინი ჭამენ ისეთ ცხოველებს როგორიცაა ჩიტები, ბაყაყები, თაგვები ან ინსექტები. უფალმა გასაგებად სთქვა *"და მტვერი ჭამე მთელი სიცოცხლე."* როგორ განმარტავ ამ სტროფს?

"მტვერი" არის "ადამიანები, რომლებიც შეიქმნენ მიწის მტვრისაგან" ამის სიმბოლო (დაბადება 2:7) და "გველი" ნიშნავს ბოროტ სულსა და ეშმაკს

(აპოკალიფსი 20:2). "და მტვერი ჭამე მთელი სიცოცხლე" სიმბოლურად გამოხატავს, რომ ეშმაკი შთანთქავდა ადამიანებს, რომლებიც უფლის სიტყვით არ ცხოვრობდნენ და სამაგიეროდ წყვდიადში დადიოდნენ.

უფლის შვილებსაც კი უწევთ უსიამოვნებებთან და გაჭირვებასთან ბრძოლა, რომელიც ეშმაკს მოაქვს თუ კი ისინი ცოდვას ჩაიდენენ უფლის ნების წინააღმდეგ. დღეს, ეშმაკი მოიპარება როგორც ხმაურიანი ლომი ეძებს რაიმეს შესაჭმელად (1 პეტრე 5:8). თუ იპოვნის იგი დაემონება დაწყევლის გამო და ეშმაკი განადგურების გზისკენ გადააგდებს. თუ კი შესაძლებელია იგი ეცდება, რომ უფლის შვილებიც კი შეაცდინოს.

ეშმაკი იმას აცდუნებს ვინც იძახის "უფლის მწამს," მაგრამ დარწმუნებული არაა უფლის სიტყვაში და წარუძღვება მას სიკვდილის გზისაკენ. ჩვეულებრივ ეშმაკი ცდილობს გაცდუნოს შენი ახლო ადამიანების მეშვეობით, როგორიცაა მეუღლე, მეგობარი და ნათესავები, როგორც მან შეაცდინა ევა გველის მეშვეობით, მისი ერთერთი საყვარელი ცხოველი.

მაგალითად, შენმა მეუღლემ ან მეგობარმა შეიძლება გკითხოს "არ არის საკმარისი შენთვის, რომ მხოლოდ კვირის დილის წირვა–ლოცვებს დაესწრო? ყოველთვის უნდა დაესწრო კვირის საღამოს წირვა–ლოცვებსაც?" "უფალი გრძნობს და იცის შენი ღრმა გული, რადგან იგი არის ყოვლისმცოდნე და ყოვლისშემძლე. აუცილებელია რომ ლოცვისას იტირო?"

ღმერთმა გიბრძანა რომ დაგემახსოვრებინა შაბატი დღე და შეგენახა იგი წმინდად (გამოსვლა 20:8) და რომ ლოცვისას გეტირა (იერემია 33:3). ეშმაკს არ შეუძლია იმის შეცდენა, ვინც მთლიანად უფლის სიტყვით ცხოვრობს (მათე 7:24–25).

ზუსტად როგორც ეფესელთა 6:11–ში წერია *"შეიმოსეთ ღვთის სრული საჭურველი, რათა შეგეძლოთ წინ აღუდგეთ ეშმაკის ხრიკებს,"* შენ უნდა აღიჭურვო თავი უფლის სამართლიანი სიტყვით და რწმენით მამაცურად განდევნო ეშმაკი.

რატომ აღმოაცენა უფალმა ხე სიცოცხლისა და ხე კეთილისა და ბოროტის შეცნობის ედემის ბაღში?

უფალმა აღმოაცენა ხე სიცოცხლისა და ხე კეთილისა და ბოროტის შეცნობის ედემის ბაღში არა იმისათვის რომ ადამიანები განადგურების გზისაკენ განედევნა, არამედ იმიტომ რომ მათთვის ბედნიერება მიეცა. რადგან ადამიანები ვერ იგებენ მის ღრმა გეგმას, ისინი არასწორად იგებენ უფლის სიყვარულსა და სამართლიანობას და მისი არც კი სწამთ. ისინი ცხოვრობენ გაურკვეველი ან უსიცოცხლო ცხოვრებით, რადგან ვერ პოულობენ თავიანთი ცხოვრების ჭეშმარიტ დანიშნულებას.

მაშინ რატომ აღმოაცენა უფალმა ხე სიცოცხლისა და ხე კეთილისა და ბოროტის შეცნობის ედემის ბაღში და

რატომ გვაძლევს ეს ასეთ დიდ ლოცვა–კურთხევას?

ადამმა და ევამ არ იცოდნენ ჭეშმარიტი ბედნიერება

ედემის ბაღი იყო ისეთი ლამაზი და ბარაქიანი, რომ შენს წარმოსახვასაც აღემატება. ღმერთმა აღმოაცენა ყველა სახის ხე მიწიდან. ისინი იყვნენ თვალისთვის სასიამოვნოები და საჭმელად კარგი. ედემის ბაღის შუა გულში იყო ხე სიცოცხლისა და ხე კეთილის და ბოროტის შეცნობისა (დაბადება 2:9).

მაშინ რატომ აღმოაცენა უფალმა ხე სიცოცხლისა და ხე კეთილის და ბოროტის შეცნობის ედემის ბაღის შუაგულში სიცოცხლის ხის გვერდით, რომ კარგად დასანახი ყოფილიყო? უფალს არასოდეს განუზრახავს მათი განადგურების გზისკენ გადაგდება ხის ნაყოფის ჭამის ცდუნებით. უფლის განგება იყო, რომ გაეგებინებინა ჩვენთვის დამოკიდებულებები ხე სიცოცხლისა და ხე კეთილის და ბოროტის შეცნობის მეშვეობით და გავმხდარიყავით მისი ჭეშმარიტი და სულიერი შვილები, რომლებსაც შეუძლიათ მისი გულის გრძნობა.

როდესაც ადამიანი ტირის, დარდობს, სიღარიბეს ან ავადმყოფობას ებრძვის, შეიძლება იფიქროს რომ ადამი და ევა ძალიან ბედნიერები უნდა ყოფილიყვნენ ედემის ბაღში, რადგან მათ არ გამოუცდიათ ცრემლები, დარდი, სიღარიბე ან ავადმყოფობა ამ სამყაროში. მაინც, ხალხმა ედემის ბაღში არ იციან

ნამდვილი ბედნიერება და სიყვარული, რადგან მათ არასოდეს გამოუცდიათ დამოკიდებულებები.

მოდით ავიღოთ მაგალითი. არის ორი ბიჭი. ერთი დაიბადა და გაიზარდა სიღარიბეში, მაგრამ მეორე დაიბადა სიმდიდრეში და ისიამოვნა ამით. თუ თითოეულ მათგანს მისცემ მვირადღირებულ სათამაშოს საჩუქრად, როგორ გიპასუხებს თითოეული მათგანი? ერთის მხრივ ბიჭი, რომელიც გაიზარდა სიმდიდრეში არ იქნება დიდად მადლობელი, რადგან იგი იშვიათად გრძნობს სათამაშოს ღირებულებას. მეორეს მხრივ ბიჭი, რომელიც სიღარიბეში გაიზარდა იქნება მადლიერი და სათამაშოს განსაკუთრებულად შეხედავს.

ჭეშმარიტი ბედნიერება მოდის მოკიდებულებებით

იგივე გზით, მათ ვისაც გამოუცდიათ თავისუფლება ან სიმდიდრე, იციან და სიამოვნებას განიცდიან ჭეშმარიტი ბედნიერებითა ან თავისუფლებით. ედემის ბაღისგან განსხვავებით, არის უამრავი სანათესაო რამ ამ სამყაროში. თუ გსურთ რომ იცოდეთ და ისიამოვნოთ რაიმეს ჭეშმარიტი ღირებულებით, უნდა გამოსცადოთ მისი დამოკიდებულებები. თქვენ არ შეგიძლიათ გააცნობიეროთ მისი ჭეშმარიტი ღირებულება, სანამ არ გამოცდით მის საპირისპირო ასპექტებს.

მაგალითად, თუ სურვილი გაქვთ რომ იცოდეთ

ჭეშმარიტი ბედნიერება უნდა გამოცადოთ უბედურება. თუ გსურთ რომ იცოდეთ ჭეშმარიტი სიყვარულის ფასი, მაშინ სიძულვილი უნდა გამოცადოთ. თქვენ სავსებით ვერ გააცნობიერებთ თქვენი ჯანმრთელობის ფასს, სანამ ავადმყოფობის ან ცუდი ჯანმრთელობის ტკივილს არ გამოცდით. თქვენ ვერ გააცნობიერებთ საუკუნო სიცოცხლის ფასს და ვერ იქნებით მამა ღმერთის მადლიერი, სანამ არ გაიგებთ რომ მართლა არსებობს სიკვდილი და ჯოჯოხეთი.

პირველმა ადამიანმა ადამმა ისიამოვნა ყველაფრის ჭამით რაც კი ისურვა და ჰქონდა ძალაუფლება ემართა ყველაფერი ედემის ბაღში. მან ეს ყველაფერი მოიპოვა მტკივნეული მძიმე შრომის ან ოფლის გარეშე. ამ მიზეზის გამო მას არ გამოუხატავს მადლიერება ღმერთისათვის, რომელმაც მისცა მას ყველაფერი და მან არ იცოდა მისი წყალობა და სიყვარული მის გულში.

მოგვიანებით ადამი არ დაემორჩილა უფლის ბრძანებას და ხილი შეჭამა. მანამდე იგი იყო ცოცხალი სული, მაგრამ ცოდვის ჩადენის შემდეგ მისი სული მოკვდა და იგი გახდა ხორციელი ადამიანი. იგი და მისი მეუღლე განიდევნენ ედემის ბაღიდან და მოვიდნენ დედამიწაზე საცხოვრებლად. მას მოუწია ისეთი რაღაცეების ატანა, რაც არასოდეს გამოუცდია ედემის ბაღში: ცრემლები, დარდი, ავადმყოფობები, ტკივილი, უბედურება, სიკვდილი და ა.შ. საბოლოოდ მან გამოცადა ყველაფერი, რაც ედემის ბაღის ბედნიერების საპირისპირო იყო.

ასეთ პროცესში ადამმა და ევამ გაიგეს და იგრძნეს
რა იყო ბედნიერება და უბედურება და როგორი
ძვირფასი იყო თავისუფლება და სიმდიდრე, რომელიც
მათ უფალმა მისცა ედემის ბაღში.

შენი ცხოვრება იქნება უმნიშვნელო, თუ იცხოვრებ
სამუდამოდ და ვერ გაიგებ რა არის ბედნიერება და
უბედურება. მაშინაც თუ ახლა გაჭირვებაში ხარ, შენი
ცხოვრება იქნება უფრო ძვირფასი და მნიშვნელოვანი,
თუ მოგვიანებით შეძლებ ჭეშმარიტი ბედნიერების
შეგრძნებას.

მაგალითად, მიუხედავად იმისა რომ მშობლებმა
იციან, რომ შვილები სწავლისგან ტკივილს მიიღებენ,
მაინც უშვებენ სკოლაში. თუ კი მათ უყვართ თავიანთი
შვილები, მშობლები ხალისიანად დაეხმარებიან მათ
ძლიერ სწავლაში ან უამრავი რამის გამოცდაში. ეს
იგივე შემთხვევაა, როგორც მამა ღმერთის გული,
რომელმაც გამოგზავნა ადამიანები ამ სამყაროში და
ხვეწავს მათ როგორც მის ჭეშმარით შვილებს
ყველანაირი გამოცდის მეშვეობით.

ამავე მიზეზით უფალმა აღმოაცენა ხე სიცოცხლისა
და ხე კეთილის და ბოროტის შეცნობის ედემის ბაღში
და მან არ შეუშალა ხელი ადამს და ევას ამ ხიდან
ეჭამათ საკუთარი ნებით. მან დაგეგმა ყველაფერი
რათა ადამიანებს გამოეცადათ ყველანაირი სიხარული,
რისხვა, დარდი და სიამოვნება ამ ქვეყნად და
გამხდარიყვნენ მისი ჭეშმარიტი შვილები.

მტკივნეული გამოცდებით მათ საბოლოოდ გაიგეს
ჭეშმარიტი ფასი და მნიშვნელობა სათითაოდ

ყველაფრის.

რადგან მათ ეცოდინებოდათ და იგრძნობდნენ ჭეშმარიტ ბედნიერებას ადამიანების განვითარების მეშვეობით, უფლის შვილები არ უღალატებენ მას, როგორც ადამმა უღალატა ედემის ბაღში, არ აქვს მნიშვნელობა რა დრო გავა. სამაგიეროდ ისინი შეიყვარებენ მას უფრო მეტად, აღივსებიან სიხარულით და მადლიერებით და აქებენ და ადიდებენ მას.

ჭეშმარიტი ბედნიერება არის სამოთხე

უფლის შვილებს, რომელთაც აქვთ გამოცდილი ცრემლები, დარდი, ტკივილი, ავადმყოფობები, სიკვდილი და ა.შ. ამ სამყაროში, შევლენ სამარადისო სამოთხეში და ისიამოვნებენ საუკუნო ბედნიერებით, სიყვარულით, სიხარულით და მადლიერებით. ისინი იგრძნობენ სრულყოფილი ბედნიერების სიხარულს სამოთხეში.

ამ ხორციელ სამყაროში ყველაფერი ლპება და კვდება, მაგრამ საუკუნო ზეციურ სამეფოში არ არის ლპობა, სიკვდილი, ცრემლები და დარდი. უფალი ამ სამყაროში ყველაზე დადებითად არის მიჩნეული, მაგრამ ახალ იერუსალიმში, სამოთხეში ყველა გზა გაკეთებულია სუფთა ოქროსგან. სამოთხის სახლები გაკეთებულია ძალიან ლამაზი და ძვირფასი ძვირფასეულობისგან. რა სასწაულებრივი და ლამაზებია ისინი!

სანამ უფალს შევხვდებოდი ყველაზე ძვირფასად ოქროს ან ძვირფასეულობას მივიჩნევდი, მაგრამ მას შემდეგ რაც ვისწავლე საუკუნო სამოთხის შესახებ, დავიწყე ამ სამყაროში ყველაფრის ფუჭად და უხეიროდ მიჩნევა. სიცოცხლე ამ სამყაროში არის წუთი საუკუნო სამეფოსთან შედარებით. თუ შენ მართლა გჯერა და იმედი გაქვს საუკუნო სამოთხისა, არასოდეს შეიყვარებ ამ სამყაროს. შენ მხოლოდ იფიქრებ იმაზე, თუ რა გააკეთო კიდევ ერთი ადამიანის გადასარჩენად ან როგორ უქადაგო სახარება ყოველ ადამიანს მსოფლიოს გარშემო. შენ შეაგროვებ ჯილდოებს სამოთხეში, თუ უფალს საუკეთესო შესაწირავებს მისცემ მთელი შენი გულით.

პავლე მოციქულმა თავისი რთული გზა ბოლომდე გაიარა სიხარულითა და მადლიერებით, რადგან მან დაინახა მესამე სამოთხე, რომელიც უფალმა აჩვენა ხილვისას. იგი უძლებდა საზარელ გაჭირვებას როგორც მოციქული. უფალმა აჩვენა მას სამოთხის სილამაზე და გაამხნევა იგი, რათა ბოლომდე წასულიყო თავის გზაზე სამოთხის იმედით. იგი გაროზგეს, ჩაქოლეს, ხშირად დააპატიმრეს და უამრავი სისხლი დაღვარა უფლის სახარების ქადაგებისას. მიუხედავად ამ ყველაფრისა პავლემ იცოდა, რომ ეს ყველაფერი ჯილდოდ გადაეხდებოდა სამოთხეში. საბოლოოდ მისი გაჭირვებები იყო დიდი ზეციური კურთხევები.

ღმერთის ადამიანებს არ აქვთ ამ სამყაროს იმედი. მათ მხოლოდ ზეციური სამეფოს სურვილი აქვთ.

ღმერთის მხედველობაში ეს სამყარო მხოლოდ ერთი წუთია, მაგრამ სიცოცხლე ზეციურ სამეფოში სამარადისოა. იქ არ არის ცრემლები, დარდი, ტანჯვა ან სიკვდილი. ამიტომ ისინი ყოველთვის იცხოვრებენ სიხარულით იმის იმედით, რომ უფალი დაასაჩუქრებს მათ დიდი ჯილდოებით სამოთხეში იმის მიხედვით, თუ რა დათესეს ან გააკეთეს.

ამიტომ მე ვლოცულობ უფალი იესო ქრისტეს სახელში, რომ შენ გაიგებ შემოქმედი ღმერთის დიდ სიყვარულს და განგებას და მოამზადებ შენს თავს სამოთხეში შესასვლელად, რათა სიამოვნება მიიღო საუკუნო სიცოცხლით და ჭეშმარიტი ბედნიერებით განსაცვიფრებლად ლამაზ და დიდებულ სამოთხეში.

თავი 4

დაფარული საიდუმლო დროის დაწყებამდე

- ადამის ძალაუფლება გადაეცა
  ეშმაკს
- მიწის გამოსყიდვის კანონი
- დაფარული საიდუმლო დროის
  დაწყებამდე
- კანონის მიხედვით იესო ქრისტე
  შესაფერისია

"სიბრძნეს კი ჩვენ ვქადაგებთ
სულიერად მოწიფულთა
შორის, მაგრამ არა
ამქვეყნიურსა თუ ამა ქვეყნის
წარმავალ მთავართა სიბრძნეს,
არამედ სიბრძნეს ღვთისას,
საიდუმლოსა და დაფარულს,
საუკუნეთა უწინარეს, ჩვენდა
სადიდებლად რომ განაწესა
ღმერთმა."

1 კორინთელთა 2:6-8

ედემის ბაღში გველმა ადამი და ევა აცდუნა, ისინი არ დაემორჩილნენ უფლის ბრძანებას და შეჭამეს აკრძალული ხილი, რადგან მათ ჰქონდათ სურვილი ღმერთისავით ყოფილიყვნენ. შედეგად ისინი და მათი შთამომავლები გახდნენ ცოდვილები.

ადამიანის პერსპექტივიდან, ადამი და ევა იყვნენ საცოდავები, რადგან ისინი განიდევნენ ედემის ბაღიდან და სიკვდილის გზაზე უნდა წასულიყვნენ. თუმცა სულიერად საუბარი არის უფლის განსაცვიფრებელი კურთხევა, რადგან ისინი მიიღებენ შანსს ისიამოვნონ ხსნით, საუკუნო სიცოცხლით და ზეციური კურთხევებით იესო ქრისტეს მეშვეობით.

ადამიანის განვითარებით, საიდუმლოება რომელიც დამალული იყო სანამ დრო დაიწყებოდა შენი დიდებისათვის, გამოაშკარავდა და გადარჩენის გზა ფართოდ გაიღო ყოველი ერისათვის. მოდით ღრმად შევისწავლოთ საიდუმლოება, რომელიც დამალული იყო სანამ დრო დაიწყებოდა და როგორ გაიღო გადარჩენის გზა.

ადამის ძალაუფლება გადაეცა ეშმაკს

ლუკა 4:5-6-ში ჩვენ ვპოულობთ, თუ როგორ აცდუნებს ეშმაკი იესოს, რომელსაც იმ წუთას ჰქონდა დამთავრებული 40 დღიანი მარხვა.

აიყვანა იგი ეშმაკმა მაღალ მთაზე და უჩვენა სამყაროს ყველა სამეფო დროის ერთ წამში. და უთხრა მას ეშმაკმა: მოგცემ შენ ყოველივე ამის ხელმწიფებას და დიდებას, ვინაიდან მე მაქვს მოცემული, და ვისაც მინდა, მას მივცემ.

ეშმაკმა სთქვა, რომ იესოს გადასცემდა ძალაუფლებას, რადგან თვით მას ჰქონდა გადმოცემული სხვისგან. რატომ დართო უფალმა ნება ყოველი ძალაუფლება ეშმაკს გადასცემოდა?

დაბადება 1:28-ში წერია *"აკურთხა ღმერთმა ისინი და უთხრა: ინაყოფიერეთ და იმრავლეთ, აავსეთ დედამიწა, დაეუფლეთ მას, ეპატრონეთ ზღვაში თევზს, ცაში ფრინველს, ყოველ ცხოველს, რაც კი დედამიწაზე დახოხავს."*

ადამმა ღმერთისგან მიიღო ყველაფრის მართვის ძალაუფლება. იგი იყო ყველაფრის უფალი, მაგრამ დიდი ხნის შემდეგ იგი და თავისი მეუღლე მოტყუვდნენ ცბიერი გველისაგან და შეჭამეს აკრძალული ხიდან. მან ჩაიდინა უფლის დაუმორჩილებლობის ცოდვა.

რომაელთა 6:16-ში წერია *"ნუთუ არ იცით, რომ*

ვისაც თავს მისცემთ მორჩილებისათვის, მისი მონები ხართ, ვისაც ჰმორჩილებთ: ან ცოდვის მონები სიკვდილისათვის, ან მორჩილების მონები სიმართლისათვის." შენ ხარ მონა ცოდვისა ან სიმართლისა. თუ ცოდვას ჩაიდენ, მაშინ ცოდვის მონა ხარ და სიკვდილისაკენ წახვალ. თუ კი დაემორჩილები სიმართლის სიტყვას, მაშინ სიმართლის მონა ხარ და სამოთხეში შეხვალ.

ადამმა ჩაიდინა უფლის დაუმორჩილებლობის ცოდვა და გახდა ცოდვის მონა. ამიტომ მას ველარ ექნებოდა ის ძალაუფლება, რომელიც უფალმა მისცა. მას უნდა გადაეცა ძალაუფლება ეშმაკისათვის, როგორც ყოველი მონის საკუთრება მის მეპატრონეს ეკუთვნის. მოკლედ ადამმა გადასცა თავისი ძალაუფლება ეშმაკს, რადგან მან ჩაიდინა ცოდვა და გახდა ცოდვის მონა.

ადამის დაუმორჩლებლობამ შედეგი გამოიღო ყოველი ადამიანის ცოდვაში. ამან გამოიწვია მისი და მისი შთამომავლობის ეშმაკისთვის მსახურობა როგორც მონები და განწირულნი არიან სიკვდილისათვის.

მიწის გამოსყიდვის კანონი

რა უნდა ქნან ადამიანებმა, რომ განიწმინდონ ეშმაკისაგან და იხსნან სიკვდილისა და ცოდვებისაგან? ზოგი ამბობს "უფალი ყველას პატიობს, რადგან იგი

არის სიყვარული. იგი სავსეა თანაგრძნობითა და წყალობით." თუმცა 1 კორინთელთა 14:40-ში წერია *"მხოლოდ ყველაფერი ისე იყოს, როგორც წესი და რიგია."* უფალი ყველაფერს აკეთებს თანმიმდევრული წესით და სულიერი სამეფოს კანონის მიხედვით. იგი არაფერს აკეთებს სულიერი კანონის წინააღმდეგ, რადგან იგი არის სამართლიანობის და პატიოსნობის ღმერთი.

სულიერ სამეფოში არის კანონი ცოდვილების დასასჯელად, რომელიც იმახის "ცოდვის ჯილდო სიკვდილია." ასევე არის კანონი ცოდვილების მონანიებისა. ეს სულიერი კანონი უნდა გამოვიყენოთ, რათა დავიბრუნოთ ადამის ძალაუფლება, რომელიც მან ეშმაკს გადასცა.

მაშინ რა არის ცოდვილების მონანიების კანონი? ეს არის მიწის გამოსყიდვის კანონი, რომელიც ძველ აღთქმაში წერია. დროის დაწყებამდე მამა ღერთმა მოამზადა ადამიანის განვითარების გზის საიდუმლოება ამ კანონის მიხედვით.

რა არის მიწის გამოსყიდვის კანონი?

ეს არის უფლის ბრძანება ისრაელიანთათვის ლევიანნი 25:23-25-ში:

მიწა სამუდამოდ არ უნდა გაიყიდოს, რადგან ჩემია მიწა, რადგან თქვენ მდგმურები და ხიზნები ხართ ჩემთან. მთელ თქვენს

სამკვიდრებელ მიწაზე მიეცით მიწის გამოსყიდვის ნება. თუ შენი მოძმე გაღარიბდება და თავის სამკვიდრებელს გაჰყიდის, მივიდეს მისი ახლო ნათესავი და გამოისყიდოს თავისი მოძმის გაყიდული.

მიწის ყოველი ნაწილი ეკუთვნის უფალს და არ შეიძლება მისი სამუდამოდ გაყიდვა. თუ ვინმე სიღარიბის გამო მიწას გაყიდის, უფალმა მისცა უფლება მას ან მის ახლო ნათესავს უკან იყიდოს მიწა. ეს არის მიწის გამოსყიდვის კანონი.

ისრაელის ხალხმა მიწის კონტრაქტის სერტიფიკატი დაწერეს მიწის გამოსყიდვის კანონის თანახმად, რომ არ გაეყიდათ მიწა სამუდამოდ, როდესაც ისინი ყიდიან და ყიდულობენ მიწას.

მყიდველმა და გამყიდველმა დეტალურად დაწერეს კონტრაქტი სერთიფიკატზე, რათა გამყიდველს ან მის ახლო ნათესავს მოგვიანებით უკან შესყიდვა შესძლებოდათ. მათ გააკეთეს ამის ეგზემპლარი და ბეჭედი დაარტყეს ორივე კონტრაქტს ორი ან სამი მოწმის თვალწინ. ერთი კონტრაქტს ბეჭედი არტყია და ინახება წმინდა ტაძრის საწყობში. მეორე კონტრაქტი ინახება შესასვლელ ოთახში, ღიად და დაულუქავად. მიწის გამოსყიდვის კანონი უფლებას აძლევს გამყიდველს და მის ახლო ნათესავებს უკან გამოისყიდონ მიწა ნებისმიერ დროს.

მიწის გამოსყიდვის კანონი და ადამიანის განვითარება

რატომ მოამზადა უფალმა ადამიანის გადარჩენის გზა მიწის გამოსყიდვის კანონის თანახმად? დაბადება 3:19 და 23 ნათლად გვეუბნება, რომ მიწის გამოსყიდვის კანონს აქვს პირდაპირი კავშირი კაცობრიობის განვითარებასთან:

პიროფლიანი ჭამდე პურს, ვიდრე მიწად მიიქცეოდე, რადგან მისგანა ხარ აღებული, რადგან მტვერი ხარ და მტვრადვე მიიქცევი (დაბადება 3:19).

გაუშვა იგი უფალმა ღმერთმა ედემის ბაღიდან, რომ დაემუშავებინა მიწა, საიდანაც იყო აღებული (დაბადება 3:23).

უფალმა ადამს უთხრა მისი ურჩობის შემდეგ "რადგან მტვერი ხარ და მტვრადვე მიიქცევი." აქ "მტვერი" სიმბოლურად გამოხატავს ადამიანებს, რომლებიც ჩამოყალიბდნენ მტვრისგან. ამიტომ ადამიანები უბრუნდებიან მტვერს სიკვდილის შემდეგ.

მიწის გამოსყიდვის კანონი ამბობს, რომ ყოველი მიწა უფლისაა და არ შეიძლება მისი სამუდამოდ გაყიდვა (ლევიანნი 25:23-25). ეს სტროფები ნიშნავს იმას, რომ ადამიანები შეიქმნენ მიწის მტვრისგან, რომელიც უფალს ეკუთვნოდა და არ შეიძლება მისი

სამუდამოდ გაყიდვა. ეს ასევე მიუთითებს, რომ იმ ძალაუფლების სამუდამოდ გაყიდვა არ შეიძლება, რომელიც ადამმა მიიღო უფლისაგან ედემის ბაღში, რადგან ის უფალს ეკუთვნის.

ადამის ძალაუფლება გადაეცა ეშმაკს, მაგრამ ის, რომელიც არის შესაფერისი ადამის დაკარგული ძალაუფლების გამოსასყიდად, შეუძლია მისი გამოსყიდვა ეშმაკისგან. მსგავსად სამართლიანობის ღმერთმა წინასწარ დანიშნა სრულყოფილი გამომხსნელი მიწის გამოსყიდვის კანონის თანახმად. გამომხსნელი არის ყოველი ადამიანის მხსნელი.

დაფარული საიდუმლო დროის დაწყებამდე

სანამ დრო დაიწყებოდა სიყვარულის ღმერთმა იცოდა, რომ ადამი არ დაემორჩილებოდა მას და მისი მთელი შთამომავლობა ჩავარდებოდა სიკვდილის გზაზე. მან მოამზადა ადამიანების გადარჩენის გზა საიდუმლოდ და დამალა სანამ მისი დანიშნული დრო მოვიდოდა.

თუ ეშმაკს ეცოდინებოდა უფლის გზა, იგი ხელს შეუშლიდა მას ყოველი ადამიანის ცოდვის და სიკვდილის გადაწყვეტაში, რადგან იგი არ დაკარგავდა თავის ძალაუფლებას. 1 კორინთელთა 2:7-ში წერია *"რამედ სიბრძნეს ღვთისას, საიდუმლოსა და დაფარულს, საუკუნეთა უწინარეს, ჩვენდა*

სადიდებლად რომ განაწესა ღმერთმა."

იესო ქრისტე, უფლის სიბრძნე

რომაელთა 5:18-19-ში წერია *"ვინაიდან როგორც ერთი კაცის ურჩობით მრავალი გახდა ცოდვილი, ისე ერთი კაცის მორჩილებით მრავალნი გახდებიან მართალნი. რჯული კი შემდეგ შემოვიდა, რათა ემრავლა ცოდვას, ხოლო როცა იმრავლა ცოდვამ, მით უფრო მომრავლა მადლი."*

ყოველი ადამიანი გახდებოდა მართალი და გადარჩებოდა ერთი ადამიანის ურჩობისაგან, როგორც ყოველი ადამიანი გახდა ცოდვილი და ჩავარდნენ სიკვდილის გზაზე ერთი ადამიანის დაუმორჩილებლობის გამო.

მსგავსად, უფალმა გააგზავნა იესო ქრისე, რომელიც მას მომზადებული ჰყავდა, როგორც გადარჩენის გზა საიდუმლოებაში და მან ნება დართო იესო ჯვარს ეცვათ და შემდეგ აღმსდგარიყო. მას შემდეგ ვისაც მისი სჯერა, გადარჩენილია. 1 კორინთელთა 1:18-ში უფალი გვეუბნება, რომ *"ვინაიდან ჯვრის სიტყვა სიშლეგეა წარწყმედილთათვის, ხოლო ჩვენებრ ხსნილთათვის ძალაა ღვთისა."*

ზოგი ადამიანისათვის სულელურად ჟღერს ის, რომ ყოვლისშემძლე ღმერთის ვაჟი შეურცხყოფილი იყო და მისმა შექმნილმა არსებებმა იგი მოკლეს. მაინც, უფლის ეს "სულელური" გეგმა უფრო მეტად ბრძნულია, ვიდრე ყველაზე ბრძენი ადამიანის გეგმები და უფლის

"სისუსტე" არის უფრო ძლიერი, ვიდრე ადამიანის ყველაზე დიდი სიძლიერე (1 კორინთელთა 1:19-24). ბიბლია გასაგებად ამბობს, რომ არავის შეუძლია იყო მართალი უფლის მხედველობაში მხოლოდ კანონზე დამორჩილებით. მაგრამ, ღმერთმა გააღო გადარჩენის გზა მათთვის, ვისაც იესო ქრისტესი სჯერა.

ცოდვის ბოლო სიკვდილია. ამგვარად არავის შეეძლებოდა გადარჩენა, თუ იესო ქრისტე არ მოკვდებოდა ჩვენი ცოდვებისათვის. იესო ჯვარს აცვეს ჩვენი ცოდვებისათვის და აღსდგა უფლის ძალით. აგრეთვე, უფალმა მოამზადა გზა, რომელიც შეიძლება გამოიყურებოდეს სულელურად ან სუსტად და დამალა იგი დიდი ხნის განმავლობაში.

უფალს დამალული ჰყავდა იესო ქრისტე და მისი ჯვარცმა საიდუმლოდ, რადგან თუ ეშმაკს ეს ეცოდინებოდა ხელს შეუშლიდა ადამიანების გადარჩენის გზას. ეშმაკი არასოდეს მოკლავდა იესოს ჯვარზე, თუ ეცოდინებოდა რომ უფალს მომზადებული ჰქონდა გადარჩენის გზა ჯვრის მეშვეობით, რომ გამოესყიდა ყოველი ადამიანი ცოდვისაგან, რომ გადაერჩინა ისინი სიკვდილისაგან და დაებრუნებინა ადამის დაკარგული ძალაუფლება ეშმაკისაგან.

კიდევ ერთხელ დაიმახსოვრე 1 კორინთელთა 2:7-8: *"არამედ სიბრძნეს კი ჩვენ ვქადაგებთ სულიერად მოწიფულთა შორის, მაგრამ არა ამქვეყნიურსა თუ ამა ქვეყნის წარმავალ მთავართა სიბრძნეს, არამედ სიბრძნეს ღვთისას, საიდუმლოსა და დაფარულს,*

საუკუნეთა უწინარეს, ჩვენდა სადიდებლად რომ განაწესა ღმერთმა.”

კანონის მიხედვით იესო ქრისტე შესაფერისია

როგორც ყოველ კონტრაქტს აქვს მოწესრიგება, სულიერ სამეფოსაც აქვს წესი, რომელიც ბრძანებს, რომ გამომხსნელი უნდა იყოს შესაფერისი ადამის დაკარგული ძალაუფლების გამოსასყიდად ეშმაკისაგან მიწის გამოსყიდვის კანონის თანახმად.

მაგალითად ვივარაუდოთ, რომ არსებობს ერთი მამაკაცი, რომელიც გაკოტრების პირასაა თავის ბიზნესში. მას აქვს დიდი რაოდენობის დავალიანება, მაგრამ არ შეუძლია მისი გადახდა. თუ მას ჰყავს შეძლებული ძმა, რომელსაც იგი უყვარს იგი, მისი ძმა გადაიხდის მის ვალებს ერთდროულად.

ყოველ ადამიანს, რომელიც ცოდვილია ადამის დაცემის შემდეგ, დასჭირდება გამომხსნელი, რომელიც არის შესაფერისი მათი ცოდვებისგან განსაწმენდად. მაშინ რა არის გამომხსნელის კვალიფიკაციები? რატომ ამბობს ბიბლია, რომ მხოლოდ იესოა შესაფერისი?

პირველ რიგში გამომხსნელი უნდა იყოს მამაკაცი

ლევიანნი 25:25-ში წერია *"თუ შენი მოძმე გაღარიბდება და თავის სამკვიდრებელს გაჰყიდის, მივიდეს მისი ახლო ნათესავი და გამოისყიდოს თავისი მოძმის გაყიდული."* მიწის გამოსყიდვის კანონი ამბობს, რომ თუ ადამიანი გაღარიბდება და გაყიდის თავის ქონებას, მის ახლო ნათესავს შეუძლია მისი გამოსყიდვა.

1 კორინთელთა 15:21-22-ში წერია *"ვინაიდან როგორც კაცის მიერ იქმნა სიკვდილი, ასევე კაცის მიერ – მკვდრეთით აღდგომაც. და როგორც ადამში კვდებიან ყველანი, ისე ქრისტეში იცოცხლებს ყველა."* პირველი კვალიფიკაცია გამომხსნელის, რომელსაც შეუძლია ადამის მალაუფლების გამოსყიდვა, არის ის რომ იგი უნდა იყოს მამაკაცი. ეს ფაქტი კიდევ ერთხელ დეტალურად აღწერილია აპოკალიფსი 5:1-5-ში:

> *და ვიხილე ტახტზე მჯდომარის მარჯვენაში წიგნი, შიგნიდან და გარედან ნაწერი და შვიდი ბეჭდით დაბეჭდილი. და ვიხილე ანგელოზი ძლიერი, ხმამაღლა რომ ღაღადებდა: ვინ არის ღირსი იმისა, რომ გადაშალოს ეს წიგნი და ბეჭედი ახსნას? ვერც ცაში, ვერც მიწაზე და ვერც მიწის ქვეშ ვერავინ შესძლო გაეშალა ეს წიგნი და შიგ ჩაეხედა. და მე დიდხანს ვტიროდი, რადგანაც არავინ აღმოჩნდა ამ წიგნის გადაშლის*

ან მასში ჩახედვის ღირსი. მაშინ ერთ-ერთმა უხუცესმა მითხრა: ნუ სტირი; აჰა, იმძლავრა ლომმა, იუდას ტომიდან, დავითის ფესვმა, რომელიც გადაშლის ამ წიგნს და შვიდ ბეჭედს ახსნის მას.

"წიგნი, შიგნიდან და გარედან ნაწერი და შვიდი ბეჭდით დაბეჭდილი" მიუთითებს კონტრაქტს, რომელიც დაიდო უფალსა და ეშმაკს შორის, როდესაც ადამი არ დაემორჩილა უფალს და გახდა ცოდვილი. იოანე მოციქულმა ვერავინ ვერ იპოვნა სამოთხეში და დედამიწაზე ან დედამიწის ქვეშ, ვინც იყო ღირსი ბეჭდების და წიგნის გახსნისა.

ეს იმიტომ, რომ სამოთხეში ანგელოზები არ არიან ადამიანები, ყოველი ადამიანი დედამიწაზე ცოდვილები არიან, როგორც ადამის შთამომავლები და მიწის ქვეშ კი არიან მხოლოდ ბოროტი სულები, რომლებიც ეკუთვნიან ეშმაკს და მკვდარ სულებს, რომლებიც ჯოჯოხეთში ჩავარდნენ.

იმ დროს ერთერთმა მოხუცმა უთხრა იოანეს "ნუ სტირი; აჰა, იმძლავრა ლომმა, იუდას ტომიდან, დავითის ფესვმა, რომელიც გადაშლის ამ წიგნს და შვიდ ბეჭედს ახსნის მას." აქ "დავითის ფესვი" მიმართავს იესოს, რომელიც დაიბადა იუდას ტომის მეფე დავითის შთამომავლად (საქმე 13:22-23). ამიტომ იესო არის შესაფერისი მიწის გამოსყიდვის კანონის პირველი პირობისათვის.

ზოგმა შეიძლება თქვას, რომ "უფალი არის

სრულყოფილი. იესო უსათუოდ უფალია, რადგან იგი არის მისი ვაჟი. იგი არასოდეს იქნება ადამიანი." დაიმახსოვრე იოანე 1:1-ში წერია *"ღმერთი იყო სიტყვა"* და იოანე 1:14, რომელშიც წერია *"სიტყვა ხორცად იქცა და დაემკვიდრა ჩვენს შორის."* ღმერთი, რომელიც იყო სიტყვა, იქცა ხორცად და ცხოვრობდა დედამიწაზე ჩვენს შორის.

ის იყო იესო, რომლის თავდაპირველი არსებობა იყო უფალი და რომელიც გახდა ხორცი, როგორც ადამიანი. იგი თავის არსებობაში იყო სიტყვა და უფლის ვაჟი. მას ჰქონდა ადამიანურობა და ღვთისმეტყველება. მაინც, იგი დაიბადა და გაიზარდა ადამიანის მსგავსად ხორცში. კაცობრიობის ისტორია არის დაყოფილი ორ ნაწილად და იესოს დაბადების დრო არის გამყოფი: ქრისტეს შობამდე და ქრისტეს შობის შემდეგ. მარტო ეს მოწმობს, რომ იესო გახდა ხორცი და მოვიდა ამ დედამიწაზე. იესოს დაბადება, აღზრდა და ჯვარცმა ასევე არის ამ ნათელი ფაქტის ნაწილები.

იესო, მაშასადამე არის მამაკაცი და შესაფერისი, რომ იყოს ჩვენი გამომხსნელი.

მეორე, იგი არ უნდა იყოს ადამის შთამომავალი

მოვალეს არ შეუძლია სხვა ადამიანების ვალების გადახდა. იმას, ვისაც არ აქვს ვალი და შეუძლია სხვებს დაეხმაროს, შეუძლია გადახდა. ამავე გზით, ადამიანების გამომხსნელი უნდა იყოს

წუნდაუდებელი და შეუბღალავი, რათა გამოისყიდოს ადამიანები ცოდვებისა და სიკვდილისაგან. ყოველი ადამიანი არის ადამის შთამომავალი და ცოდვილი, რადგან მათმა პირველმა წინაპარმა, ადამმა ცოდვა ჩაიდინა. არცერთი მისი შთამომავალი არ არის შესაბამისი, რომ იყოს გამომხსნელი ყოველი ადამიანისა, რადგან თვით ისინი არიან ცოდვილები. ისტორიაში ყველაზე კარგ ადამიანებსაც კი არ შეუძლიათ იყვნენ სხვა სხვისი ცოდვების პასუხისმგებელნი.

აქვს იესოს ეს კვალიფიკაცია?

მათე 1:18-21 აღწერს იესოს დაბადებას. იგი ჩაისახა სული წმინდით და არა მამაკაცის და ქალის გაერთიანებით. სტროფები კითხულობს შემდეგს:

ხოლო იესო ქრისტეს შობა ასე მოხდა: დედამისი მარიამი დანიშნული იყო იოსებზე, და მათ შეერთებამდე აღმოჩნდა, რომ მუცლად ეღო სული წმიდისაგან. ხოლო იოსები, მისი ქმარი, მართალი იყო, არ უნდოდა მისი შერცხვენა და განიზრახა ფარულად გაეშვა იგი. ეს რომ დააპირა, აჰა, ანგელოზი უფლისა ეჩვენა სიზმრად და უთხრა: იოსებ, დავითის ძეო, ნუ შიშობ მოიყვანო მარიამი, ცოლი შენი: რადგან ვინც მასში ჩასახულია, სული წმიდისაგან არის. და შობს ძეს და უწოდებ სახელად იესოს, რადგან

ის იხსნის თავის ხალხს მათი ცოდვებისაგან.

იესო იყო დავითის შთამომავალი თავისი გენეალოგიის მიხედვით (მათე 1; ლუკა 3:23-37). მაინც, იგი ჩაისახა სული წმინდით სანამ მარიამი და იოსები შეერთდებოდნენ. მაშასადამე მას არ ჰქონდა ცოდვილი რაობა.

ყველანი იბადებიან თავდაპირველი ცოდვით, რადგან იგი მემკვიდრეობით იღებს ცოდვილ რაობას თავისი მშობლებისაგან. სხვა სიტყვებით, მას შემდეგ რაც ადამმა ცოდვა ჩაიდინა, მან გადასცა თავისი ცოდვილი რაობა თავის შთამომავლობას. ცოდვილი რაობა მემკვიდრეობით გადაეცა ყოველ ადამიანს და ამ ცოდვის სახელია "თავდაპირველი ცოდვა." ამ მიზეზით ადამის ყოველი შთამომავალი ცოდვილია და არ შეუძლიათ სხვა ადამიანების გამოსყიდვა.

ამგვარად, მამა ღმერთმა დაგეგმა მისი შვილის, იესოს ჩასახვა სული წმინდით ქალწული მარიამის მუცელში. ამ გზით იესო გახდა ხორციელი და მოვიდა ამ დედამიწაზე, მაგრამ არ ყოფილა ადამის შთამომავალი.

მესამე, მას უნდა ჰქონდეს ეშმაკის დამლევის ძალა

კიდევ ერთხელ, ლევიანნი 25:26-27 გვეუბნება:
თუ კაცს გამომსყიდველი არა ჰყავს და თავად

ხელი მიუწვდება და იშოვის გამოსასყიდს, რამდენიც საჭიროა, იანგარიშოს გაყიდვიდან გასული წლები, მონარჩენი მყიდველს დაუბრუნოს და თავისი სამკვიდრებელი ჩაიბაროს.

ერთი სიტყვით გამომხსნელს უნდა ჰქონდეს იმის ძალა, რომ გამოისყიდოს გაყიდული მიწა. ღატაკ ადამიანს არ შეუძლია თავისი მეგობრის ვალის გადახდა, მაშინაც თუ კი ამის დიდი სურვილი აქვს. ასევე, მხსნელს არ უნდა ჰქონდეს ცოდვა, რომ შეეძლოს ყოველი ადამიანის გადარჩენა ცოდვებისაგან. ცოდვის არ ქონა ერთი ძალაა სულიერ სამეფოში.

გამომხსნელს უნდა ჰქონდეს ეშმაკის დამარცხების და ადამის დაკარგული ძალაუფლების დაბრუნების ძალა. მაშასადამე, გამომხსნელს არ უნდა ჰქონდეს თავდაპირველი ან საკუთარი ცოდვა. მხოლოდ უცოდველ გამომხსნელს შეუძლია ეშმაკის დამარცხება და ადამიანების განთავისუფლება მისგან.

იყო იესო უცოდველი?

იესოს არ ჰქონდა თავდაპირველი ცოდვა, რადგან იგი ჩაისახა სული წმიდით. იგი დაემორჩილა უფლის კანონს, რადგან გაიზარდა მშობლების კონტროლის ქვეშ, რომლებსაც ჰქონდათ უფლის შიში. მან სიყვარულით შეასრულა კანონი. მერვე დღეს მოხდა მისი წინადაცვეთა დაბადების შემდეგ (ლუკა 2:21). მას

არასოდეს ჩაუდენია ცოდვა და მხოლოდ მამა ღმერთის სურვილს ემორჩილებოდა მის ჯვარცმამდე 33 წლის ასაკში (1 პეტრე 2:22-23; ებრაელთა 7:26).

იესოს შეეძლო ეშმაკის დამარცხება და ადამიანების განთავისუფლება, რადგან მას საერთოდ არ ჰქონდა ცოდვები ჩადენილი. მისი "უცოდველობა" გამოიხატა მისი ძალის უამრავ სამუშაოებში. მან განდევნა დემონები, ბრმას თვალები აუხილა, ყრუს სმენა დაუბრუნა და ყველანაირი სახის დაავადებები განკურნა. ძლიერი შტორმი დამშვიდდა და ძვინვარე ქარი შეჩერდა, როდესაც მან საყვედური გამოუცხადა ქარს და წყალს, უთხრა *"დაყუჩდი, დაცხრი!"* (მარკოზი 4:39)

დაბოლოს, მას უნდა ჰქონდეს სამსხვერპლო სიყვარული

ყოველი მდიდარი კაცი არ გამოისყიდიდა მიწას, თუ კი არ ეყვარებოდა ის ადამიანი, ვინც მიწა გაყიდა. ასევე გამომხსნელს უნდა ჰქონდეს სიყვარული ცოდვილთათვის, რათა გასწიროს თავი, რომ გადაჭრას მათი ცოდვების პრობლემები.

რუთი 4:1-6-ში ბოყაზმა იცოდა ნაყომის სიღატაკე და უთხრა მის ახლო ნათესავს - გამომხსნელს, რომ გამოესყიდა მისი მიწა, თუ კი სურდა. მაგრამ კაცმა უარყო და უთხრა ბოყაზს *"ვერ ვუნათესავებ. ვაითუ, ჩემი სამკვიდრო დავაზარალო. შენ შეასრულე ჩემი უფლება ნათესაობისა, რადგან მე არ შემიძლია, რომ*

ვუნათესაო" (რუთი 4:6). მან არ გამოისყიდა მიწა ნაყომისა და რუთისათვის, მიუხედავად იმისა, რომ იგი საკმარისად მდიდარი იყო ამისთვის. ეს იმიტომ იყო ასე, რომ მას არ ჰქონდა მსხვერპლად გაწირვის სიყვარული. ყველაფრის შემდეგ ბოყაზმა, შემდეგმა ახლო ნათესავმა-გამომხსნელმა, გამოისყიდა მიწა, რადგან მას ჰქონდა ასეთი სიყვარული.

ბოყაზი გახდა კანონიერი გამომხსნელი და დაქორწინდა რუთზე, რადგან მას ჰქონდა საკმარისი სიყვარული გამოესყიდა ნაყომის მიწა. ბოყაზის და რუთის შვილი იყო მეფე დავითის დიდი ბაბუა და ჩაწერილი იყო იესოს ოჯახის რიგში.

იესო ჯვარს ეცვა სიყვარულით. იესო იყო სიტყვა, მაგრამ გახდა ხორციელი და მოვიდა ამ დედამიწაზე. იგი არ იყო ადამის შთამომავალი, მაგრამ იგი სული წმინდის მიერ იყო ჩასახული. ამიტომ იგი დაიბადა თავდაპირველი ცოდვის გარეშე. მას ჰქონდა მალა გამოესყიდა ყოველი ადამიანი ცოდვებისაგან, რადგან უცოდველი იყო.

მაინც, მას არ შეეძლო გამხდარიყო გამომხსნელი სულიერი და სამსხვერპლო სიყვარულის გარეშე მაშინაც, თუ კი დანარჩენი სამი კვალიფიკაცია ექნებოდა. მას ცოდვების სასჯელი უნდა აეღო, რათა გამოესყიდა ყოველი ადამიანი ცოდვებისაგან.

მას უნდა მოპყრობოდნენ როგორც ყველაზე სერიოზულ და საშიშ ავაზაკს და ჩამოეკიდათ ხაოიან ხის ჯვარზე. მისთვის შეურაცხყოფა უნდა

მიეყენებინათ და მასხრად აეგდოთ და დაეღვარა სისხლი და წყალი სხეულიდან, რათა ადამიანები გადაერჩინა. მას უნდა გადაეხადა დიდი ღირებულება და დიდი შესაწირი.

ადამიანის ისტორიაში ვერსად ვერ იპოვნი მაგალითს, სადაც უდანაშაულო პრინცი კვდება თავისი ბოროტი და სულელი ხალხის გამო. იესო არის ერთადერთი ძე ყოვლისშემძლე ღმერთისა, მეფეთა მეფესი, უფალთა უფლისა და სამყაროს მეპატრონის. ასეთი დიადი, კეთილშობილი და უდანაშაულო იესო ჯვარზე აცვეს და სისხლის ღვრით მოკვდა. როგორი განუზომელი სიყვარული ჰქონდა მას ჩვენს მიმართ?

სინამდვილეში იესომ მხოლოდ კარგი გმირობები ჩაიდინა თავისი ცხოვრები განმავლობაში. მან შეუნდო ცოდვილებს, ყველანაირი სახის ავადმყოფი განკურნა, გაათავისუფლა უამრავი ხალხი დემონებისგან, მან კარგი სიახლეები უამბო ხალხს მშვიდობაზე, სიხარულზე და სიყვარულზე და მისცა მათ გულწრფელი იმედო სამოთხისა და გადარჩენის. ყველაფერთან ერთად, მან მისცა თავისი საკუთარი სიცოცხლე ცოდვილებს.

რომაელთა 5:7-ში წერია *"მართლაცდა, ძნელად თუ ვინმე მოკვდება მართლისათვის, ხოლო კეთილისთვის ვინმემ, შესაძლოა, კიდევაც გაბედოს სიკვდილი. მაგრამ ღმერთი თავის სიყვარულს ჩვენდამი იმით გვიმჟღავნებს, რომ ქრისტე ჩვენი გულისთვის მოკვდა, როცა ჯერ კიდევ ცოდვილნი ვიყავით."* მამა ღმერთმა

გამოგზავნა თავისი ერთადერთი შვილი იესო ჩვენთვის, რომლებიც არც მართლები და არც კარგები არ ვართ და მისცა უფლება მას ჯვარზე ეცვათ და იქ მომკვდარიყო. მან დაამტკიცა თავისი დიდი სიყვარული ამ გზით.

ამიტომ, მე ვლოცულობ უფლის სახელში, რომ შენ გაიგო, რომ ვერ გადარჩები ვერავის სახელით, მხოლოდ იესო ქრისტესი, მისი მიღებით მიიღებ უფლებას გახდე უფლის შვილი და ყოველთვის ისიამოვნებ მოზეიმე ცხოვრებით გადარჩენის მტკიცე რწმენით.

თავი 5

რატომ არის იესო ჩვენი ერთადერთი მხსნელი?

- ხსნის განგება იესო ქრისტეს მეშვეობით
- რატომ იყო იესო ხის ჯვარზე გაკრული?
- არა სხვა სახელი დედამიწაზე, მხოლოდ "იესო ქრისტე"

"ეს არის ქვა, რომელიც
დაიწუნეთ თქვენ, მშენებლებმა,
მაგრამ კუთხის თავად დაიდვა.
სხვის მიერ არვისგანაა ხსნა და
არც კაცთათვის მიცემული სხვა
სახელია ცის ქვეშ, ვისი
წყალობითაც ვიხსნიდით
თავს."

საქმე 4:11-12

შენ მთელი შენი გულით გეყვარება უფალი, როდესაც გააცნობიერებ მის ღრმა და მზრუნველ ადამიანის განვითარების განგებას. გარდა ამისა, შენ უნდა თაყვანი სცე მის სიყვარულს და სიბრძნეს, როდესაც მიხვდები გადარჩენის განგებას იესო ქრისტეს მეშვეობით.

შემდეგ, როგორ შესრულდა იესო ქრისტეს მეშვეობით დამალული გადარჩენის განგება? უკვე გითხარი, რომ სამართლიანობის ღმერთს მომზადებული ჰყავდა ის, ვინც შესაფერისი იყო ყოველი ადამიანის გამოსყიდვისათვის სულიერი კანონის თანახმად და რომ იესოს გარდა არავინ არ არსებობს, რომელიც აკმაყოფილებს ამ კვალიფიკაციას.

იესო არის ერთადერთი, რომელიც იყო მამაკაცი, მაგრამ არა ადამის შთამომავალი, რადგან იგი ჩაისახა სული წმინდით და დედამიწაზე ხორციელად მოვიდა. გარდა ამისა, მას ჰქონდა ძალა და სიყვარული, რომ გამოესყიდა ყოველი ადამიანი. ამიტომ მას შეეძლო გაეღო გადარჩენის გზა ყოველი ადამიანისათვის თავისი თავგანწირვით.

ამიტომაც საქმე 4:12-ში ნათქვამია *"სხვის მიერ არავისგანაა ხსნა და არც კაცთათვის მიცემული სხვა სახელია ცის ქვეშ, ვისი წყალობითაც ვიხსნიდით თავს."*

ვინც მიიღებს და ირწმუნებს იესო ქრისტეს შენდობილი იქნება ყოველგვარი ცოდვებისაგან და გადარჩება. იგი ამოვა ნათელში წყვდიადიდან და მიიღებს უფლის შვილების ძალაუფლებას და კურთხევას.

ახლა, მე აგიხსნი, თუ რატომ უნდა გჯეროდეს იესოსი, რომელიც ჯვარზე ეცვა, რათა შენ გადარჩენილიყავი და მიგეღო უფლის შვილის ძალაუფლება და კურთხევა.

ხსნის განგება იესო ქრისტეს მეშვეობით

უფალმა მოამზადა გადარჩენის გზა სანამ დრო დაიწყებოდა. დაბადების წიგნმა იწინასწარმეტყველა იესოს და ჯვრის მეშვეობით ადამიანების გადარჩენის საიდუმლოების შესახებ.

დაბადება 3:14-15-ში წერია:

უთხრა უფალმა ღმერთმა გველს: რაკი ეს ჩაიდინე, წყეულიმც იყავ ყველა პირუტყვს შორის, ყველა გარეულ ცხოველს შორის! მუცლით იხოხე და მტვერი ჭამე მთელი სიცოცხლე. მტრობას ჩამოვაგდებ შენსა და დედაკაცს შორის, შენს თესლსა და დედაკაცის თესლს შორის: ის თავს გიჭეჭყავდეს, შენ კი ქუსლს უგესლავდე.

როგორც ადრე განვიხილეთ, სულიერად "გველი" მიმართავს ეშმაკს და "მტვრის ჭამა" სიმბოლოა ეშმაკის მეფობისა ადამიანებზე, რომლებიც მიწის მტვრისაგან შეიქმნენ. ასევე "დედაკაცი" მიუთითებს "ისრაელს" და "დედაკაცის თესლი" მიმართავს იესოს. ფრაზა "შენ [გველი] კი ქუსლს უგესლავდე" სიმბოლურად გამოხატავს იმას, რომ იესოს ჯვარზე აცვამენ და "ის [დედაკაცის თესლი] თავს გიჭეჭყავდეს [გველს]" გულისხმობს, რომ იესო ეშმაკის ზანაკს დაარღვევდა მკვდრეთით აღდგომით.

ეშმაკი ვერ მიხვდა უფლის გეგმას

უფალს საიდუმლოდ ჰქონდა დამალული გადარჩენის განგება, რათა ეშმაკს არ გაეგო ამის შესახებ და დაეპყრო მისი სიბრძნე.

ეშმაკმა სცადა დედაკაცის ნაყოფის მოკვლა, სანამ დაისრისებოდა. მან იფიქრა, რომ სამუდამოდ ექნებოდა ძალაუფლება, რომელიც გადაეცა ადამისგან, რომელიც უფალს არ დაემორჩილა. მიუხედავად ამისა, ეშმაკმა არ იცოდა ვინ იყო დედაკაცის ნაყოფი. ასე რომ, მან სცადა მოეკლა წინასწარმეტყველები, რომლებიც უფალს უყვარდა ძველი აღთქმის დროში.

როდესაც მოსე დაიბადა, ეშმაკმა ეგვიპტის მეფეს, ფარაონს მოაკვლევინა ებრაელთა დედაკაცების ყოველი ახალდაბადებული ვაჟი (გამოსვლა 1:15-22). როდესაც იესო სული წმინდით ჩაისახა და ხორციელად მოვიდა დედამიწაზე, ეშმაკმა მეფე

ჰეროდეს იგივე გააკეთებინა.

მაგრამ უფალმა უკვე იცოდა ეშმაკის გეგმა. უფლის ანგელოზი გამოეცხადა იოსებს სიზმარში და უთხრა მას ეგვიპტეში წასულიყო ბავშვთან და დედასთან ერთად. უფალმა მისცა მათ უფლება ეცხოვრათ იქ, სანამ მეფე ჰეროდე მოკვდებოდა.

უფლისგან ნებადართული იესოს ჯვარცმა

იესო გაიზარდა უფლის მფარველობის ქვეშ და დაიწყო სამღვდელოება 30 წლის ასაკში. იგი წავიდა გალილეის გავლით, სინაგოგებში ასწავლიდა, ყოველი სახის დაავადებას კურნავდა ხალხში, მკვდარს აცოცხლებდა და ღატაკებს სახარებას უკითხავდა (მათე 4:23, 11:5).

ამასობაში ეშმაკმა დაგეგმა იესო ქრისტეს მოკვლა ხელმძღვანელი მღვდლებისა, კანონის მასწავლებლებისა და ფარისევლებისაგან. მიუხედავად ამისა, როგორც ბიბლიიდან იცი, ბოროტ ადამიანს იესოზე შეხებაც კი არ შეეძლო, რადგან ყოველი შემთხვევა მის ცხოვრების განმავლობაში მოხდა მხოლოდ უფლის განგებით.

ღმერთმა მისცა უფლება ეშმაკს ჯვარს ეცვა იესო თავისი სამ წლიანი სამღვდელოების შემდეგ. შედეგად იესოს ეკეთა ეკლებიანი გვირგვინი და მოკვდა ჯვარზე დიდი ტკივილის განცდით, რადგან იგი ლურსმნებით იყო დაჭედებული ჯვარზე ფეხებით და ხელებით.

ჯვარცმა არის ყველაზე ბოროტული გზა

სიკვდილით დასჯისა. ეშმაკი ძალიან ნასიამოვნები იყო იესოს სიკვდილის შემდეგ ასეთი ბოროტული გზით. სატანა მღეროდა გამარჯვების სიხარულისათვის, რადგან მან იფიქრა რომ გააგრძელებდა სამყაროზე მეფობას, რადგან არ იქნებოდა არავინ, ვინც ხელს შეუშლიდა მის მეფობას. მაგრამ, დამალული იყო უფლის საიდუმლო განგება.

ეშმაკმა და სატანამ სულიერი კანონი დაარღვიეს

უფალი არ იყენებს თავის უდიდეს ძალას კანონის წინააღმდეგ, რადგან იგი სამართლიანია. სანამ დრო დაიწყებოდა, მან მოამზადა გადარჩენის გზა სულიერი კანონით, რადგან იგი ყველაფერს სულიერი კანონით წარმოადგენს.

რადგან ცოდვის ბოლო სიკვდილია სულიერი კანონის თანახმად (რომაელთა 6:23), არავინ არ წარსდგება სიკვდილის წინაშე, თუ ცოდვა არ აქვთ ჩადენილი. თუმცა, ეშმაკმა და სატანამ ჯვარზე აცვეს იესო, რომელიც იყო უდანაშაულო და შეუბღალავი (1 პეტრე 2:22-23). ამის გაკეთებით ეშმაკმა დაარღვია სულიერი კანონი და მოტყუებული იქნა თავისივე ეშმაკობით. იგი გახდა ადამიანების გადარჩენის ხელსაწყო, რომელიც უფლის მიერ იყო დაგეგმილი. დედაკაცის ნაყოფმა დასრესა მისი თავი, როგორც დაბადების წიგნშია ნაწინასწარმეტყველები.

ჩვეულებრივ, გველს მაინც შეუძლია წინააღმდეგობის

გაწევა, თუ კუდზე დააბიჯებ ფეხს ან სხეულს გაუჭრი, მაგრამ მას არ შეუძლია წინააღმდეგობის გაწევა, თუ თავზე მჭიდროდ მოუჭერ. მაშასადამე ფრაზა "მტრობას ჩამოვაგდებ შენსა და დედაკაცს შორის, შენს თესლსა და დედაკაცის თესლს შორის: ის თავს გიჭეჭყავდეს, შენ კი ქუსლს უგესლავდე!" სულიერად ნიშნავს, რომ ეშმაკი დაკარგავს თავის ძალაუფლებას იესო ქრისტეს გამო. გველი თავს ესხმის დედაკაცის ნაყოფის ქუსლს, სულიერად ნიშნავს, რომ სატანა იესოს ჯვარზე აცვამს და ეს შესრულდა, როგორც წინასწარ იყო ნათქვამი დაბადება 3:15-ში.

გადარჩენა იესოს ჯვარცმის მეშვეობით

გადარჩენის გზა, რომელიც დამალული იყო უფლის მიერ სანამ დრო დაიწყებოდა, შესრულდა მაშინ, როდესაც იესო აღსდგა ჯვარცმიდან მესამე დღეს.

დაახლოებით 6000 წლის წინ ადამმა გადასცა თავისი ძალაუფლება, რომელიც უფლისგან ჰქონდა მიღებული ეშმაკს, რადგან მან სულიერი სამეფოს კანონი დაარღვია თავისი დაუმორჩილებლობით (ლუკა 4:6). თუმცა 4000 წლის წინათ სატანა უნდა წასულიყო განადგურების გზისკენ სულიერი კანონის დარღვევით.

ამიტომ, ეშმაკს უნდა გაენთავისუფლებინა ისინი, ვინებმაც მიიღეს იესო როგორც თავიანთ მხსნელად და სჯეროდათ მისი სახელის და მათ მიიღეს უფლება გამხდარიყვნენ უფლის შვილები. აცვამდა იესოს ჯვარს ეშმაკი, თუ მას ეცოდინებოდა უფლის სიბრძნე?

სულაც არა! 1 კორინთელთა 2:8-ში წერია, რომ
"სიბრძნეს, რომელიც ვერ შეიცნო ვერცერთმა მთავარმა
ამა ქვეყნისა, ვინაიდან, რომ შეეცნოთ, ჯვარს აღარ
აცვამდნენ დიდების უფალს."
ისინი, ვინც ამ ფაქტს ვერ იგებენ დღესდღეობით ეს
კითხვაც უჩნდებათ "რატომ არ შეეძლო
ყოვლისშემძლე ღმერთს თავისი შვილის დაცვა
სიკვდილისაგან? რატომ მისცა მან უფლება ჯვარზე
მომკვდარიყო?" თუმცა, თუ შენ საფუძვლიანად გაიგე
ჯვრის განგება, მაშინ გეცოდინებოდა თუ რატომ უნდა
ეცვათ იესო ჯვარზე და როგორ გახდებოდა იგი
მეფეთა მეფე და უფალთა უფალი თავისი ეშმაკზე
მოზეიმე გამარჯვების შემდეგ, ამგვარად, ვისაც სჯერა
იესოს, როგორც მხსნელის, რომელიც ჯვარზე მოკვდა
და აღსდგა სამი დღის შემდეგ, რათა გამოესყიდა
ადამიანები ცოდვებისაგან, შეიძლება მათი
სამართლიანად გამოცხადება და გადარჩებიან.

რატომ იყო იესო ხის ჯვარზე
გაკრული?

მაშინ რატომ უნდა ყოფილიყო იესო ჯვარზე
გაკრული? რატომ უნდა ყოფილიყო ეს ხის ჯვარი?
სიკვდილით დასჯის სხვადასხვა მეთოდებს შორის,
იესო მოკვდა ხის ჯვარზე. გალათელთა 3:13-14-ის
მიხედვით არსებობს სამი სულიერი მიზეზი, თუ
რატომ ჩამოკიდეს იესო ხის ჯვარზე.

პირველი, რათა გამოვესყიდეთ ჩვენ რჯულის წყევლისაგან

გალათელთა 3:13-ში წერია *"ქრისტემ გამოგვისყიდა რჯულის წყევლისაგან და თვითონ დაიწყევლა ჩვენთვის: რადგან დაწერილია: "წყეულია ყველა, ვინც ჰკიდია ძელზე." ეს განმარტავს, რომ იესომ გამოგვისყიდა ჩვენ რჯულის წყევლისაგან ხის ჯვარზე გაკვრით."*

ყოველი ადამიანი დაწყევლილი იყო და ამიტომ წინასწარ დანიშნულები იყვნენ რომ სიკვდილის გზაზე წასულიყვნენ პირველი ადამიანის, ადამის დაუმორჩილებლობის გამო როგორც რომაელთა 6:23-ში წერია "ცოდვის საზღაური არის სიკვდილი." მიუხედავად ამისა, უფალმა კაცობრიობას თავისი ძე მისცა და მისცა უფლება იგი ხის ჯვარზე გაეკრათ, რათა გამოესყიდა ადამიანები რჯულის წყევლისაგან (2რჯული 21:23).

გარდა ამისა იესომ დაღვარა ძვირფასი სისხლი ჯვარზე. დააკვირდი 11 და 14 სტროფებს ლევიანნი 17-ში:

რადგან სისხლშია ხორციელის სული. მე დაგიწესეთ იგი სამსხვერპლოსთვის თქვენი სულის შესანდობლად, რადგან სისხლია, რომ შეუნდობს სულს (სტროფი 11).

რადგან სული ყოველი ხორციელისა მისი

სისხლშია, მის სულშია იგი (სტროფი 14).

ლევიანნის ავტორი წერს, რომ სიცოცხლე არის სისხლი, რადგან ყოველ არსებას სჭირდება სისხლი სიცოცხლისათვის და მის გარეშე მოკვდებიან. თუმცა, როდესაც ვინმე კვდება მისი ხორცი მტვერს უკან უბრუნდება და სული კი ან სამოთხეში და ან ჯოჯოხეთში წავა. საუკუნო სიცოცხლის მისაღებად შენდობილი უნდა იყო ყოველი ცოდვისათვის. ჩვენი ცოდვების შენდობისათვის სისხლი უნდა დაიღვაროს, როგორც ნაბრძანებია ებრაელთა 9:22-ში "*ასე რომ, რჯულის მიხედვით, თითქმის ყველაფერი სისხლით განიწმიდება, და სისხლის დათხევის გარეშე არ არსებობს მიტევება.*" ამ მიზეზით ძველი აღთქმის დროს ხალხი ცხოველების სისხლს წირავდნენ, როდესაც ცოდვას ჩაიდენდნენ. იესომ დაღვარა თავისი ძვირფასი სისხლი ერთხელ, რათა ხალხს ცოდვები მიტევებოდათ და მიეღოთ საუკუნო სიცოცხლე, რადგან მას თვითონ არ ჰქონდა არც თავდაპირველი ცოდვა და არც თვით ჩადენილი ცოდვა.

ასევე, შენ შეგიძლია მიიღო საუკუნო სიცოცხლე იესოს ძვირფასი სისხლის გამო. ეს იმას ნიშნავს, რომ იესო მოკვდა შენს ადგილზე და გახსნა გზა შენთვის, რომ უფლის შვილი გახდე.

მეორე, რათა მიეცა აბრაამის კურთხევა

გალათელთა 3:14-ის პირველ ნახევარში წერია, რომ

"რათა აბრაამის კურთხევა იესო ქრისტეს მეოხეობით გავრცელდეს წარმართებზედაც და, ამრიგად, მივიღოთ აღთქმა სულისა რწმენით." ეს ნიშნავს იმას, რომ უფალი აძლევს კურთხევას, რომელიც აბრაამს მიეცა, არა მარტო ისრაელიანებს, არამედ წარმართებსაც, რომლებმაც გამოაცხადეს სამართლიანობა იესოს, როგორც მათი მხსნელის მიღებით.

აბრაამს ეძახდნენ როგორც "რწმენის მამას" და "უფლის მეგობარს" და იგი ცხოვრობდა კურთხეულად შვილებში, ჯანმრთელობაში, დიდი ხნიან ცხოვრებაში, სიმდიდრეში და ა.შ. მიზეზი თუ რატომ ცხოვრობდა აბრაამი სიმდიდრეში, წერია დაბადება 22:15-18-ში:

> *მეორეგზის მოუხმო უფლის ანგელოზმა აბრაამს ციდან და უთხრა: თავს გეფიცები, ამბობს უფალი, რაკი ეს საქმე გააკეთე, რაკი მხოლოდშობილი შენი შვილი გამოიმეტე ჩემთვის, კურთხევით გაკურთხებ და გიმრავლებ შთამომავლობას ცის ვარსკვლავებივით და ზღვის ქვიშასავით; დაიმკვიდრებს შენი შთამომავლობა შენს მტერთა ქალაქებს; იკურთხებიან შენი შთამომავლობის წყალობით ქვეყნიერნი, რადგან შეისმინე ჩემი სიტყვა.*

აბრაამი დაემორჩილა უფალს, როდესაც მან უთხრა რომ *"წადი შენი ქვეყნიდან, შენი სამშობლოდან, მამაშენის სახლიდან იმ ქვეყანაში, რომელსაც მე გიჩვენებ"* (დაბადება 12:1) იგი ასევე დაემორჩილა

ყველანაირი მიზეზისა და უკმაყოფილების გარეშე, როდესაც უფალმა სთქვა *"მოჰკიდე ხელი შენს შვილს, შენს მხოლოდშობილს, რომელიც გიყვარს, ისაკს, და წადი მორიას მხარეში. იქ შესწირე აღსავლენ მსხვერპლად ერთ მთაზე, რომელსაც გიჩვენებ"* (დაბადება 22:2) ეს შესაძლებელი იყო აბრაამისთვის, რადგან მას სჯეროდა ღმერთის, რომელსაც მკვდრის გაცოცხლება შეეძლო (ებრაელთა 11:19). მას შეეძლო ყოფილიყო კურთხეული და რწმენის მამა, რადგან მას ჰქონდა ასეთი მტკიცე რწმენა.

მაშასადამე, უფლის შვილები, ვინც მიიღებენ იესოს როგორც მათ მხსნელს, უნდა ჰქონდეთ აბრაამის რწმენა. მაშინ დედამიწის ყოველი კურთხევის მიღების საშუალებით შენ შეგეძლება უფალს დიდება მისცე.

მესამე, რათა მისცე სულის აღთქმა

გალათელთა 3:14-ის მეორე ნაწილში წერია *"ამრიგად, მივიღოთ აღთქმა სულისა რწმენით"* ეს იმას ნიშნავს, რომ ვისაც იმის სჯერა რომ იესო ჯვარზე მოკვდა ადამიანებისათვის, განთავისუფლდება რჯულის წყევლისაგან და მიიღებს სული წმინდის აღთქმას. გარდა ამისა, ვინც მიიღებს იესოს მხსნელად, მიიღებს უფლის შვილის ძალაუფლებას და სული წმინდას საჩუქრად და უზრუნველყოფას (იოანე 1:12; რომაელთა 8:16).

როდესაც შენ იღებ სული წმინდას, შენ შეგიძლია დაუძახო უფალს "აბბა, მამაო" (რომაელთა 8:15), შენი

სახელი ჩაწერილია სიცოცხლის წიგნში სამოთხეში (ლუკა 10:20) და შენ გაქვს სამოთხის მოქალაქეობა (ფილიპინელთა 3:20). ეს იმიტომ, რომ სული წმინდა, რომელიც არის უფლის გული და ძალა გეხმარება უფლის სიტყვა გაიგო და ამით გხელმძღვანელობს საუკუნო სიცოცხლისაკენ.

თუმცა, შენ გადარჩები მაშინ, როცა არამარტო იესოს შენს მხსნელად აღიარებ, არამედ მაშინ როცა გულით დაიჯერებ, რომ მან სიკვდილის ძალაუფლება გაანადგურა და ჯვარს ეცვა. რომაელთა 10:9-ში წერია ეს: *"რადგან თუ შენი ბაგეებით უფლად აღიარებ იესოს და გულით გწამს, რომ ღმერთმა აღადგინა იგი მკვდრეთით, - ცხონდები."*

დროის დაწყებამდე უფალმა წინასწარ დანიშნა დიდი გეგმა, რომ შეეერთებინა ღმერთთან ის ხალხი, ვისაც იესოს, როგორც მათი მხსნელის სჯერათ და წამლოლოდა მათ გადარჩენისაკენ. გეგმა არის გასაოცარი და იდუმალი. ადამიანები უნდა წასულიყვნენ სიკვდილის გზაზე პირველი ადამიანის ცოდვის გამო სულიერი სამეფოს კანონის მიხედვით, რომელიც ამბობს რომ "ცოდვის ბოლო სიკვდილია." მიუხედავად ამისა, მათ შეეძლოთ განთავისუფლებულიყვნენ რჯულის წყევლისაგან და რწმენაში გადარჩენილიყვნენ იგივე კანონით ეშმაკის სულიერი სამეფოს დარღვევის გამო.

ადამიანები იტანჯებოდნენ ტკივილისგან, უბედურებებისგან და სიკვდილისგან, რომელიც ეშმაკმა მოუტანა, როდესაც ისინი გახდნენ ცოდვის

მონები დაუმორჩილებლობის გამო. თუმცა, ვინც იესოს თავის მხსნელად და სული წმინდას მიიღებს, შეუძლია მოიპოვოს ხსნა, საუკუნო სიცოცხლე, აღდგომა და უამრავი კურთხევა.

უფლის შვილებისთვის მიცემული უპირატესობა და კურთხევა

ვინც გააღებს მის გულს და მიიღებს იესო ქრისტეს შენდობილი იქნება, მიიღებს უფლებას გახდეს უფლის შვილი და სიმშვიდით ისიამოვნოს. ეს შესაძლებელია, რადგან ჯვარცმით იესომ ყოველი ჩვენი ცოდვა აიღო ერთხელ და სამუდამოდ. ფსალმუნნი 103:12-ში ნათქვამია, "როგორც დაცილებულია აღმოსავლეთი დასავლეთისგან, ისე გაგვაშორა მან დანაშაული ჩვენი." ასევე ებრაელთა 10:16-18-ში წერია, რომ "'ეს არის აღთქმა, რომელსაც აღვუთქვამ მათ იმ დღეთა შემდეგ, - ამბობს უფალი, - ჩავდებ ჩემს რჯულს მათ გულებში და მათ გონებაში ჩავწერ. აღარ გავიხსენებ მათ ცოდვებს და ურჯულოებას.' ხოლო იქ სადაც ცოდვათა მიტევებაა, შესაწირავი ზედმეტი ხდება."

სამყაროში არაფერი არ არსებობს, რაც იმსახურებს უფლის შვილების უფლებასთან შედარებას. ამ სამყაროში პრეზიდენტის შვილების უფლება ძალიან ძლიერია. როგორი ძლიერია უფლება შემოქმედი ღმერთის შვილებისა, რომელიც მართავს მთელს სამყაროს და ხელმძღვანელობს ადამიანის ისტორიასა და მსოფლიოს?

უფალი ამას არ მიიჩნევს ჭეშმარიტ რწმენად, როდესაც შენ მხოლოდ აცხადებ "იესო არის მხსნელი." შენ უნდა გაიგო თუ ვინ არის იესო ქრისტე, რატომ არის იგი ერთადერთი მხსნელი შენთვის და უნდა გქონდეს ჭეშმარიტი რწმენა ამ ცოდნაზე დაფუძვნებით. შემდეგ ამ ჭეშმარიტი რწმენით შენ გააცნოებიერებ უფლის განგება, რომელიც ჯვარში იყო დამალული და აღიარებ, "უფალი არის იესო და ვაჟი ცოცხალი ღმერთისა." გარდა ამისა შენ იცხოვრებ უფლის ნების თანახმად. ამ ჭეშმარიტი რწმენის გარეშე ძნელია გქონდეს გულიდან წამოსული რწმენა და იცხოვრო უფლის სიტყვის თანახმად. ამიტომ, როგორც იესომ გვითხრა მათე 7:21-ში *"ვინც მეუბნება: უფალო, უფალო! ყველა როდი შევა ცათა სასუფეველში, არამედ ის, ვინც აღასრულებს ჩემი ზეციერი მამის ნებას."* იესომ ნათლად გამოაცხადა, რომ მხოლოდ ის ხალხი გადარჩება, რომლებიც იესოს ეძახიან "უფალო, უფალო" და ცხოვრობენ უფლის ნებითა და სიტყვით.

არა სხვა სახელი დედამიწაზე, მხოლოდ "იესო ქრისტე"

საქმე 4 ხატავს სცენას, სადაც პეტრე და იოანე გაბედულად ამტკიცებენ იესო ქრისტეს სახელს სინედრიონის წინაშე. მათ გულწრფელად სჯეროდათ, რომ სხვა სახელი არ არსებობდა, მხოლოდ "იესო ქრისტე" ვისი მეშვეობითაც ადამიანი ხსნას მიაღწევდა

და პეტრე, რომელიც სული წმინდით აღივსო მალა მიეცა ეთქვა, რომ *"სხვის მიერ არვისგანაა ხსნა და არც კაცთათვის მიცემული სხვა სახელია ცის ქვეშ, ვისი წყალობითაც ვიხსნიდით თავს"* (საქმე 4:12).

რა სულიერი მნიშვნელობებია სახელში "იესო ქრისტე?" და რატომ არ მოგვცა უფალმა იესო ქრისტეს გარდა, რომლითაც გადარჩენას უნდა მივაღწიოთ, სხვა სახელი?

განსხვავება "იესოში" და "იესო ქრისტეში"

საქმე 16:31 გვეუბნება, რომ *"იწამე უფალი იესო და ცხონდები შენცა და შენი სახლიც."* აქ არის მნიშვნელოვანი მიზეზი, თუ რატომ ამბობს "უფალ იესოს" და არა უბრალოდ "იესოს."

აქ "იესო მიმართავს ადამიანს, რომელიც გადაარჩენს თავის ხალხს მათი ცოდვებისაგან. "ქრისტე" არის ბერძნული სიტყვა, რომელიც ნიშნავს "მესიას" ძველ ებრაულ ენაზე. ეს არის "შენს მიერ ცხებული" (საქმე 4:27) და ეს მიმართავს მხსნელს, რომელიც არის შუამავალი უფალსა და ადამიანებს შორის. "იესო" არის მომავალი მხსნელის სახელი, მაგრამ "ქრისტე" არის მხსნელის სახელი, რომელმაც უკვე გადაარჩინა ხალხი.

ძველი აღთქმის დღეებში, უფალმა მირონი ცხა ზეთის თავზე შესხმით ადამიანს, რომელიც იქნებოდა მეფე ან მღვდელი ან წინასწარმეტყველი (ლევიანნი 4:3; 1 სამუელი 10:1; 1 მეფეთა 19:16). ზეთი სიმბოლურად გამოხატავს სული წმინდას. ამიტომ ვინმეს ცხება

ნიშნავს სული წმინდის მიცემას იმ ადამიანს, რომელიც უფალმა ამოირჩია.

იესო ცხებული იქნა მეფეთ, უფროს მღვდლად და წინასწარმეტყველად და მოვიდა ამ ქვეყანაზე ხორციელად, რათა გადაერჩინა ყოველი ადამიანი უფლის განგების მიხედვით, რომელიც წინასწარ დანიშნული იყო სანამ დრო დაიწყებოდა. იგი ჯვარს ეცვა ჩვენი გამოსყიდვისათვის და გახდა ჩვენი მხსნელი მესამე დღეს აღდგომით. შესაბამისად იგი არის მხსნელი, რომელმაც შეასრულა უფლის გადარჩენის განგება. ეს იმას ნიშნავს, რომ იგი არის ქრისტე.

იესოს ჯვარცმამდე ჩვენ მივმართავთ მას მხოლოდ როგორც "იესო" თუმცა ჯვარცმის და აღდგომის შემდეგ მას ეწოდა "იესო ქრისტე," "უფალი იესო" ან "უფალი."

შენ უნდა იცოდე, რომ არსებობს მალის დიდი განსხვავება "იესოსა" და "იესო ქრისტეს" შორის. იესო არის სახელი, რომელიც მას ეწოდა სანამ გადარჩენის განგებას შეასრულებდა და ეშმაკს არ ძალიან არ ეშინია ამ სახელის. თუმცა სახელი "იესო ქრისტე" გულისხმობს მომდევნო სამს: სისხლი, რომელმაც გამოგვისყიდა ჩვენ ცოდვებისაგან; აღდგომა, რომელმაც სიკვდილის ძალაუფლება დაამსხვრია; და სიცოცხლე, რომელიც საუკუნოა. ამ სახელის წინაშე კი, ეშმაკი შიშისგან ცახცახებს.

უამრავი ადამიანი უგულვებელყოფს ამ ფაქტს, რადგან ისინი ვერ იგებენ ამ განსხვავებას. თუმცა, მართალია რომ უფლის სამუშაო და პასუხი იქნებოდა განსხვავებული, თუ რომელი სახელით დაუძახებდი

(საქმე 3:6).

როდესაც უფალთან ლოცულობ ჩვენი უფალი იესო ქრისტეს სახელში და ინახავ ამ ფაქტს გონებაში, შენ წარუმღვებოდი ძლევამოსილ სიცოცხლეს სწრაფი და ზარაქიანი პასუხებით ყოვლისშემძლე ღმერთისაგან.

იესოს სრული მორჩილება

მიუხედავად იმისა, რომ იესო ღმერთი იყო ჭეშმარიტ რაობაში, მას არ მიუჩნევია თანასწორობა უფალთან. მას თავად არაფერი გაუკეთებია; მან მონის თავმდაბალი პოზიცია აიღო და გამოჩნდა ადამიანის სახით.

კარგ მსახურს არ აქვს თავისი საკუთარი ნება. იგი მუშაობს თავისი მეპატრონის თანახმად. მსახურის მოვალეობაა, რომ დაემორჩილოს თავისი პატრონის ნებას შესაბამისია თუ არა ის თავის საკუთარ სურვლითან ან გრძნობასთან. იესო დაემორჩილა უფლის ნებას კარგი მსახურის გულით და ამგვარად შეეძლო მას შეესრულებინა თავისი მისია ადამიანის გადარჩენისათვის.

უფალმა აამაღლა იესო, რომელიც დაემორჩილა მის ნებას სიტყვებით "დიახ" და "ამინ," ყველაზე მაღალ ადგილას და აღიარებინა უამრავ ხალხს, რომ იგი არის უფალი.

ამიტომაც აღამაღლა იგი ღმერთმა და ყველა სახელზე უზენაესი სახელი მისცა, რათა იესოს სახელის წინაშე მოიდრიკოს ყოველი მუხლი,

ზეცისაც, ქვეყნისაც და ქვესკნელისაც, და ყველა ენამ აღიაროს, რომ იესო ქრისტე არის უფალი, სადიდებლად ღვთის მამისა (ფილიპელთა 2:9-11).

სახელი "უფალი იესო" ამტკიცებს უფლის ძალას

იოანე 1:3-ში წერია *"ყველაფერი მის მიერ შეიქმნა, და უმისოდ არაფერი შექმნილა, რაც კი შეიქმნა."* როგორც ყველაფერი ამ ქვეყანაზე შეიქმნა იესოს მეშვეობით, მას აქვს ძალაუფლება მართოს ყველაფერი როგორც შემქმნელმა. როდესაც იესომ შემოქმედი ღმერთის ძემ ბრძანა, ყველაფერი უსიცოცხლო, როგორიცაა ქარიშხალი და ტალღა, დაემორჩილა მას და დამშვიდდა და ლეღვის ხე ეგრევე დაჭკნა, როდესაც მან იგი დაწყევლა.

იესოს ჰქონდა ცოდვების შენდობის და ცოდვილების ცოდვების სასჯელისგან გადარჩენის ძალაუფლება. იესომ უთხრა დავრდომილს მათე 9:2-ში *"გამხნევდი, შვილო, მოგეტევა შენი ცოდვები"* და სტროფი 6 *"ხოლო რათა იცოდეთ, რომ ძეს კაცისას ძალა შესწევს ამ ქვეყნად ცოდვების მიტევებისა. - ასე უთხრა დავრდომილს - აღდეგ, აიღე შენი სარეცელი და წადი შენს სახლში."*

გარდა ამისა, იესოს ჰქონდა ყველა სახის დაავადების და ავადმყოფობის განკურნების და მკვდრის გაცოცხლების ძალა. იოანე 11 აღწერს სცენას, სადაც მკვდარი ლაზარე საფლავიდან ამოვიდა ხელებით და ფეხებით შეკრული, როდესაც იესომ

დაუძახა ხმამაღალი ხმით "ლაზარე, გამოდი გარეთ." იგი მკვდარი იყო 4 დღის განმავლობაში და ცუდი სუნი ასდიოდა, მაგრამ იგი საფლავიდან ჯანმრთელი ადამიანივით ამოვიდა.

მსგავსად, იესო გაძლევს ყველაფერს, რასაც რწმენით თხოვ, რადგან მას აქვს უფლის გასაოცარი ძალა.

იესო ქრისტე, უფლის სიყვარული

როგორც 1 იოანე 4:10-ში წერია *"სიყვარული ისაა, რომ ჩვენ კი არ შევიყვარეთ ღმერთი, არამედ მან შეგვიყვარა ჩვენ, და მოავლინა თავისი ძე ჩვენი ცოდვების მალხინებლად,"* უფალმა გვაჩვენა თავისი გასაოცარი ჩვენდამი სიყვარული. მან გამოგზავნა თავისი ერთადერთი ძე გამომხსნელად, როდესაც ჩვენ ჯერ კიდევ ცოდვილები ვიყავით. ღმერთს დიდი ტკივილი უნდა აეტანა და გააღო ადამიანი გადარჩენის გზა, როდესაც მისი ძე იესო ჯვარზე მიაჭედეს და სისხლი დაღვარა. რას გრძნობდა სიყვარულის ღმერთი, როდესაც იგი უყურებდა მისი ერთადერთი ძის იესოს ჯვარცმას? უფალს არ შეეძლო მჯდარიყო თავის ტახტში და ამისთვის ეყურებინა. მათე 27:51-54 გვეუბნება, თუ როგორ იტანჯებოდა უფალი, როდესაც იესოს ჯვარზე აცვამდნენ.

> *და, აჰა, ზემოდან ქვემომდე, შუა ჩაიხა ტაძრის ფარდა, იძრა მიწა და დასკდნენ კლდენი. განიხვნენ საფლავნი და წმიდა განსვენებულთა*

მრავალი გვამი აღდგა. საფლავებიდან გამოვიდნენ მისი აღდგომის შემდეგ, წმიდა ქალაქში შევიდნენ და გამოეცხადნენ მრავალს. ხოლო როდესაც იხილეს მიწისძვრა და ყოველივე ის, რაც მოხდა, ასისთავი და მასთან ერთად იესოს მოდარაჯენი, ძალიან შეიშინდნენ და თქვეს: ჭეშმარიტად ღმრთის ძე იყო იგი.

ეს ნათლად აჩვენებს, რომ იესო ჯვარზე თავისი საკუთარი ცოდვები გამო კი არ აცვეს, არამედ უფლის დიდი სიყვარულის გამო, რათა წაძღოლოდა ყოველ ადამიანს გადარჩენის გზისაკენ. თუმცა, უამრავი ადამიანი არ იღებს ან იგებს ამ უფლის დიდ სიყვარულს.

ადამის დაუმორჩილებლობის შემდეგ, ადამიანებს აღარ შეეძლოთ ღმერთთან ყოფნა და გახდნენ ცოდვილი ბუნების ადამიანები. მიუხედავად ამისა, იესო მოვიდა დედამიწაზე და გახდა შუამავალი უფალსა და ჩვენს შორის, რათა მას მიეცა ემანუელის კურთხევა ყოველი ადამიანისათვის (მათე 1:23). იესოს ჯვარზე ტკივილის და ტანჯვის მეშვეობით, ჩვენ მივიღეთ ჭეშმარიტი მშვიდობა და მოსვენება.

ამიტომ, მე იმედი მაქვს რომ შენ გაიგებ ღმერთის დიდ სიყვარულს, რომელმაც მოგვცა თავისი ერთადერთი ძე გამომხსნელად, რათა გამოვესყიდეთ ჩვენ ცოდვებისა და საუკუნო სიკვდილისაგან და სამსხვერპლო სიყვარული უფლისა, რომელმაც მიუხედავად იმისა რომ უდანაშაულო იყო, ჯვარს ეცვა ჩვენი გულისთვის და გააღო გადარჩენის გზა.

თავი 6

ჯვრის განგება

- თავლაში დაბადებული და
  ბეჯაში ნაწოლი
- იესოს ცხოვრება სიღარიბეში
- გამათრახებული და ღვრის
  თავის სისხლს
- ატარებს ეკლებიან გვირგვინს
- იესოს ტანისამოსი და კვართი
- ლურსმნებით დაჭედებული
  ხელებით და ფეხებით
- იესოს ფეხები არ მოსტყდა,
  მაგრამ მისი გვერდი
  განიგმირა

"ნამდვილად კი, მან იკისრა ჩვენი სნეზეზი და იტვირთა ჩვენი სატანჯველი; ჩვენ კი გვეგონა, ღვთისაგან იყო ნაცემ-ნაგვემი და დამცირეზული. მაგრამ ის ჩვენი ცოდვეზისთვის იყო დაჭრილი, ჩვენი უკეთუროზეზისთვის დალეწილი; მასზე იყო სასჯელი ჩვენი სიმრთელისათვის და მისი წყლულეზით ჩვენ განვიკურნეთ. ყველანი ცხვრეზივით დავეხეტეზოდით, თითოეული ჩვენ-ჩვენ გზას ვადექით, უფალმა კი მას შეჰყარა ყოველი ჩვენგანის უკეთურეზა."

ესაია 53:4-6

უფლის ჭეშმარიტი შვილების მიღების გეგმაში ყველაზე მნიშვნელოვანი ნაწილი ის არის, რომ იესო მოვიდა ხორცად ამ ქვეყანაზე, იტანჯა მან ყველანაირი ტკივილისაგან და ჯვარზე გარდაიცვალა. ამ ყველაფრის მეშვეობით, მან შეასრულა ადამიანების გადარჩენის გზა.

უფლის ჯვრის განგებას აქვს ღრმა სულიერი აზრი. იესო, ღმერთის ერთადერთი ძე, ტოვებს ზეციურ დიდებას, დაიბადა ცხოველების ბაკში და ცხოვრობდა სიღარიბეში მთელი ცხოვრების მანძილზე.

გარდა ამისა, იგი გაამათრახეს და მიაჭედეს ჯვარზე ფეხებით და ხელებით, ეკლებიანი გვირგვინი ეკეთა და სისხლი და წყალი დაღვარა, როდესაც გვერდი შუბით განგმირეს. იესოს ყოველი ტანჯვა შეიცავს უფლის აურაცხელ სიყვარულს.

როდესაც შენ მთლიანად გაიგებ ჯვრის სულიერ აზრს და იესოს ტანჯვებს, გული აგიჩუყდება უფლის სიყვარულზე და გექნება ჭეშმარიტი რწმენა. შენ ასევე შეგიძლია მიიღო პასუხები შენი ცხოვრების ყოველ უსიამოვნებაზე, როგორიცაა სიღარიბე და ავადმყოფობა და ასევე სამარადისო სამოთხის სამეფო.

თავლაში დაბადებული და გეჯაში ნაწოლი

იესო არის ყველაფრის პატრონი სამოთხეში და დედამიწაზე და ყველაზე დიდებული არსება. მიუხედავად ამისა, იგი დედამიწაზე ხორცად მოვიდა, რათა ადამიანები გამოესყიდა ცოდვისაგან და გადარჩენის გზაზე დაეყენებინა.

იესო არის ყოვლისშემძლე ღმერთის ერთადერთი ძე. მაშინ რატომ არ დაიბადა იგი მდიდრულ ადგილას ან მყუდრო ოთახში მაინც? არ შეეძლო უფალს გაეჩინა იგი დიდებულ ადგილას? რატომ გააჩინა იგი თავლაში და რატომ იწვა ცხოველების ბაგაში?

ამაში არსებობს ღრმა სულიერი მნიშვნელობა. შენ უნდა იცოდე, რომ იესო დაიბადა სულიერად ყველაზე დიდებული სახით. მიუხედავად იმისა, რომ ხალხი ვერ ხედავდა თავიანთი ფიზიკური თვალებით, უფალი კმაყოფილი იყო იესოს დაბადებით, რომ მან ჩვილ იესოს გარს შემოარტყა დიდების ნათელი დიდი ზეციური ანგელოზების თანდასწრებით. შენ გრძნობ მისი აღელვების გრძნობას ლუკა 2:14-ში, სადაც წერია შემდეგი: *"დიდება მაღალთა შინა ღმერთს, მშვიდობა ქვეყნად და სათნოება კაცთა შორის."* ასევე უფალს მომზადებული ყავდა კარგი მწყემსები და გრძნეულნი აღმოსავლეთიდან და წარუძღვა მათ ჩვილი იესოსთვის თაყვანი ეცათ.

ადგილი იმიტომ ჰქონდა ყოველ დიდებასა და თაყვანისცემას, რადგან იესო გააღებდა ხსნის კარიბჭეს

თავისი ამ სამყაროში მოსვლით, უამრავი ხალხი შევიდოდა სამოთხეში როგორც უფლის შვილები და უფლის ძე იესო იქნებოდა მეფეთა მეფე და უფალთა უფალი.

უფლის განგება დამალული იესოს დაბადებაში

როდესაც იესო დაიბადა ოქტავიანე ავგუსტუსმა გამოსცა ბრძანებულება, რომ აღწერა გაეკეთებინათ მთელი რომაული იმპერიისათვის. ებრაელი ხალხი რომის კოლონიური კანონის ქვეშ იმყოფებოდნენ და დაბრუნდნენ თავიანთ ქალაქებში დასარეგისტრირებლად, ითვალისწინებდნენ კეისარის ბრძანებას.

იოსებიც ასევე წავიდა თავის საცოლე მარიამთან ერთად ნაზარეთიდან, გალილეის რეგიონიდან ბეთლემში, დავითის ქალაქში, რადგან იგი ეკუთვნოდა დავითის შთამომავლობას. მარიამმა პირობა მისცა იოსებს და ჩაესახა ბავშვი სული წმინდით სანამ იქ წავიდოდნენ და გააჩინა მან იესო მათი იქ ყოფნისას.

სახელი "ბეთლემი" ნიშნავს "პურის სახლს" და ეს იყო მეფე დავითის ქალაქი (1 სამუელი 16:1). მიქა 5:1-ში წერია: *"შენ კი, ეფრათას ბეთლემო, უმცირესი ხარ იუდას ათასეულთა შორის, მაგრამ შენგან გამომივა ხელმწიფე ისრაელში და ძველითაგან იქნება მისი წარმოშობა, საუკუნო დღეებიდან."* ბეთლემი ნაწინასწარმეტყველები იყო როგორც მესიის დაბადების ადგილად.

იმ დროს სასტუმროებში ადგილი არ იყო მარიამისა და იოსებისთვის, რადგან ათასობით ხალხი იმყოფებოდა ბეთლემში დასარეგისტრირებლად. იქ მარიამმა გააჩინა ბავშვი თავლაში. მან გაახვია იგი ნაჭერში და ჩააწვინა ბაგაში, გრძელ კონტეინერში, რომელიც გამოიყენება ძროხების ან ცხენების გამოსაკვებად.

რატომ დაიბადა იესო, რომელიც ადამიანების მხსნელად მოვიდა, ასეთი თავმდაბალი და უბრალო გზით?

რათა გამოისყიდოს ცხოველთა მსგავსი ადამიანები

ეკლესიასტე 3:18 კითხულობს *"და ვთქვი ჩემს გულში: ასე გამოცდის თურმე ღმერთი ადამის ძეთა, რათა დარწმუნდნენ, რომ თავისთავად პირუტყვები არიან მხოლოდ."* ადამიანები, რომლებსაც დაკარგული აქვთ ღმერთის წარმოსახვა, არიან ცხოველებივით უფლის მხედველობაში. პირველი ადამიანი ადამი თავდაპირველად იყო ცოცხალი არსება, რომელიც შეიქმნა უფლის წარმოსახვით. ასევე იგი იყო სულის ადამიანი, რადგან უფალმა მას მხოლოდ ჭეშმარიტი სიტყვა ასწავლა.

თუმცა, ადამმა შეჭამა აკრძალული ხილი უფლის ბრძანების წინააღმდეგ, ამიტომ მისი სული მოკვდა და მას აღარ შეეძლო უფალთან ურთიერთობა. გარდა ამისა, იგი აღარ იყო ყოველი შემოქმედების უფალი.

სატანამ წააქეზა ადამი წაჰყოლოდა ცოდვილ ბუნებას და მისი წმინდა და ჭეშმარიტი გული შეიცვალა ბინძურ და ცრუ გულში.

შენს ყოველდღიურ ცხოვრებაში ზოგჯერ შეიძლება გაგიგონია გამოთქმა "ის არ არის ცხოველზე უკეთესი." შენ ხშირად გესმის იმ ხალხის შესახებ, ვინც არ არიან ცხოველებზე უკეთესები მედიაში. საკუთარი სარგებლობისათვის ისინი ადვილად ატყუებენ და ღალატობენ თავიანთ მეზობლებს, კლიენტებს, მეგობრებს და ოჯახის წევრებს. მშობლებს და შვილებს სძულთ და ზოგჯერ მზად არიან მოკლან ერთმანეთი.

ხალხი იმიტომ ბედავს ასეთი ბოროტული საქციელების ჩადენას, რადგან სული გახდა ადამიანის პატრონი სულის სიკვდილის შემდეგ და მათ დაეკარგათ უფლის წარმოსახვა თავიანთი ცოდვების გამო. ცხოველებივით ხალხს არ შეუძლიათ სამოთხეში შესვლა ან დაუძახონ ღმერთს აბბა მამა. იესო დაიბადა თავლაში, რათა გამოესყიდა ადამიანები, რომლებიც არ არიან ცხოველებზე უკეთესები.

იესო არის ჭეშმარიტი სულიერი საზრდო

იესო იწვა ბაგაში, ცხენების საკვებ კონტეინერში, რათა ყოფილიყო სულიერი საზრდო იმ ადამიანებისათვის, რომლებიც ცხოველებზე უკეთესნი არ არიან (იოანე 6:51).

სხვა სიტყვებით, ეს იყო ღვთაებრივი განგება, რომ წამღოლოდა ადამიანს სრულ ხსნამდე უფლის

დაკარგული წარმოსახვის და ადამიანის მთელი მოვალეობის შესრულების საშუალების მიცემით. მაშინ რა არის ადამიანის მთელი მოვალეობა? ეკლესიასტე 12:13-14 გვაძლევს გამჭრიახობებს:

> *მოვისმინოთ ყველაფრის თავი და ბოლო: ღვთისა გეშინოდეს და დაიცავი მცნებანი მისნი, რადგან ეს არის კაცის თავი და თავი. რადგან ყველა საქმეს სამსჯავროზე მიიტანს ღმერთი, ყოველივე დაფარულს, კეთილს თუ ბოროტს.*

რას ნიშნავს "ღვთისა გეშინოდეს?" იგავნი 8:13 გვეუბნება, რომ *"უფლის მოშიშებას სძულს ბოროტება."* ამიტომ, ღმერთის შიში არ ნიშნავს ბოროტების აღარ მიღებას და ამავე დროს ნებისმიერი სახის ბოროტების განდევნას გულის შიგნიდან.

თუ მართლა გეშინია ღმერთის, ყველანაირად უნდა შეეცადო, რომ ყოველი სიბოროტე განდევნო და იბრძოლო ცოდვის წინააღმდეგ და განდევნო იგი სისხლის ღვრამდე. როგორც სტუდენტები მძიმედ ს წ ა ვ ლ ო ბ ე ნ უ კ ე თ ე ს ი მ ო მ ა ვ ლ ი ს უზრუნველყოფისათვის, შენც უნდა ეცადო უფლის გეშინოდეს და შეასრულო ადამიანის მთლიანი მოვალეობა, რათა ისიამოვნო უფლის სიყვარულითა და კურთხევით.

ბიბლიაში შენ ხედავ უფლის ბრძანებებს თავის შვილებს რომ აძლევს "გააკეთე ეს; არ გააკეთო ეს; დაიცავი ეს; და განდევნე ეს." ერთის მხრივ უფალი

გვეუბნება, რომ უფლის შვილის მოვალეობაა ”ლოცვა, სიყვარული, მადლიერება და ბევრი სხვა.” მეორეს მხრივ, უფალი გვიბრძანებს არ გავაკეთოთ ისეთი რაღაცეები, რაც სიკვდილისაკენ წაგვიყვანს, როგორიცაა სიძულვილი, ღალატი და სიმთვრალე.

იგი ასევე გვეუბნება დავემორჩილოთ გარკვეულ ბრძანებებს, როგორიცაა ”შეინახეთ კვირა დღე წმინდად,” ”შეასრულეთ დაპირებები” და ა.შ. უფალი ასევე გვიბიძგებს მავნე ჩვევების განდევნისაკენ ”მოერიდე ყველანაირ ბოროტებას,” ”უგულვებელყავი სიხარბე” და ა.შ.

ადამიანის მთლიანი მოვალეობაა ეშინოდეს ღმერთის და შეასრულოს მისი ბრძანებები. ჩვენ ვიქნებით პასუხისმგებელი ჩვენს საქციელებზე განაჩენის დღეს. ამგვარად, როდესაც იცხოვრებ როგორც ცხოველი, არ შეასრულებ ადამიანის მთლიან მოვალეობას, ბუნებრივია რომ ჯოჯოხეთში ჩავარდები უფლის განაჩენის შედეგად.

მსგავსად, იესო დაიბადა თავლაში და იწვა ცხოველების ბაგაში, რათა გამოესყიდა ის ადამიანები, რომლებიც არ არიან ცხოველებზე უკეთესები და რომ გამხდარიყო მათთვის სულიერი საზრდო.

იესოს ცხოვრება სიღარიბეში

იოანე 3:35 ამბობს *”მამას უყვარს ძე და ყველაფერი ხელთ მისცა მას.”* შენ კითხულობ კოლასელთა 1:16-ში

"რადგანაც მასში შეიქმნა ყოველი, მიწიერიც და
ზეციერიც; ხილული თუ უხილავი, საყდარნი თუ
უფლებანი, მთავრობანი თუ ხელმწიფებანი –
ყველაფერი მის მიერ და მისთვის შეიქმნა." სხვა
სიტყვებით, იესო არის შემოქმედი ღმერთის და
სამოთხის და დედამიწის უფლის ერთადერთი ძე.
მაშინ რატომ მოვიდა იგი დედამიწაზე თავმდაბალ
და უბრალო მდგომარეობაში და რატომ ცხოვრობდა
გაჭირვებაში მიუხედავად იმისა, რომ იგი იყო
ყოვლისშემძლე ღმერთის ძე და ყოველმხრივ
მდიდარი?

რათა გამოესყიდა ადამიანები გაჭირვებიდან

2 კორინთელთა 8:9 გვიამბობს "რადგანაც იცით
ჩვენი უფალი იესო ქრისტეს მადლი, რომ ის,
მდიდარი, გაღატაკდა ჩვენი გულისთვის, რათა
გამდიდრებულიყავით მისი სიღატაკით." უფლის
გასაოცარი სიყვარულის განგება ცხადად ნაჩვენებია აქ.
იესომ, მიუხედავად იმისა რომ იგი იყო მეფეთა მეფე,
უფალთა უფალი და შემოქმედი ღმერთის ერთადერთი
ძე, მიატოვა ზეციური დიდება, მოვიდა ამ სამყაროში
და ცხოვრობდა სიღარიბეში, მედიდურად უძლებდა
ხალხის ცუდ მოპყრობას, რათა გამოესყიდა
ადამიანები გაჭირვებიდან.
დასაწყისში ღმერთმა შექმნა ადამიანი, რათა
ჰქონოდა და ეჭამა ხილი ოფლის ღვრის გარეშე და
აყვავებული ცხოვრებით ესიამოვნებინა მძიმე შრომის

გარეშე. თუმცა მას შემდეგ რაც ადამი არ დაემორჩილა უფლის სიტყვას და გარიყვნა, ადამიანს შეეძლო საჭმლის ჭამა მხოლოდ მძიმე შრომით. ამის გამო ადამიანი ხშირად ცხოვრობს უკმარისობასა და სიღარიბეში.

თვით სიღარიბე არ არის ცოდვა, ამიტომ იესოს არ დაუღვრია თავისი სისხლი ჩვენი სიღარიბიდან გამოსყიდვისათვის. სიღარიბე არის გამოვლენილი წყევლა ადამის დაუმორჩილებლობის შემდეგ, ამგვარად იესომ გაგამდიდრა თავისი სიღარიბეში ცხოვრებით.

ზოგი ამბობს, რომ იესოს ცხოვრების სიღარიბე ნიშნავს სულიერ სიღარიბეს. თუმცა, რადგან იესო ჩაისახა სული წმინდით და არის უფლის გვერდით, არ არის სწორი ვიფიქროთ, რომ იგი სულიერად ღარიბი იყო.

უნდა გახსოვდეს ის ფაქტი, რომ იესო ცხოვრობდა სიღარიბეში, რათა გამოესყიდე შენ სიღარიბიდან და ბარაქიანი ცხოვრებით გეცხოვრა უფლისთვის სამადლობელის მიცემით სიყვარულისა და წყალობისათვის.

ზოგი ამბობს, რომ არასწორია ლოცვაში ფულის თხოვნა. სხვები ფიქრობენ, რომ თუ ქრისტიანი ხარ, სიღარიბეში უნდა იცხოვრო. მაგრამ ეს სავსებით არ არის უფლის ნება.

ბიბლიაში შენ შეგიძლია წაიკითხო უამრავი კურთხევის სიტყვები. ნიმუშად შენ კითხულობ რჯული 28:2-6-ში, რომ:

გადმოვა შენზე ყველა ეს კურთხევა და გეწევა, როცა გაიგონებ უფლის, შენი ღმერთის სიტყვას. კურთხეულიმც ხარ ქალაქად და კურთხეულიმც ხარ ველად! კურთხეულიმც არის შენი მუცლის ნაყოფი, შენი მიწის ნაყოფი და შენი საქონლის ნაყოფი, შენი ნახირის მონაშენი და ფარის ნამატი! კურთხეულიმც არის შენი კალათი და შენი ვარცლი! კურთხეულიმც ხარ შესვლისას და კურთხეულიმც ხარ გასვლისას!

3 იოანე 1:2 მოგვიწოდებს *"საყვარელო, ვლოცულობ, რომ კეთილად გევლოს და კარგად იყო, როგორც კეთილად ვალს შენი სული."* სინამდვილეში უფლის ამორჩეულმა ადამიანებმა, როგორიცაა აბრაამი, ისააკი, იაკობი, იოსები და დანიელი, ყოველ მათგანს ჰქონდა შემლებული ცხოვრება.

რათა წარუძღვე შემლებულ ცხოვრებას

მის სიმართლეში ღმერთი იმას გაძლევს რასაც დათესავ. როგორც მშობლებს სურთ მისცენ თავიანთ შვილებს ყველაფერი კარგი, შენს მოსიყვარულე ღმერთსაც სურს მოგცეს რასაც რწმენით სთხოვ (მარკოზი 11:24).

უფალს სურს რომ მოგცეს პასუხები და კურთხევები, მაგრამ შენ ვერ მიიღებ ვერაფერს, თუ არ სთხოვ ან თუ თხოვ შეცნობის გარეშე. ამგვარად თუ შეეცდები მომკა რაიმე დათესვის გარეშე, შენ ამითი

უფალს დასცინი და სულიერი კანონის წინააღმდეგ წახვალ.

ზოგმა შეიძლება სთქვას "მე მინდა რომ დავთესო, მაგრამ არ შემიძლია რადგან ღარიბი ვარ." თუმცა ბიბლიაში შენ ხედავ უამრავ ხალხს, რომლებიც იყვნენ დიდ სიღარიბეში, მაგრამ ყველაფრიდ ცდილობდნენ დაეთესათ და სამაგიეროდ მდიდრულად იკურთხებოდნენ.

1 მეფეთა 17-ში ჩვენ ვპოულობთ, რომ არსებობდა სამნახევარი წლის შიმშილობა ქვეყანაზე. ასეთ სიღარიბეში, ქვრივმა ციდონის ცარფათში პური გამოუცხო ელია წინასწარმეტყველს ერთი მუჭა ფქვილით ქოთანში და პატარა ზეთი დოქში და სულ ეს იყო რაც მას გააჩნდა. უფალი კმაყოფილი იყო მისი მომსახურებით და უხვად დალოცა იგი: ქოთანში ფქვილი არ ილეოდა და დოქში ზეთი, სანამ უფალი წვიმას არ მოავლენდა ამქვეყნად (1 მეფეთა 17:14).

იესოს დროს ერთხელ ქვრივმა ქალბატონმა ჩააგდო ორი პატარა მონეტა, რაც შეადგენდა კოდრანტს ტამრის სალაროში. მიუხედავად ამისა იესომ მოწონებით თქვა, რომ ამ ქვრივმა ქალბატონმა ყველაზე მეტი ჩააგდო. ეს იმიტომ, რომ მან ჩააგდო მთელი მისი სისაწყლე, მთელი თავისი საბადებელი, როდესაც სხვები ყრიდნენ მხოლოდ იმას, რაც ზედმეტი ჰქონდათ (მარკოზი 12:42-44).

ყველაზე მნიშვნელოვანი რამ არის ის, რომ გონებაში ჩაბეჭდილი გაქვს ყველაფერი მისცე უფალს. ღმერთი არ უყურებს შენი შესაწირის რაოდენობას, მაგრამ იგი

გრძნობს სიყვარულის და რწმენის სასიამოვნო სურნელებას, რომელსაც შენი შესაწირავი შეიცავს და უხვად გკურთხავს.

გამათრახებული და ღვრის თავის სისხლს

ჯვარცმამდე რომაელი ჯარისკაცები იესოს მასხრად და აბუჩად იგდებდნენ სახეში გარტყმით, ფურთხებით და ა.შ. ისინი ასევე ამათრახებდნენ მას გრძელი ტყავის მათრახით მოკაუჭებული ნაწილებით.

იმ დროს რომაელი ჯარისკაცები იყვნენ ყველაზე ახოვანი, კარგად დისციპლინირებული და ყველაზე მლიერი ძალები მსოფლიოში. როგორი მძიმე იქნებოდა ტკივილი, როდესაც მათ ტანსაცმელი გახადეს და გამათრახება დაუწყეს იესოს? როდესაც მისი სხეული გაამათრახეს ხორცი დაგლეჯილი ჰქონდა, ძვლები უჩანდა და სისხლი ნაკადით მოედინებოდა.

რათა ესაიას წინასწარმეტყველება შესრულებულიყო *"ზურგი მქონდა მიშვერილი ჩემი მცემელისთვის და ყბები - წვერების მგლეჯელისთვის; არ დამიფარავს პირისახე დამცირებისაგან და ფურთხებისაგან"* (ესაია 50:6), იესოს არასოდეს უცდია აეცილებინა მათრახები.

რათა განიკურნოს ავადმყოფობა და დაავადება

მაშინ რატომ გაამათრახეს იესო და რატომ დაღვარა სისხლი? რატომ დაუშვა ღმერთმა ასეთი რამ შემთხვეოდა თავის ძეს? ესაია 53 განმარტავს იესოს ტანჯვისა და მწუხარების მიზანს.

მაგრამ ის ჩვენი ცოდვებისთვის იყო დაჭრილი, ჩვენი უკეთურობებისთვის დალეწილი; მასზე იყო სასჯელი ჩვენი სიმრთელისათვის და მისი წყლულებით ჩვენ განვიკურნეთ. ყველანი ცხვრებივით დავეხეტებოდით, თითოეული ჩვენ-ჩვენ გზას ვადექით, უფალმა კი მას შეჰყარა ყოველი ჩვენგანის უკეთურება (ესაია 53:5-6).

იესო განიგმირა შენი შეცდომების და ბოროტებების გამო. იგი დაისაჯა და გამათრახდა, რათა შენთვის მოეცა მშვიდობა და გაეთავისუფლებინე ყოველგვარი ავადმყოფობისგან.

მათე 9-ში როდესაც იესომ განკურნა დავრდომილი, მან ჯერ მისი ცოდვის პრობლემა მოაგვარა, უთხრა *"გამხნევდი, შვილო, მოგეტევა შენი ცოდვები"* (სტროფი 2). და შემდეგ მან უთხრა *"აღდეგ, აიღე შენი სარეცელი და წადი შენს სახლში"* (სტროფი 6).

იოანე 5-ში მას შემდეგ, რაც იესომ განკურნა ადამიანი, რომელიც ინვალიდი იყო 38 წლის განმავლობაში, მან უთხრა მას *"აჰა, განიკურნე; ნუღარა სცოდავ, რათა უარესი არ დაგემართოს"* (იოანე 5:14)

ბიბლია გეუბნება, რომ დაავადებები გეყრება შენი ცოდვების გამო. ამიტომ შენ გჭირდება ვინმე, ვისაც შეუძლია შენი ცოდვების პრობლემების მოგვარება, რათა განთავისუფლე დაავადებებისგან. თუმცა, სისხლის ღვრის გარეშე მიტევება არ შეიძლება (ლევიანნი 17:11).

ამიტომ ძველი აღთქმის დროში, როდესაც ვინმე ცოდვას ჩაიდენდა, მღვდელი ცხოველს დაჰკლავდა შესაწირავისთვის. თუმცა, შენ აღარ გჭირდება ცხოველის დაკვლა შესაწირავისთვის იესოს ამ ქვეყანაზე ხორცად მოსვლის და მისი შეუბღალავი, წუნდაუდებელი და ძლიერი სისხლის ღვრის შემდეგ. იესოს წმინდა სისხლმა გამოისყიდა ყოველი ადამიანი წარსულის, აწმყოს ან მომავალი ცოდვებისგანაც კი.

რათა წაეღო ჩვენი უძლურებანი და დაავადებები

მათე 8:17-ში ვკითხულობთ *"რათა აღსრულდეს თქმული ესაია წინასწარმეტყველის მიერ, რომელიც ამბობს: მან თავს იდო ჩვენი უძლურებანი და იტვირთა ჩვენი სნებანი."* ამგვარად, თუ იცი რატომ გაამათრახეს იესო და გწამს ამის, შენ არ გჭირდება უძლურებებისა და ავადმყოფობებისაგან ტანჯვა.

1 პეტრე 2:24-ში წერია *"ვინც ჩვენი ცოდვები თავისი სხეულით აზიდა ძელზე, რათა ცოდვისაგან თავდახსნილთ სიმართლით გვეცხოვრათ; და ვისი წყლულებითაც განიკურნეთ."* ამ სტროფში აწმყო დრო

იმიტომ არის გამოყენებული, რომ იესოს უკვე გამოსყიდული ჰყავდა ადამიანები ცოდვებისაგან.

აცხადებენ რომ სწამთ იმ ფაქტის, რომ იესომ დასძლია ჩვენი უძლურებანი და ავადმყოფობები გამათრახებითა და სისხლის ღვრით და მიუხედავად ამისა, კვლავ რატომ იტანჯება ზოგი ჩვენთაგანი დაავადებებისგან?

უფალი ამბობს გამოსვლა 15:26-ში *"თუ გაიგონებ უფლის, შენი ღვთის ხმას და სწორად მოიქცევი მის თვალში, ყურს დაუგდებ მის ბრძანებებს და დაიცავ ყველა მის წესს, არ შეგყრი არცერთ სენს, ეგვიპტეს რომ შევყარე, რადგან მე ვარ უფალი, შენი განმკურნებელი."* ეს ნიშნავს, რომ თუ იმას გააკეთებ რაც ღმერთის თვალში სწორია არანაირი ავადმყოფობა არ შეგეყრება, რადგან უფალი თავისი თვალებით გიცავს მათგან.

მოდით ავიღოთ მაგალითი. როდესაც ბავშვი სახლში ტირილით მოდის მას შემდეგ რაც მეზობლის ბავშვმა ცემა, მშობლის რეაქცია და დამოკიდებულება შეიძლება იყოს განსხვავებული მისი რწმენის მიხედვით ამ ინციდენტის შესახებ.

ერთმა შეიძლება ასწავლოს თავის შვილს ასე: "რატომ გცემენ ყოველთვის? როდესაც პირველად გცემეს უკან უნდა დაგებრუნებინა ხელი ორ ან სამჯერ." სხვა მშობელი შეიძლება მივიდეს მეზობლის ბავშვის მშობელთან და უკმაყოფილება გამოთქვას. ზოგი შეიძლება ასე არ მოიქცეს, მაგრამ შეიძლება იყოს ძალიან გაბრაზებული ან აღშფოთებული გულის სიღრმეში.

თუმცა, ღმერთი გეუბნება დაძლიო ეშმაკი სიკეთით, გიყვარდეს შენი მტერიც კი და ეძიე მშვიდობა ყველასთან *"ხოლო მე გეუბნებით თქვენ: ნუ აღუდგებით წინ ბოროტს: არამედ ვინც შემოგკრას მარჯვენა ყვრიმალში, მეორეც მიუშვირე მას"* (მათე 5:39).

ამიტომ, თუ იმას გააკეთებ რაც მის თვალში სწორია, არ არის რთული მის ბრძანებებზე დამორჩილება. როდესაც გამუდმებით ლოცულობ და აკეთებ საუკეთესოს უფლის წყალობა და ძალა გადმოვა შენზე და იოლად შეგეძლება გააკეთო ყველაფერი სული წმინდის დახმარებით.

თუ გათავისუფლდები ცოდვებისაგან და გააკეთებ იმას, რაც ღმერთის თვალში სწორია ავადმყოფობები არ შეგეყრება. მაშინაც კი თუ ავად გახდები მკურნალი ღმერთი გაპატიებს შენს ცოდვებს და სრულიად განგკურნავს, როდესაც შეეცდები იპოვნო რა არის არასწორი მის თვალში და მოინანიებ მათ მთელი გულით.

მიუხედავად იმისა, რომ აღიარებ შენი პირით, რომ უფალი არის ყოვლისშემძლე, თუ მიენდობი ამ სამყაროს ან საავადმყოფოში წახვალ, როდესაც ავად გახდები ან პრობლემები გექნება, მას ეს არ ესიამოვნება, რადგან ეს ამტკიცებს იმას, რომ შენ მისი ყოვლისშემძლე ღმერთის ჭეშმარიტად არ გჯერა (2 ნეშთთა 16).

ატარებს ეკლებიან გვირგვინს

გვირგვინი არის მეფეთათვის მის სამეფო მანტიასთან ერთად. მიუხედავად იმისა, რომ იესო იყო ერთადერთი ძე უფლისა, მეფეთა მეფის და უფალთა უფლის, მან ატარა გრძელი ეკლებიანი გვირგვინი, ლამაზი ოქროს და ვერცხლის გვირგვინის მაგივრად.

მაშინ მთავრის ჯარისკაცებმა პრეტორიუმში წაიყვანეს იესო, და გარს შემოერტყა მთელი რაზმი. ტანთ გახადეს და შემოსეს მეწამული ქლამიდით. დაწნეს ეკლის გვირგვინი და თავზე დაადგეს, მარჯვენა ხელში კი ლერწამი მისცეს; მუხლს იყრიდნენ მის წინაშე, დასცინოდნენ და ეუბნებოდნენ: გიხაროდეს, მეუფეო იუდეველთა! და აფურთხებდნენ, აიღეს ლერწამი და თავზე ამტვრევდნენ მას (მათე 27:27-30).

რომაელმა ჯარისკაცებმა ერთად დაახვიეს ეკლები, რათა შეექმნათ იესოსთვის პატარა გვირგვინი და მყარად ჩამოეცვათ მის თავზე. ამიტომ ეკლებმა მისი თავი და შუბლი დაჩხვლიტეს და სისხლი მოედინებოდა მის სახეზე. რატომ მისცა საშუალება ყოვლისშემძლე ღმერთმა მის ერთადერთ ძეს ეტარებინა ეკლებიანი გვირგვინი, ეწვალა მძიმე ტკივილისაგან და სისხლი ეღვარა?

პირველი, იესოს ეკეთა ეკლებიანი გვირგვინი, რათა გამოვესყიდეთ ცოდვებისაგან, რომლებსაც ფიქრებში ვიდენთ.

როდესაც ადამიანს, უფლისგან შექმნილს, კავშირი ჰქონდა მასთან და მის სიტყვას ემორჩილებოდა, მან არ ჩაიდინა ცოდვა, რადგან იგი ყოველთვის ფიქრობდა უფლის ნების თანახმად და ემორჩილებოდა მას.

თუმცა, იგი ერთხელ გველმა შეაცდინა და მიიღო სატანისგან მიცემული ფიქრი და მან საბოლოოდ ჩაიდინა ცოდვა. მას არასოდეს უფიქრია ეჭამა აკრძალული ხილი. თუმცა, მას შემდეგ რაც შეცდა მან შეჭამა ხილი, რადგან თითქოს კარგი საკვები და თვალისთვის სასიამოვნო იყო და ასევე სასურველი სიბრძნის მოპოვებისათვის.

მსგავსად სატანა, რომელმაც პირველ ადამიანს ადამს და ევას უბიძგა არ დამორჩილებულიყვნენ ღმერთს, ახლა მუშაობს რომ გიბიძგოს შენ ცოდვების ფიქრებში ჩადენისაკენ.

ადამიანის ტვინში არის უჯრედები, რომლებიც პასუხისმგებლები არიან მეხსიერებისთვის. დაბადების შემდეგ რაც ნანახი გაქვს, გაგონილი და ნასწავლი, ყველაფერი შენი მეხსიერების უჯრედებშია შენს საკუთარ გრძნობებთან ერთად კონკრეტული შემთხვევების, ცალკეული პიროვნებების და ინფორმაციის მიხედვით. ჩვენ ამას ვეძახით "ცოდნას." რასაც ჩვენ "ფიქრს" ვეძახით არის ამ შენახული ცოდნის წარმოქმნის პროცესი შენი სულის მუშაობის

მეშვეობით.

ხალხი იზრდება განსხვავებულ გარემოში. რაც მათ ნანახი აქვთ, მოსმენილი და ნასწავლი განსხვავებულია სხვადასხვა ადამიანებისაგან და ისიც განსხვავებულია, რაც მათ ტვინშია ჩაბეჭდილი. მაშინაც კი თუ მათ რაც ნანახი აქვთ, გაგონილი და ნასწავლი არის ერთი და იგივე, ყოველივე მათგანს აქვს საკუთარი გრძნობები იმ დროს და ამგვარად გარდაუვალია, რომ ადამიანებს აქვთ განსხვავებული ფასეულობები.

უფლის სიტყვა ხშირად არ შეესაბამება ჩვენს ცოდნას და თეორიას. მაგალითად, შენ შეიძლება იფიქრო, რომ თუ გინდა რომ დაწინაურდე, მაშინ ყველა შესაძლებელი ნაბიჯი უნდა გადადგა, რომ ყველას აჯობო. თუმცა, ღმერთი გასწავლის, რომ ყველა ვინც თავდაჭერილია დაწინაურებული იქნება (მათე 23:12).

ხალხის უმეტესობა ფიქრობს, რომ ნორმალურია გძულდეს მტერი, მაგრამ ღმერთი გეუბნება რომ "გიყვარდეს მტერი" და "თუ შენი მტერი მშიერია, აჭამე მას; თუ იგი მწყურვალია, მიეცი რაიმე დასალევად."

უფლის ფიქრები არის სულიერი, მაგრამ ადამიანების არის ხორციელი. სატანა გაძლევს ხორციელ ფიქრებს, რათა გაცდუნოს უფალს მოერიდო, ხელს გიშლის მოიპოვო ჭეშმარიტი რწმენა და გმართავს რომ წაყვე ამქვეყნიურ გზებს, საბოლოოდ ცოდვებისა და საუკუნო სიკვდილისაკენ გიბიძგებს.

მათე 16:21-ში და მომდევნო სტროფებში იესომ განუმარტა თავის მოწაფეებს, რომ იგი დაიტანჯებოდა

უამრავი რამისგან და რომ მას მოკლავდნენ ჯვარზე და მესამე დღეს აღსდგებოდა. ამის მოსმენით პეტრემ გვერძე გასწია იესო და დაიწყო კიცხვა *"შორს შენგან, უფალო; ღმერთმა ნუ ქნას ეგ"* (სტროფი 22). თუმცა, იესო შემობრუნდა და მრისხანედ უთხრა პეტრეს *"გამშორდი, სატანა! ჩემი საცთური ხარ! რადგან ღმერთისას კი არ ფიქრობ, არამედ კაცისას"* (სტროფი 23). როდესაც იესომ მრისხანედ სთქვა "გამშორდი, სატანა," მას არ უგულისხმებია რომ პეტრე იყო სატანა, მან იგულისხმა, რომ ეს იყო თვით სატანა, რომელიც ამუშავებდა პეტრეს ფიქრს, რათა ხელი შეეშალა უფლის სამუშაოსათვის.

ეს იყო იმიტომ, რომ იესოს უნდა გაეძლო ჯვრისათვის, რათა კაცობრიობა ეხსნა უფლის ნების თანახმად, მაგრამ პეტრემ სცადა მისი ხელის შეშლა თავისი ხორციელი ფიქრებით.

პავლე მოციქული წერს 2 კორინთელთა 10:3-6-ში შემდეგს:

ვინაიდან ხორციელადაც რომ ვიარებოდეთ, ხორციელადვე როდი ვიბრძვით. რადგანაც ჩვენი საომარი საჭურველი ხორციელი კი არ არის, არამედ ღვთის მიერ ძლევით მოსილი ყოველგვარი სიმაგრის შესამუსრავად. მისი წყალობით ვამხობთ ყოველგვარ ზრახვას და, ქედმაღლობას, ღვთის შემეცნების წინააღმდეგ აღძრულს, და მისითვე ვატყვევებთ ყოველგვარ აზრსაც, რათა დაემორჩილოს ქრისტეს. ასე რომ,

მზადა ვართ შური ვიძიოთ ყოველგვარ ურჩობაზე, როცა აღსრულდება თქვენი მორჩილება.

შენ უნდა უარყო შენი საკუთარი მოსაზრებები და მსჯელობა, რომლებიც შექმნილია და ხშირად უფლის სამეფოს წინააღმდეგ მოქმედებს. დაატყვევე ყოველი ფიქრი, რომ გახადო ისინი ქრისტეს დამჯერი, რათა იცხოვრო სიმართლის შესაბამისად და შემდეგ გახდები სულისა და რწმენის პიროვნება.

შენ უნდა განდევნო ის ფიქრები, რომლებიც გეუბნება რომ ორმაგად უნდა დაუბრუნო ხელი ვინმეს რათა შერცხვენილი არ იყო, რადგან ეს ხორციელი ფიქრები არის ჭეშმარიტების წინააღმდეგ.

ამიტომ შენ უარი უნდა თქვა ყოველ ცოდვაზე, რომლებიც ფიქრებში მოგდის. ცოდვების პრობლემების სრულიად მოსაგვარებლად პირველ რიგში უნდა მიატოვო ხორცეული ნდომა, შენი თვალების ნდომა და სიცოცხლის სიამაყე. ესენი არის ცრუ ფიქრები, რომლებითაც სატანა სიამოვნებას იღებს.

ხორციელი ნდომა არის სურვილები უფლის ნების წინააღმდეგ. გალათელთა 5:19-21:

ხორცის საქმენი აშკარაა: სიძვა, უწმინდურება, აღვირახსნილობა, კერპთმსახურება, ჯადოქრობა, მტრობა, შუღლი, შური, რისხვა, აშლილობა, მწვალებლობა, სიძულვილი, მკვლელობა,

*მემთვრალეობა, ღორმუცელობა და სხვა
მასთანანი. წინასწარ გეტყვით, რომ ამის
მოქმედნი ვერ დაიმკვიდრებენ ღვთის
სასუფეველს.*

იმის მიტოვება, რასაც უფალი გიბრძანებს არის
ხორციელი ნდომა.

თვალების ნდომა ნიშნავს იმას, რომ ადამიანის
გონება ხდება მძიმე ზეგავლენის ქვეშ იმით რასაც
ხედავს და იწყებს სურვილების განხორციელებას,
რომლებმაც მის გონებაში გაიღვიძეს.

ტრაბახა გონება ჩნდება ადამიანში ამქვეყნიური
სიტკბოების ფლობის დროს, როდესაც ცდილობს
დააკმაყოფილოს ცოდვილი ადამიანის ძლიერი
სურვილები და მისი თვალების ნდომა. ამას ჰქვია
სიცოცხლის სიამაყე.

რათა გამოვესყიდეთ ჩვენ უკვდავების, უკანონობისა
და ბოროტებისაგან, იესომ ატარა ეკლებიანი
გვირგვინი და დაღვარა სისხლი. რადგან მხოლოდ
იესოს წუნდაუდებელ და შეუბღალავ სისხლს შეეძლო
ჩვენი ცოდვებისგან გამოსყიდვა, მან გამოგვისყიდა
ყოველი ფიქრში ჩადენილი ცოდვებისაგან ეკლებიანი
გვირგვინის ტარებითა და სისხლის ღვრით.

მეორე, იესომ ატარა ეკლებიანი გვირგვინი,
რათა საშუალება მიეცა ადამიანებისთვის უკეთესი
გვირგვინი ეტარებინათ სამოთხეში.

სხვა მიზეზი, თუ რატომ ატარა მან ეკლებიანი
გვირგვინი არის ის, რომ საშუალება მოეცა შენთვის
მოგეპოვებინა უკეთესი გვირგვინი. როგორც მან
გამოგისყიდა სიღარიბისაგან და მოგცა სიმდიდრე
თავისი სიღარიბეში სიცოცხლით, მან ასევე ატარა
ეკლებიანი გვირგვინი, რომ სამოთხეში უკეთესი
გვირგვინის მიღება ყოფილიყო შენთვის შესაძლებელი.

უამრავი გვირგვინია მომზადებული სამოთხეში
უფლის შვილებისათვის. არის ასევე ისეთი
ჯილდოები, როგორიცაა ოქროს, ვერცხლის და
ბრინჯაოს მედლები, რომლებიც ათლეტური
შეჯიბრებების გამარჯვებულებს გადაეცემათ ხოლმე.
მსგავსად, სამოთხეში სხვადასხვა გვირგვინებია,

იქ არის უხრწნელი გვირგვინი როგორც 1
კორინთელთა 9:25-შია აღწერილი: "ვინც იღწვის,
ყველაფერს ითმენს: მოღვაწენი იმისთვის, რომ მიიღონ
ხრწნადი გვირგვინი, ჩვენ კი იმისთვის, რომ
დავიმსახუროთ უხრწნელი." უხრწნელი გვირგვინი
მომზადებულია უფლის შვილებისათვის, რომლებიც
იბრძოლებენ თავიანთი ცოდვების განსადევნად.
დიდების გვირგვინი მომზადებულია მათთვის, ვინც
განდევნიან თავიანთ ცოდვებს და იცხოვრებენ უფლის
სიტყვის თანახმად და ადიდებენ მას (1 პეტრე 5:4).
სიცოცხლის გვირგვინი ასევე მომზადებულია
მათთვის, ვისაც ძალიან უყვარს უფალი, მისი
ერთგულნი არიან სიკვდილის ბოლომდე და
გახდებიან წმინდანნი ყოველი ბოროტების მიტოვებით
(იაკობი 1:12; აპოკალიფსი 2:10).

სიმართლის გვირგვინი მიეცემა მას, ვინც, როგორც პავლე მოციქული, გახდება წმინდანი ცოდვების მონანიებით და გარდა ამისა შეასრულებს თავის მისიას უფლის ნების თანახმად (2 ტიმოთე 4:8). ასევე აღწერილია აპოკალიფს 4:4-ში, რომ "ტახტის გარშემო ოცდაოთხი ტახტი და მათზე მსხდომარე ოცდაოთხი უხუცესი, რომელთაც ემოსათ სპეტაკი სამოსი და თავს ედგათ ოქროს გვირგვინი." ოქროს გვირგვინი მომზადებულია იმ ადამიანებისთვის, რომლებიც მიაღწევენ უხუცესობის დონეს და რომლებიც ხელს გაუმართავენ უფალს ახალ იერუსალიმში.

აქ "უხუცესები" არ მიმართავს იმ ხალხს, რომლებსაც ეს სახელი ამქვეყნიურ ეკლესიებში აქვთ მიცემული, მაგრამ მათ ვისაც უფალი ცნობს როგორც უხუცესებად, რადგან ისინი არიან წმინდა და ერთგულნი უფლის ყოველ სახლში და აქვთ უცვლელი ოქროს რწმენა.

უფალი აძლევს განსხვავებულ გვირგვინებს თავის შვილებს როგორ განდევნიან ცოდვებს და შეასრულებენ ღმერთის მისიას. უფლის შვილები შესანიშნავად იქნებიან სამოთხეში და მიიღებენ უკეთეს გვირგვინებს, თუ არ იფიქრებენ როგორ დააკმაყოფილონ ცოდვებიანი ბუნების სურვილები და მოიქცევიან შესაფერისად უფლის სიტყვის თანახმად (რომაელთა 13:13-14), თუ მათი სული სწორ გზაზე წავა, როდესაც ისინი სულიერად იცხოვრებენ (გალათელთა 5:16) და თუ ისინი ერთგულად შეასრულებენ თავანთ მოვალეობასა და მისიას!

აგრეთვე, იესომ გამოგისყიდა ცოდვების ფიქრებით ჩადენისგან ეკლებიანი გვირგვინის ტარებითა და სისხლის ღვრით. როგორი მადლიერი უნდა იყო, რადგან იგი ამზადებს უკეთეს გვირგვინებს სამოთხეში, რომ მოგცეს რწმენის სიდიდის და შენი მისიის შესრულების ძალა! ამიტომ, შენ უნდა გაიგო, თუ რა დიდებულია იყო შესაფერისი ამ გვირგვინების მისაღებად. შემდეგ უნდა გქონდეს შენი უფლის გული ყოველი ბოროტების მიტოვებით, კარგად შეასრულო შენი მისია და იყო ერთგული უფლის ყველა სახლში. მე იმედი მაქვს, რომ შენ მიიღებ საუკეთესო გვირგვინს სამოთხეში.

იესოს ტანისამოსი და კვართი

იესო, რომელიც ატარებდა ეკლებიან გვირგვინს და მთელს ტანზე სისხლი სდიოდა სასტიკი გამათრახების გამო, მივიდა გოლგოთაზე, ჯვარცმის ადგილზე, როდესაც რომაელმა ჯარისკაცებმა იგი ჯვარს აცვეს, მათ აიღეს მისი ტანისამოსი, გაყვეს ოთხ ნაწილად და გაინაწილეს. მათ არ გაუყვიათ მუნდირი, მაგრამ კენჭი ყარეს მასზე.

ჯარისკაცებმა, რომლებმაც ჯვარს აცვეს იესო, აიღეს მისი სამოსი და ოთხ ნაწილად გაყვეს, თვითეულ ჯარისკაცს თავისი წილი ერგო, აგრეთვე კვართი; ხოლო კვართი ნაკერი კი არ

იყო, არამედ თავიდან ბოლომდე ნაქსოვი. და ერთმანეთს უთხრეს: ნუ დავხევთ ამას, არამედ წილი ვყაროთ მასზე, ვნახოთ ვის შეხვდებაო. რათა აღსრულდეს წერილი, რომელიც ამბობს: გაიყვეს ჩემი სამოსი ერთმანეთს შორის, და ჩემს კვართზე იყარეს წილი (იოანე 19:23-24).

რატომ აღწერს უფლის სიტყვა დეტალურად იესოს ტანისამოსისა და მუნდირის შესახებ? იესოს დაბადებიდან 70 წლის შემდეგ ისრაელის ისტორია ღრმად არის გამაგრებული ამ ინციდენტის სულიერ აზრში.

გაშიშვლებული და ჯვარცმული

მათე 27:22-26-ის თანახმად ისრაელიანთა მოთხოვნით, რომლებმაც არ ცნეს იესო მესიად, იესოს მიესაჯა ჯვარცმა პილატესაგან, მას შემდეგ რაც დასცინეს მას და აბუჩად აიგდეს სხვადასხვა გზით.

ეკლებიანი გვირგვინის ტარების და აბუჩად აგდების შემდეგ მან აიტანა ჯვარი გოლგოთას მთაზე და იქ აცვეს იგი ჯვარს. პილატემ უბრძანა ჯარისკაცებს მიემაგრებინათ მის თავზე ნაწერი შემდეგი ტექსტით *"ეს არის იესო, იუდეველთა მეფე"* (მათე 27:37).

ეს დაწერილი იყო ებრაულად, ლათინურად და ბერძნულად. ებრაული იყო ტრადიციული ენა ებრაელებისა, უფლის ამორჩეული ხალხისა. ლათინური იყო ოფიციალური ენა რომაული

იმპერიისა, ყველაზე ძლიერი ერა იმ დროში და ბერძნული იყო ენა, რომელიც მსოფლიოს კულტურაში მოჭარბებული იყო. ამგვარად ნაწერი ამ სამ ენაზე სიმბოლოა იმისა, რომ მთელმა მსოფლიომ სცნო იესო იუდეველთა მეფეთ და მეფეთა მეფეთ.

ამ ნაწერის წაკითხვის შემდეგ, იოანე 19:21-22-ში, უამრავმა ებრაელმა გამოაცხადა პროტესტი პილატესთან, რომ "იუდეველთა მეფის" მაგივრად დაეწერათ "როგორც მან თქვა: მე ვარ მეფე იუდეველთა." თუმცა პილატემ ამაზე მათ უპასუხა "რაც დავწერე, დავწერე" და არ შეუცვლია. ეს იმას ნიშნავს, რომ პილატემ სცნო იესო იუდეველთა მეფეთ.

როგორც პილატემ სცნო იესო იუდეველთა მეფეთ, იგი მართლაც უფლის ერთადერთი ვაჟი, მეფეთა მეფე და უფალთა უფალია. მიუხედავად ამისა იესო გააშიშვლეს უამრავი ხალხის წინ და ჯვარს აცვეს. ამ გზით მან გაუძლო ასეთ გულსატკენ სირცხვილს.

ჩვენ ვცხოვრობთ ბოროტ სამყაროში, ვივიწყებთ ადამიანის მთლიან მოვალეობას. და რათა გამოვესყიდეთ ჩვენ ყველანაირი სირცხვილისა, სიბინძურისა, უზნეობისა, უკანონობისა და უკვდავებისაგან, მეფეთა მეფე იესო გააშიშვლეს და დაიტანჯა სირცხვილით, როდესაც უამრავი ხალხი უყურებდა მას. თუ ამის სულიერი მნიშვნელობა გესმის დახმარებას ვერ შეძლებ, მაგრამ მადლობელი იყავი.

იესოს ტანისამოსის გაყოფა ოთხ წილად

რომაელმა ჯარისკაცებმა გააშიშვლეს იესო და ჯვარს აცვეს. მათ აიღეს მისი ტანისამოსი და ოთხ წილად გაყვეს, მაგრამ მათ კენჭი ყარეს მის მუნდირზე.

საერთო აზრი ბრძანებს, რომ მისი ტანისამოსი ვერ იქნებოდა ლამაზი ან ძვირადღირებული. მაშინ რატომ გაყვეს ჯარისკაცებმა მისი ტანისამოსი ოთხ ნაწილად?

იცოდნენ მათ, რომ იესო გახდებოდა მესიად წოდებული და უნდოდათ მათ რომ ჰქონოდათ მისი ტანისამოსის ნაგლეჯი, რათა გადაეცათ თავისი შთამომავლობისთვის როგორც ძვირფასი ოჯახის განძეულობა? არა, ეს ასე არ იყო.

ფსალმუნნი 22:18 წინასწარმეტყველებს *"მთელი ჩემი ძვლები დაითვლება; ისინი მიჭვრეტენ ნიშნის მოგებით."* ღმერთმა რომაელ ჯარისკაცებ აღებინა მისი ტანისამოსი, რათა ეს სტროფი განხორციელებულიყო (იოანე 19:24).

მაშინ რა სულიერი მნიშვნელობა ჰქონდა იესოს ტანისამოსს? რატომ გაყვეს მათ მისი ტანისამოსი ოთხ წილას? რატომ არ გაყვეს მათ მისი მუნდირი? რატომ დაუშვა ღმერთმა მისი ისტორია წინასწარ დაწერილიყო?

რადგან იესო არის იუდეველთა მეფე, იესოს ტანისამოსი მიმართავს ისრაელის ერს ან ებრაელ ხალხს. როდესაც რომაელმა ჯარისკაცებმა გაიყვეს მისი ტანისამოსი ოთხ ნაწილად, ტანისამოსმა თავისი

ფორმა დაკარგა. ეს გულისხმობს, რომ ისრაელი როგორც ერი განადგურდება. ეს ასევე მიუთითებს, რომ სახელი ისრაელი ყოველთვის დარჩება, როგორც ტანისამოსის ნაწილები დარჩა. ყველაფრის შემდეგ, სიტყვებმა დაწერილი მისი ტანისამოსის შესახებ იწინასწარმეტყველეს, რომ ებრაელი ხალხი მიმოიფანტებოდა ყველა მიმართულებით მათი ერის განადგურების შედეგად. ისრაელის ისტორია ამტკიცებს, რომ ეს წინასწარმეტყველება ასრულდა.

იესოს ჯვარცმიდან 40 წლის შემდეგ რომაელმა სარდალმა ტიტუსმა გაანადგურა ისრაელი. ღმერთის ტაძარი სრულიად განადგურდა. მას შემდეგ რაც ისრაელის ერმა შეწყვიტა არსებობა, ებრაელები მიმოიფანტნენ ყველგან, დევნილები გახდნენ და ამოიხოცენ კიდეც. ეს ხსნის იმას, თუ რატომ ცხოვრობენ ებრაელები დღესაც კი მთელი მსოფლიოს გარშემო.

მათე 27:23 აღწერს საზარელ სცენას, სადაც პილატე ეუბნება ბოროტ ბრბოს, რომ იესო იყო უდანაშაულო, მაგრამ მათ ერთხმად დაიყვირეს რომ ჯვარს ეცვათ იგი. ამ დროს პილატემ აიღო წყალი და ხელები დაიბანა, რათა ეჩვენებინა რომ იგი არ იყო უდანაშაულო იესოს სიკვდილის პასუხისმგებელი და სთქვა *"მე უბრალო ვარ ამ მართლის სისხლში. თქვენ იკითხეთ."* (სტროფი 24) შემდეგ ბრბომ უპასუხა *"ჩვენზე იყოს და ჩვენს შვილებზე მაგისი სისხლი."* (სტროფი 25)

შესანიშნავი ელემენტი ის არის, რომ ისრაელის ისტორია ნათლად გვაჩვენებს, რომ უამრავმა ებრაელმა და მათმა შთამომავლობან სისხლი დაღვარეს, რათა შეესრულებინათ თავიანთი მოთხოვნა პილატესთან. იესოს სიკვდილიდან ოთხი ათწლეულის შემდეგ 1,1 მილიონი ებრაელი დაიხოცა. გარდა ამისა მეორე მსოფლიო ომის დროს ნაცისტმა გერმანელებმა დაახლოებით ექვსი მილიონი ებრაელი მოკლეს. ფილმი "შინდლერის სია" განასახიერებს ტრაგედიულ სცენას, სადაც ებრაელი ხალხი, ქალისა და კაცის და ახალგაზრდისა და მოხუცებულის განსხვავების გარეშე, მოკლულნი იქნენ ტანსაცმლის გარეშე. დამნაშავესაც კი აქვს უფლება სუფთა ტანსაცმელი ჩაიცვას სიკვდილით დასჯისას, მაგრამ ებრაელი ხალხი გააშიშვლეს დახოცვის დროს.

ებრაელმა ხალხმა არ სცნო იესო მესიად და გააშიშვლეს იგი და ჯვარზე აცვეს. როდესაც მათ დაიყვირეს "ჩვენზე იყოს და ჩვენს შვილებზე მაგისი სისხლი," საზარელი მწუხარება დაადგა წლების განმავლობაში ისრაელის ხალხს.

იესოს უნაკერო თავიდან ბოლომდე ნაქსოვი კვართი

იოანე 19:23 აღწერს იესოს კვართს: *"ხოლო კვართი ნაკერი კი არ იყო, არამედ თავიდან ბოლომდე ნაქსოვი."* ამ სტროფში უნაკერო ნიშნავს იმას, რომ კვართს ნაკერები არ ჰქონდა, რომ ქსოვილის ნაწილები

შეერთებულიყო. ხალხის უმეტესობა არ აქცევს ყურადღებას თუ როგორი გაკეთებულია მათი ტანსაცმელი ან მთლიანად ნაქსოვია თუ არა. მაშინ რატომ აღწერს ბიბლია იესოს კვართს დეტალურად?

ბიბლია გვეუბნება, რომ ყოველი ადამიანის წინაპარი ადამია, რწმენის წინაპარი აბრაამია და ისრაელის იაკობი. უფალი გვასწავლის, რომ ისრაელის წინაპარი არ არის აბრაამი და რომ იგი იაკობია, რადგან ისრაელის 12 ტომი წამოვიდა იაკობის 12 ძისგან. ისრაელის ერის დამაარსებელი იაკობია მიუხედავად იმისა, რომ აბრაამი იყო რწმენის წინაპარი.

უფალმა ასევე აკურთხა იაკობი დაბადება 35:10-11-ში:

იაკობია შენი სახელი; აღარ გერქმევა ამიერიდან სახელად იაკობი, არამედ ისრაელი იქნება შენი სახელი. და უწოდა სახელად ისრაელი. უთხრა ღმერთმა: მე ვარ ღმერთი ყოვლადძლიერი. ინაყოფიერე და გამრავლდი, ხალხი და ხალხთა კრებული წარმოიშობა შენგან და მეფენი გამოვლენ შენი საზარდულიდან.

უფლის სიტყვის მიხედვით ამ სტროფებში ნახსენები, იაკობის თორმეტმა ძემ ჩამოაყალიბა ისრაელის საფუძველი და ისრაელი იყო გაერთიანებული ქვეყანა სანამ არ გაიყო ორ ნაწილად, ისრაელი ჩრდილოეთში და იუდეველთა სამეფო სამხრეთში.

მოგვიანებით ისრაელი ჩრდილოეთში შეერია წარმართებს, მაგრამ იუდეველთა სამეფო დარჩა გაერთიანებულად. დღეს იუდეველებს ჰქვიათ ებრაელები. ის ფაქტი, რომ იესოს კვართი იყო უნაკერო, თავიდან ბოლომდე ერთ ნაწილად ნაქსოვი, ნიშნავს იმას, რომ ისრაელის ერმა შეინარჩუნა თავისი მთლიანობა და იდენტურობა როგორც იაკობის შთამომავლებმა დღემდე.

კენჭის ყრა იესოს კვართზე გაგლეჯის გარეშე

აქ კვართი ნიშნავს ხალხის გულს. რადგან იესო არის ისრაელის მეფე, მისი კვართი გულისხმობს ებრაელი ხალხის გულს.

ისრაელიანები, როგორც უფლის ამორჩეული ხალხი თავიანთი რწმენის წინაპრის აბრაამის მეშვეობით, ყველაფერზე მაღლა უფალს აყენებდნენ და თაყვანს სცემდნენ მათ. ის ფაქტი, რომ მათ კვართი არ გაუგლეჯავთ, გულისხმობს რომ ისრაელის ებრაელი ხალხის სული, რომლებიც თაყვანს სცემდნენ უფალს კარგად შემოინახა ნაგლეჯებად გაფანტვის გარეშე, მიუხედავად იმისა, რომ თვით ისრაელის ერი ან მთავრობა განადგურდა.

მათი გულები უფლის მიმართ ურყევად იქნა შენარჩუნებული, მიუხედავად იმისა რომ ისრაელის ერი განადგურდა წარმართების მიერ. რადგან მათ აქვთ ასეთი უცვლელი გული, ღმერთმა აირჩია ისრაელიანები თავის ხალხად და გამოიყენა ისინი

დაეარსებინა თავისი სამეფო და სამართლიანობა.

დღესაც კი ისრაელიანები ცდილობენ დაემორჩილონ კანონს შეუცვლელი გულით. ეს იმიტომ, რომ ისინი არიან იაკობის შთამომავლები, რომელსაც თვითონ ჰქონდა შეუცვლელი გული. ისრაელიანებმა გააოცეს მთელი მსოფლიო თავიანთი დამოუკიდებლობის მოპოვებით 1948 წლის 14 მაისს, დიდი ხნის შემდეგ რაც თავიანთი ქვეყანა დაკარგეს. მას შემდეგ ისინი სწრაფად განვითარდნენ, როგორც ერთერთი მოწინავე და გავლენიანი ქვეყანა და კიდევ ერთხელ გამოავლინეს თავიანთი ეროვნული სული და შესანიშნაობა.

როგორც რომაელმა ჯარისკაცებმა ვერ გაგლიჯეს იესოს კვართი, რომელი იყო უნაკერო, წარმართებსაც არ შეეძლოთ გაენადგურებინათ ისრაელიანების სული, რომლებიც უფალს სცემდნენ თაყვანს. ყველაფრის შემდეგ ისრაელიანებმა, როგორც იაკობის შთამომავლებმა დააარსეს დამოუკიდებელი ქვეყანა და შეასრულეს უფლის ნება, როგორც მისმა ამორჩეულმა ხალხმა.

ისრაელი დროის დასარულს ბიბლიაში ნაწინასწარმეტყველები

როგორც უფალმა იწინასწარმეტყველა ისრაელის ისტორია იესოს ტანისამოსის და კვართის მეშვეობით, მან ასევე მოგვცა მინიშნება სამყაროს ბოლო დღის შესახებ.

ეზეკიელი 38:8-9 კითხულობს:

მრავალი დღის შემდეგ დაგიდგება ჟამი და უკანასკნელ წლებში შეხვალ მახვილს გადარჩენილ ქვეყანაში, მრავალი ხალხისგან შემოკრებილში, ისრაელის მთებზე, რომელიც მუდამ უკაცრიელი იყო; ისინი გამოვლენ ხალხებიდან და უზრუნველად იცხოვრებენ ყველანი. აღიძრები და ქარიშხალივით შეხვალ, ღრუბელივით დაფარავ ქვეყანას მთელი შენი ურდოთი და ურიცხვი ხალხით, შენთან რომ არის.

"მრავალი დღის შემდეგ" ამ სტროფებში არის პერიოდი იესოს დაბადებიან მეორედ მოსვლამდე და "უკანასკნელ წლებში" მიმართავს უკანასკნელ წლებს მიახლოებულ იესოს მეორედ მოსვლასთან. "ისრაელის მთები" მიუთითებს იერუსალიმს, რომელიც მდებარეობს მაღალმთიან ადგილას დაახლოებით ზღვის დონიდან 760 მეტრზე. ამიტომ სიტყვებს, რომლებსაც უამრავი ხალხი მოიპოვებს მომავალ წლებში მრავალი ქვეყნიდან წინასწარმეტყველებს, რომ ისრაელიანები დაბრუნდებიან თავიანთ მიწაზე მთელი მსოფლიოდან, როდესაც იესოს დაბრუნების დრო მოვა.

ეს წინასწარმეტყველება ახდა, როდესაც რომაელმა იმპერატორმა გაანადგურა ისრაელი და მოიხვეჭა მათი დამოუკიდებლობა 1948 წელს. ისრაელი

დაუსახლებელი ადგილი იყო სანამ დამოუკიდებლობას მიიღებდნენ, მაგრამ იგი გაიზარდა მსოფლიოში ერთერთ კარგად განვითარებულ ქვეყანად.

ახალი აღთქმაც წინასწარმეტყველებს ისრაელის დამოუკიდებლობას. იესო გვეუბნება შემდეგს მათე 24:32-34-ში:

ლეღვის ხისაგან ისწავლეთ იგავი: როცა მისი ტოტები რბილდება და ფოთლები გამოაქვს, იცით, რომ ახლოა ზაფხული. ასევე თქვენც, როცა იხილავთ ყოველივე ამას, იცოდეთ, რომ უკვე ახლოა, კარზეა მომდგარი. ჭეშმარიტად გეუბნებით თქვენ: არ გადავა ეს მოდგმა, ვიდრე ყოველივე ეს არ აღსრულდება.

ეს იყო იესოს პასუხი თავის მოწაფეებთან, რომლებმაც ჰკითხეს თავისი მეორედ მოსვლის და დასასრულის ნიშნის შესახებ.

ლეღვის ხე ამ სტროფებში მიმართავს ისრაელს. როდესაც ხეს ფოთლები ცვივა და ცივი ქარი ქრის, შენ იცი რომ ზამთარი ახლოვდება. მსგავსად როგორც კი ლეღვის ხის ტოტები რბილდება და მისი ფოთლები ყვავდება, შენ იცი რომ ზაფხული ახლოვდება. ამ იგავით იესო ხსნის იმას, რომ როდესაც ისრაელი აღდგება დიდი ხნის განადგურების შემდეგ, ეს იქნება მაშინ, როდესაც ისრაელის ხალხი მოიპოვებს თავიანთ დამოუკიდებლობას და იესოს მეორედ მოსვლა იქნება

მოახლოვებული.

შენ არ იცი რამდენი ხნისაა "ეს მოდგმა," რომელიც იესომ ახსენა სტროფში, მაგრამ შენ იცი რომ რაც მან სთქვა უთუოდ ასრულდება. შენ უკვე იხილე ისრაელის დამოუკიდებლობა, ამიტომ ადვილია გაარკვიო, რომ იესოს მეორედ მოსვლა ძალიან ახლოსაა.

დასასრულის ნიშნები

მათე 24-ში როდესაც იესოს მოწაფეებმა ჰკითხეს დასასრულის ნიშნების შესახებ, მან მათ დეტალურად აუხსნა ისინი. თუმცა მას არ უთქვამს ზუსტი საათი და დღე *"მაგრამ ის დღე და ის საათი არავინ იცის: არც ციურმა ანგელოზებმა, არამედ მხოლოდ მამამ"* (მათე 24:36).

ეს მხოლოდ იმას ნიშნავს, რომ იგი როგორც კაცის ძე, რომელიც მოვიდა ხორცად ამ ქვეყანაზე არ იცოდა ზუსტი საათი და დღე. ეს იმას არ ნიშნავს, რომ იესომ არ იცოდა ეს თავისი ჯვარცმის, აღდგომის და სამოთხეში ასვლის შემდეგ.

იესომ უამრავი რამ სთქვა დასასრულის შესახებ და გაგაფრთხილა *"და ურჯულოების მომრავლების გამო მრავალში განელდება სიყვარული. ხოლო ვინც ბოლომდე დაითმენს, იგი ცხონდება"* (მათე 24:12-13). დღეს შენ ძლიერად გრძნობ, რომ უზნეობა მრავლდება და სიყვარული იზრდება ცივად. ძლივს თუ მოძებნი გულკეთილ თბილ ადამიანს. იესომ სთქვა მათე 24:14-

ში *"და იქადაგება სასუფევლის ეს სახარება მთელს ქვეყანაზე, ყველა ხალხის სამოწმებლად; და მაშინ მოიწევა დასასრული."* სახარება უკვე ნაქადაგებია მსოფლიოს ყველა კუთხეში.

გარდა ამისა, ჩვენ ვცხოვრობთ "გლობალურ სოფელში," სადაც ყოველი გლობუსის ყოველი კუთხე არის ხელმისაწვდომი ტრანსპორტით ან კომუნიკაციით. ეს არაჩვეულებრივი მოვლენა ნაწინასწარმეტყველები იყო დანიელი 12:4-ში: *"შენ კი, დანიელ, საიდუმლოდ შეინახე ეს სიტყვები და დაბეჭდე ეს წიგნი უკანასკნელ ჟამამდე. მრავალნი შეისწავლიან და მოიმატებს ცოდვა."* სახარება სწრაფად ვრცელდება მთელი მსოფლიოს გარშემო.

სიმართლეა ის, რომ მიუხედავად იმისა რომ სახარება მთელი მსოფლიოს გარშემოა ნაქადაგები, შეიძლება არსებობდეს ისეთი ხალხი, რომლებიც არ იღებენ იესოს, რადგან ისინი არ აღებენ თავიანთ გულებს. ან შეიძლება იყოს შორეული ადგილები, სადაც სახარების თესლი ჯერ არ მიმოფანტულა.

ძველი აღთქმიდან ყოველი წინასწარმეტყველება ასრულდა და ახალი აღთქმის წინასწარმეტყველებებიც თითქმის ასრულებულია. მთელი ბიბლია შთაგონებულია სული წმინდის მიერ. ამგვარად უფლის სიტყვა სწორია და არ შეიცავს ცდომილებებს. ყველაზე პატარა წერილიც კი არ შეიცვლება ბიბლიაში. ღმერთმა აასრულა თავისი სიტყვა და დაპირებები და მხოლოდ რამოდენიმე რამ დარჩა ასასრულებელი, უფალი იესო ქრისტეს მეორედ მოსვლის, შვიდი წლის

დიდი მწუხარების, ახალი საუკუნის და თეთრი სამეფო ტახტის დიდი განაჩენის ჩათვლით.

ლურსმნებით დაჭედებული ხელებით და ფეხებით

ჯვარცმა იყო ერთერთი ყველაზე ბოროტული სიკვდილით დასჯის მეთოდი მკვლელებისა და მოღალატეებისათვის. ისინი ადამიანის მკლავებს ხის ჯვარზე ჭიმავდნენ. შემდეგ ხელებითა და ფეხებით აჭედებდნენ და ეკიდა ჯვარზე იმდენ ხანს სანამ არ მოკვდებოდა. ამიტომ იგი იტანჯებოდა საშინელი ტკივილით ბოლო ამოსუნთქვამდე.

იესომ, უფლის ძემ მხოლოდ კარგი გააკეთა და დამნაშავე არ ყოფილა ამ ქვეყანაზე. მაშინ რატომ აცვეს იესო ფეხებით და ხელებით ჯვარზე?

ხელებით და ფეხებით დაჭედების ტკივილი

იესოს ჯვარზე სიკვდილი ჰქონდა მისჯილი და მივიდა სიკვდილით დასჯის ადგილას გოლგოთაზე. ერთ რომაელ ჯარისკაცს ეჭირა დიდი რკინის ლურსმანი და მეორეს ჩაქუჩი და დაუწყეს მისი ხელების და ფეხების დაჭედება ცენტურიონის ბრძანებით. შემდეგ მათ ჯვარი აღმართეს. წარმოგიდგენია ეს როგორი მტკივნეული იქნებოდა?

უდანაშაულო იესო იტანჯებოდა ტკივილისაგან,

როდესაც დიდი ლურსმნები ჩაარჭეს მის სხეულს და როდესაც მისი სხეული ქვემოთ იქაჩებოდა სიმძიმისგან და სხეულის დაჭედებული ადგილები იხეოდა.

როდესაც ვინმეს თავს მოკვეთდნენ ტკივილი წამში მთავრდებოდა. თუმცა ჯვარზე სიკვდილი ბევრად უფრო მტკივნეული იყო, რადგან იგი ეკიდა, სისხლი სდიოდა და იტანჯებოდა გაუწყლოებისა და გამოფიტულობისგან სიკვდილის ბოლო წუთამდე.

გარდა ამისა მზიან დღეს უდაბნოში ყველა სახის მწერი და პარაზიტები ფრინდებოდნენ მის დაგლეჯილ სხეულზე სისხლის გამოსაწოვად მისი ჭრილობებიდან. ამ ყველაფერთან ერთად ბოროტი ხალხი დასცინოდა მას, მისკენ თითს იშვერდნენ, აფურთხებდნენ, წყევლიდნენ და შეურაწხყოფას აყენებდნენ. ზოგი ადამიანი მას აბუჩადაც იგდებდა, ეუბნებოდნენ *"ტაძრის დამრღვევო და სამ დღეში აღმშენებელო, იხსენი შენი თავი; თუ ღმერთის ძე ხარ, ჩამოდი ჯვრიდან!"* (მათე 27:40).

აუტანელი ტკივილი თან ახლდა იესოს ჯვარცმის დროს. თუმცა, მან კარგად იცოდა, რომ მისმა ცოდვების და წყევლების გაძლებამ ჯვარზე გაკვრით გაალო კაცობრიობის გამოსყიდვის გზა ცოდვებისაგან. მისი რეალური ტკივილი მოვიდა სხვა სათავიდან. მაინც არსებობდა ისეთი ხალხი, რომლებმაც არ იცოდნენ უფლის განგება ან რომლებმაც არ მიიღეს ხსნა თავიანთ ბოროტებაში. ამან მას დიდი ტკივილი მოუტანა.

ხელებით და ფეხებით ჩადენილი ცოდვები

თუ ერთხელ ჩაისახა ცოდვილი ფიქრი გულში, გული უბიძგებს ხელებს და ფეხებს ცოდვის ჩადენისაკენ. რადგან არსებობს სულიერი კანონი, რომ ცოდვის ბოლო სიკვდილია, როდესაც ცოდვას იდენ, უნდა ჩავარდე ჯოჯოხეთში და სამუდამოდ დაიტანჯო.

ამიტომ სთქვა იესომ *"თუ შენი ფეხი გაცთუნებს, მოიკვეთე იგი: გიჯობს კოჭლი შეხვიდე სიცოცხლეში, ვიდრე ორივე ფეხის მქონე ჩავარდე გეენაში, გაუნელებელ ცეცხლში, სადაც ულევია მატლი და უშრეტი - ცეცხლი. ხოლო თუ შენი თვალი გაცთუნებს, ამოითხარე იგი: გიჯობს ცალთვალა შეხვიდე ღმრთის სასუფეველში, ვიდრე ორივე თვალის მქონე ჩავარდე ცეცხლის გეენაში"* (მარკოზი 9:45-47).

დაბადებიდან რამდენჯერ ჩაგიდენია ცოდვა ხელებით და ფეხებით? ზოგი ხალხს ცემს სიბრაზისას. ზოგი იპარავს და ზოგი კიდევ კარგავს სიმდიდრეს აზარტულ თამაშებში. ხალხი მლიერდება ფეხებში და იქ მიდიან სადაც არ უნდა წავიდნენ. ამიტომ, თუ შენი ფეხები ცოდვას ჩაგადებინებენ, უკეთესია მოიჭრა ისინი და სამოთხეში შეხვიდე, ვიდრე ჯოჯოხეთში ჩავარდე ორივე ფეხით.

ასევე რამდენი ცოდვა გაქვს ჩადენილი თვალებით? სიხარბე და ღალატი დაგხარჯავს, როდესაც ხედავ ისეთ რამეს რასაც არ უნდა ხედავდე შენი თვალებით. ზუსტად ამიტომ იესომ სთქვა, რომ თუ თვალებმა

ცოდვა ჩაგადენინეს, უკეთესი იქნება მათი ამოთხრა და სამოთხეში შესვლა, ვიდრე ჯოჯოხეთში ჩავარდნა ორივე თვალით.

ძველი აღთქმის დროში თუ ვინმე ცოდვას თვალებით ჩაიდენდა, ისინი ითხრიდნენ მათ; თუ ვინმე ფეხებით ან ხელებით ჩაიდენდა, იჭრიდნენ მათ; თუ ვინმე მკვლელობას ან ღალატს ჩაიდენდა, ქვით უნდა ჩაქოლილიყო სიკვდილამდე (2რჯული 19:19-21).

იესოს ჯვარზე ტანჯვის გარეშე, დღესაც კი უფლის შვილები თუ ცოდვას ჩაიდენენ ფეხებით და ხელებით, უნდა მოიჭრან. თუმცა იესომ აიღო ჯვარი, აცვეს ფეხებით და ხელებით და სისხლი დაღვარა. ამით მან ჩამორეცხა ცოდვები შენი ხელებიდან და ფეხებიდან და შენ აღარ გჭირდება ტანჯვა და შენი ცოდვებისთვის გადახდა. როგორი უზარმაზარია მისი სიყვარული!

შენ უნდა დაიმახსოვრო, რომ იგი გწმენდს შენ ყოველი ცოდვისგან, თუ კი სინათლეში ივლი როგორც ის არის სინათლეში და თუ აღიარებ შენს ცოდვებს და მიბრუნდები მისკენ (1 იოანე 1:7).

ამიტომ, მნიშვნელოვანია, რომ აავსო შენი გული ჭეშმარიტებით, რათა იცხოვრო ძლევამოსილი სიცოცხლით მადლიერი და მოწყალე გულით, რომელიც ყოველთვის მიმართულია უფლისაკენ.

იესოს ფეხები არ მოსტყდა, მაგრამ მისი გვერდი განიგმირა

იესოს სიკვდილის დღე იყო პარასკევი, შაბათის წინა დღე. იმ დღეებში შაბათი საყოველთაოდ გამოცხადებული იყო შაბატად და ებრაელებს არ სურდათ შაბატის დროს გვამები ჯვარზე დარჩენილიყო.

ამგვარად, როგორც იოანე 19:31-ში კითხულობ ებრაელებმა სთხოვეს პილატეს ფეხები დაემტრვრიათ და სხეულები ჩამოეხსნათ.

პილატეს ნებართვით ჯარისკაცებმა დაამტვრიეს ავაზაკების ფეხები, რომლებიც იესოს გვერდებში იყვნენ ჯვარზე გაკრულები, მაგრამ მათ არ დაუმტვრევიათ იესოს ფეხები, რადგან იგი უკვე მკვდარი იყო. იმ დღეებში, ისინი ვინც ჯვარზე აცვეს დაწყევლილად მიიჩნიეს და ამიტომ დაუმტვრიეს მათ ფეხები. ამიტომ, არსებობს ღვთისმეტყველი განგება ფაქტში, რომ მათ არ დაუმტვრევიათ იესოს ფეხები.

რატომ არ დაუმტვრიეს იესოს ფეხები?

იესო, რომელსაც ცოდვა არ ჰქონდა დაწყევლილ იქნა და ჯვარზე გაეკრა, რათა გამოესყიდა ადამიანები რჯულის წყევლისაგან. სატანას არ შეეძლო მისი ფეხების დამტვრევა, რადგან იესო მოკვდა ცოდვის გამო უფლის განგებით.

გარდა ამისა, ღმერთი იცავდა იესოს და არ

დაამტვრევინა მისი ფეხები, რათა აესრულებინა სიტყვები ფსალმუნნი 34:20-დან, რომელიც ამბობს *"ის იცავს მის ყოველ ძვალს, მათგან ერთიც არ შეიმუსრება."*

რიცხვნი 9:12-ში უფალი ეუბნება ისრაელიანებს, რომ არ დაემტვრიათ არცერთი ძვალი ბატკნის ჭამის დროს. გამოსვლა 12:46-შიც წერია, რომ ისრაელიანებს შეეძლოთ ბატკნის ხორცის ჭამა, მაგრამ მათ არ უნდა დაემტვრიათ მისი ძვლები.

"ბატკანი" მიმართავს იესოს, რომელიც იყო უდანაშაულო და წუნდაუდებელი, მაგრამ მან გასწირა თავი ადამიანებისა და მათი ცოდვებისათვის. წერილის შესაბამიდა გამოსვლა 12:46 ამბობს *"ერთ ჭერქვეშ უნდა შეიჭამოს; ხორცი სახლიდან გარეთ არ უნდა გაიტანოთ, არც ძვლები არ უნდა დაამტვრიოთ."*

მისი ფერდი შუბით იყო განგმირული

იოანე 19:32-34 გამოსახავს კიდევ ერთ საზარელ სცენას:

მაშინ მივიდნენ ჯარისკაცები და წვივები დაუმტვრიეს მასთან ერთად ჯვარცმულთ, ერთსაც და მეორესაც. ხოლო როცა იესოსთან მივიდნენ, ნახეს, რომ უკვე მომკვდარიყო, და აღარ დაუმტვრიეს წვივები. მაგრამ ერთმა ჯარისკაცმა შუბი აძგერა ფერდში, საიდანაც მყისვე გადმოჩქეფა სისხლმა და წყალმა.

მიუხედავად იმისა, რომ ჯარისკაცებმა იცოდნენ იესო უკვე მკვდარი იყო, მაინც რატომ განგმირეს მისი გვერდი? ეს განმარტავს ადამიანის ბოროტებას.

მიუხედავად იმისა, რომ იგი იყო ღმერთი, იესოს არ მოუთხოვია თავისი უფლებები როგორც ღმერთს. მას თავად არაფერი გაუკეთებია; მან მონის თავმდაბალი პოზიცია აიღო და გამოჩნდა ადამიანის სახით. მან თავიც კი დაიმცირა მორჩილად, როდესაც ავაზაკივით მოკვდა ჯვარზე. ამით იესომ გააღო გადარჩენის კარები შენთვის (ფილიპინელთა 2:6-8).

მისი ცხოვრების განმავლობაში ამ სამყაროში, იესომ პატიმრები გაათავისუფლა, ღარიბს სიმდიდრე მისცა და უძლური და სნეული განკურნა. მას არ ჰქონდა საკმარისი დრო, რომ ეჭამა ან დაეძინა, რადგან იგი მლიერად ცდილობდა საჯაროდ გამოეცხადებინა უფლის სიტყვა და იმდენი სული ეხსნა, რამდენსაც შესძლებდა. იგი გორაკზე ავიდა სალოცავად მაშინაც კი, როდესაც მისი მოწაფეები ისვენებდნენ.

უამრავმა ებრაელმა განდევნა იგი აბუჩად აგდებით მიუხედავად იმისა, რომ მან მარტო კარგი გააკეთა. საბოლოოდ მათ ჯვარს აცვეს იესო თავიანთი ბოროტების გამო. გარდა ამისა რომაელმა ჯარისკაცებმა იცოდნენ რომ იგი მკვდარი იყო, მაგრამ მაინც განუგმირეს გვერდი. ეს გვეუბნება, რომ ხალხი სიბოროტეს სიბოროტეზე ანთხევდა.

უფალმა გიჩვენა თავისი უზარმაზარი სიყვარული და მიუხედავად ადამიანების ბოროტებისა, მან გამოგიგზავნა თავისი ერთადერთი ძე იესო ქრისტე და

ჯვარს აცვეს იგი ჩვენი ცოდვებიდან გამოსახსნელად.

ღვრის სისხლსა და წყალს თავისი გვერდიდან

როგორც უკვე ავღნიშნეთ, რომაელმა ჯარისკაცმა იესოს გვერდი განუგმირა შუბით ბოროტებისაგან, მიუხედავად იმისა რომ მან იცოდა, რომ იგი უკვე მკვდარი იყო. როდესაც ჯარისკაცმა განგმირა მისი გვერდი, სისხლი და წყალი გადმოიღვარა იესოს სხეულიდან. ამ ეპიზოდში არის სამი მნიშვნელობა.

პირველი, ეს გიჩვენებს, რომ იესო მოვიდა ხორცად როგორც კაცის ძე. იოანე 1:14 ამბობს *"სიტყვა ხორცად იქცა და დაემკვიდრა ჩვენს შორის, მადლითა და ჭეშმარიტებით სავსე, და ვიხილეთ დიდება მისი, დიდება მხოლოდშობილისა მამისა მიერ."* უფალი ამ ქვეყნად მოვიდა ხორცად და იგი იყო იესო.

ცოდვილები ვერ ხედავენ ღმერთს, რადგან ისინი კვდებიან მისი დანახვით. ასე რომ ღმერთს არ შეუძლია მათ წინაშე გამოჩენა და ამიტომ იესო ამ სამყაროში ხორცად მოვიდა და აჩვენა უამრავი მტკიცებულება, რათა წაგვძღოლოდა უფლის რწმენისაკენ.

ბიბლია გეუბნება, რომ იესო იყო ისეთივე ადამიანი, როგორიც შენ ხარ. მარკოზი 3:20-ში წერია *"მივიდა სახლში, და კვლავ შეგროვდა იმდენი ხალხი, რომ პურის ჭამა ვეღარ შეძლეს."* მათე 8:24 ვეუბნება *"და, აჰა, საშინლად აღელდა ზღვა, ისე რომ, ტალღებით*

იფარებოდა ნავი: მას კი ეძინა.”

ზოგმა შეიძლება იფიქროს, თუ როგორ შეიძლება ღმერთის ძეს შიოდეს ან ტკივილს განიცდიდეს. თუმცა, რადგან იესო იყო ხორცად მოვლენილი, რომელიც ძვლებისა და კუნთებისგან შედგებოდა, მას უნდა ეჭამა და დაეძინა. ისიც ისევე დაიტანჯა ტკივილისაგან როგორც ჩვენ ვიტანჯებით.

ის ფაქტი, რომ სისხლი და წყალი გადმოიღვარა მისი სხეულიდან, როდესაც შუბით განგმირეს, გაძლევს დამაჯერებელ მტკიცებულებას, რომ იგი მოვიდა ხორცად, მიუხედავად იმისა რომ უფლის ძე იყო.

მეორე, ეს კიდევ ერთი ნათელი დასტურია, რომ შენ მონაწილეობის მიღება შეგიძლია საღვთო ბუნებაში, მაშინაც კი თუ ხორცი გაქვს. უფალს სურს თავისი შვილები იყვნენ წმინდა და სრულყოფილები, როგორიც თვითონ არის. და იგი ამბობს *”წმიდანი იყავით, რადგანაც მე წმიდა ვარ”* (1 პეტრე 1:16) და *”მაშ, იყავით სრულქმნილნი, როგორც სრულქმნილია თქვენი ზეციერი მამა”* (მათე 5:48). იგი ასევე გამხნევებს და გეუბნება *”რომელთაგანაც გვებოძა დიადი და ფასდაუდებელი აღთქმანი, რათა ამ ქვეყნად გულისთქმის ხრწნილებისაგან განრიდებულნი საღმრთო ბუნების თანაზიარნი გახდეთ”* (2 პეტრე 1:4) და *”იგივე ზრახვები გქონდეთ, როგორც ქრისტე იესოს”* (ფილიპელთა 2:5).

იესო ამ ქვეყნად ხორცად მოვიდა და გახდა მსახური უფლის ნების თანახმად და შეასრულა თავისი

მთლიანი მოვალეობა. მან ასევე შეასრულა კანონი სიყვარულით და დაძლია ყოველგვარ გამოცდასა და უბედურებას და ცხოვრობდა უფლის სიტყვის თანახმად.

მიუხედავად იმისა, რომ იგი იყო ადამიანი როგორც შენ, მან სიამოვნებით მიიღო ყოველი ტკივილი, მიჰყვებოდა უფლის სიტყვას სიმტკიცით და თავშეკავებით და თავი გასწირა და ჯვარს ეცვა წინააღმდეგომის გაწევის და ჩივილის გარეშე.

მაშინ როგორ შეგვიძლია მივიღოთ მონაწილეობა ღვთიურ ბუნებაში იესო ქრისტეს გულით?

შენ ჯვარს უნდა აცვა შენი ცოდვილი ბუნება, რომელიც შედგება ძლიერი გრძნობებისა და სურვილებისგან, უნდა გქონდეს სულიერი სიყვარული და დარწმუნებით უნდა ილოცო ღვთისმეტყველი ბუნებით და უნდა გქონდეს იგივე დამოკიდებულება როგორც იესოს.

ერთის მხრივ ხორციელი სიყვარული არის ანგარებაა და ეს სიყვარული დროის განმავლობაში ხდება ცივი. ადამიანები ამ ტიპის სიყვარულით ერთმანეთს ღალატობენ და იტანჯებიან ტკივილით, როდესაც არ რიგდებიან.

მეორეს მხრივ, ღმერთს სურს რომ გქონდეს ისეთი სიყვარული, რომელიც არის მომთმენი, კეთილი და არა ეგოისტური. ამგვარად ეს არის სულიერი სიყვარული, რომელიც არასოდეს იცვლება და ყოველდღე იფურჩქნება. შენ შეგიძლია გქონდეს იესოს დამოკიდებულება თუ სულიერ სიყვარულს ფლობ და

თუ განდევნი ყოველივე ბოროტებას ლოცვებით.

მსგავსად ყველას შეუძლია მიიღოს უფლის წყალობა და ძალა, თუ ისინი მოძებნიან მის დახმარებას მარხვასა და ლოცვაში. ღმერთიც ასევე მუშაობს მისთვის, რათა ყველა სახის ბოროტება განდევნოს. შენ იბრწყინებ როგორც მზე ზეციურ სამეფოში, თუ გექნება სულიერი სიყვარული, აწარმოებ სული წმიდის ცხრა ნაყოფს (გალათელთა 5) და მიიღებ ნეტარებას (მათე 5).

მესამე, იესო გადმოღვრილი სისხლი და წყალი საკმარისად ძლიერია, რომ წარგიძღვეს ჭეშმარიტ და საუკუნო სიცოცხლისაკენ.

იესოს სისხლი და წყალი იყო შეუბღალავი, რადგან მას არ ჰქონია თავდაპირველი ცოდვა და არ ჩაუდენია სხვა ცოდვები. სულიერად, ეს იყო ის სისხლი და წყალი, რომელზსაც შეეძლოთ აღდგომა. რადგამ მან დაღვარა თავისი წმინდა სისხლი, შენ ცოდვებისგან განიწმინდე და შეგიძლია გქონდეს ჭეშმარიტი სიყვარული რომელიც გიძღვება გადარჩენის, აღდგომის და საუკუნო სიცოცხლისაკენ.

წყალი, რომელიც იესოს სხეულიდან გადმოედინა, სამარადისო წყლის სიმბოლოა, უფლის სიტყვა. შენ შეგიძლია აღივსო ჭეშმარიტებით და იყო უფლის ჭეშმარიტი შვილი, გაიგო მისი სიტყვა და განდევნო ცოდვები.

იესომ ყოველგვარი ნაკლის გარეშე, დათმო ყველაფერი სისხლის და წყლის ღვრამდე, რათა

შენთვის მოეცა ჭეშმარიტი სიცოცხლე, მიუხედავად იმისა რომ შენ ცხოველზე უკეთესი არაფრით ყოფილხარ.

მე იმედი მაქვს გაიგებ, რომ შენ გადარჩენილი ხარ ყველანაირი საფასურის გადახდის გარეშე და განდევნი შენს ცოდვებს რწმენაში ლოცვით, რათა გქონდეს ნაყოფიერი ცხოვრება იესო ქრისტეში.

თავი 7

ჯვარზე გაკრული იესოს ბოლო შვიდი სიტყვა

- მამაო, შეიწყალე ისინი
- დღესვე ჩემთან ერთად იქნები სამოთხეში
- მვირფასო დედაკაცო, აჰა შენი ძე; აჰა შენი დედა
- ელოი, ელოი, ლამა საბაჩთანი?
- მწყურია
- აღსრულდა
- მამაო, შენს ხელს ვაბარებ ჩემს სულს

ხოლო იესო ამბობა: "მამაო, მიუტევე მათ, რადგანაც არ იციან, რას სჩადიან. ... (სტროფი 34)

... და უთხრა იესოს: მომიხსენე მე, უფალო, როცა მიხვალ შენს სასუფეველში; ხოლო იესომ მიუგო მას: ჭეშმარიტად გეუბნები შენ: დღესვე ჩემთან ერთად იქნები სამოთხეში. იყო ასე ექვსი საათი და წყვდიადმა მოიცვა მთელი ქვეყანა მეცხრე საათამდე. დაბნელდა მზე და შუა ჩაიხა ტაძრის ფარდა. მაშინ ხმამაღლა შეღაღადა იესომ და თქვა: მამაო, შენს ხელს ვაბარებ ჩემს სულს; და ამ სიტყვებით განუტევა სული." (სტროფი 42-46)

ლუკა 23:34, 42-46

ხალხის უმრავლესობა იხსენებს თავიანთ ცხოვრებას როდესაც სიკვდილი უახლოვდებათ. ოჯახის წევრებსა და მეგობრებს ბოლო სიყვებს უტოვებენ.

ამავე გზით, იესო გახდა ხორცი, მოვიდა ამ ქვეყნად უფლის განგებით და გამოაცხადა შვიდი სიტყვა ჯვარზე ბოლო ამოსუნთქვისას. მათ ჰქვია "ჯვარზე გაკრული იესოს ბოლო შვიდი სიტყვა."

მოდით შევისწავლოთ იესოს ბოლო შვიდი სიტყვის სულიერი აზრი.

მამაო, შეიწყალე ისინი

ფილიპელთა ავტორი აღწერს იესოს შემდეგნაირად. იესო:

იგივე ზრახვები გქონდეთ, როგორც ქრისტე იესოს, რომელსაც, თუმცა ღვთის ხატი იყო, ნაძარცვად არ შეურაცხავს ღვთის სწორად ყოფნა. მაგრაიმ თავი დაიმცრო, მონის ხატი შეიმოსა და გარეგნობით კაცის მსგავსებად იქცა. თავი დაიმდაბლა და მორჩილი გახდა თვით

სიკვდილამდე, ჯვარცმით სიკვდილამდე (ფილიპელთა 2:5-8).

იესო ჯვარს აცვეს, რათა ეჩვენებინა თავისი სიყვარული და მორჩილება უფლისათვის და რომ მას შეეძლო გაეღო ხსნის გზა ცოდვილებისათვის. ჯვართან მდგომი ხალხი იესოს დასცინოდა *"სხვები იხსნა, და იხსნას ახლა თავისი თავი, თუკი ქრისტეა, ღმერთის რჩეული"* (ლუკა 23:35).

ჯარისკაცებიც დასცინოდნენ მას, მჟავე ღვინოს თავაზობდნენ და ამბობდნენ *"თუ შენახარ იუდეველთა მეფე, იხსენი შენი თავი!"* (სტროფი 37) ერთი ჯვარცმული ბოროტმოქმედი აგინებდა მას და ეუბნებოდა: *"თუ შენ ხარ ქრისტე, იხსენი შენი თავი და ჩვენც."* (სტროფი 39)

და როცა მიაღწიეს იმ ადგილს, რომელსაც ჰქვია თხემის ადგილი, ჯვარს აცვეს იქ ისიცა და ბოროტმოქმედნიც, ერთი მის მარჯვნივ და მეორე – მარცხნივ. ხოლო იესო ამბობა: მამაო, მიუტევე მათ, რადგანაც არ იციან, რას სჩადიან. და წილისყრით გაიყვეს მისი სამოსი (ლუკა 23:33-34).

იესო ლოცულობდა და სთხოვდა ღმერთს მიეტევებინა მათთვის "მამაო, მიუტევე მათ, რადგანაც არ იციან, რას სჩადიან." იესო შუამდგომლობდა ღმერთთან, რათა მიეცა წყალობა და პატიება მათთვის,

ვინც არ იცოდა, რომ იესო, ღმერთის ძე მათი ცოდვების პატიებისთვის ჯვარს ეცვა. შესაძლოა მათ ვერც კი გააცნობიერეს, რომ მათი ქმედებები ცოდვა იყო. ეს არის მისი პირველი სიტყვა ჯვრიდან.

იესომ სიყვარულით ილოცა იმ ხალხისათვის, რომლებმაც იგი ჯვარს აცვეს

იესომ, ღმერთის ძემ ილოცა მათთვის, ვინც იგი ჯვარზე აცვა მიუხედავად იმისა, რომ იგი უდანაშაულო და უნაკლო იყო. როგორი ღრმა და უზარმაზარია მისი სიყვარული! იესოს ადვილად შეეძლო ჯვრიდან ჩამოსვლა და თავიდან აეცილებინა ჯვარცმა, რადგან ის არის ყოვლისშემძლე ღმერთთან და უფლება მოსილია მისგან. თუმცა, იგი ჯვარს ეცვა რათა შეესრულებინა ხსნის გეგმა ღმერთის ნების მიხედვით. ამიტომ მას შეეძლო აეტანა ეს ყოველი ტანჯვა და სირცხვილი, ელოცა მათთვის სასოწარკვეთილი სიყვარულით და ეთხოვა მათი პატიება.

იესო დარწმუნებით ლოცულობა ”მამაო, მიუტევე მათ, რადგანაც არ იციან, რას სჩადიან.” აქ ”მათ” არ ეხება მხოლოდ მათ, რომლებმაც იგი ჯვარს აცვეს და დაცინეს, მაგრამ ასევე შეიცავს ყოველ ადამიანს, რომლებიც არ იღებენ იესო ქრისტეს და აგრძელებენ წყვდიადში ცხოვრებას. როგორც იმ ხალხმა, რომლებმაც უფლის ერთადერთი ძე იესო ჯვარს აცვეს, უამრავი ხალხი ჩადის ცოდვას, რადგან მათ არ იციან

იესო ქრისტე და ჭეშმარიტება.

ჩვენი მტერი სატანა ეკუთვნის წყვდიადს და სძულს სინათლე და ამიტომ მან ჯვარს აცვა იესო, ჭეშმარიტი სინათლე. დღეს ეშმაკი აკონტროლებს ხალხს, რომლებიც ეკუთვნიან წყვდიადს და იგი იწვევს მათ განდევნონ ის ხალხი, რომლებიც სინათლეში ცხოვრობენ.

როგორ შეგიძლია რეაგირება მოახდინო მდევარებზე, რომლებმაც არ იციან ჭეშმარიტება?

იესო გასწავლის ჯვრიდან თავისი პირველი სიტყვებით, თუ რა არის უფლის ნება და როგორი უნდა იყოს ქრისტიანის დამოკიდებულება. მათე 5:44-ში წერია *"ხოლო მე გეუბნებით თქვენ: გიყვარდეთ თქვენი მტერნი; დალოცეთ თქვენი მაწყევარნი."* ამიტომ ჩვენ უნდა შეგვეძლოს ლოცვა მათთვის, ვინს გვდევნის და უნდა ვთქვათ "მამაო, მიუტევე მათ, რადგან არ იციან, რას სჩადიან. აკურთხე ისინი, რადგან მათაც მიიღონ უფალი და შევხვდეთ კიდევ ერთხელ სამოთხეში."

დღესვე ჩემთან ერთად იქნები სამოთხეში

ორი ავაზაკი აცვეს ჯვარს იესოსთან ერთად გოლგოთაზე, "თხემის ადგილზე" (ლუკა 23:33).

ერთერთი ავაზაკი იესოს შეურაცხყოფას აყენებდა, მაგრამ მეორე ავაზაკმა უსაყვედურა მას, მოინანია და

მიიღო იესო თავის პირად მხსნელად. შემდეგ იესო დაპირდა მას, რომ იგი მასთან ერთად იქნებოდა სამოთხეში. ეს არის იესოს მეორე სიტყვა ჯვარზე.

ხოლო ერთი ჯვარცმული ბოროტმოქმედი აგინებდა მას და ამბობდა: თუ შენ ხარ ქრისტე, იხსენი შენი თავი და ჩვენც. მეორე კი რისხავდა და ეუბნებოდა: ღმერთის მაინც არ გეშინია, რადგანაც მისებრ დასჯილი ხარ? ჩვენზე ახია; რაც დავთესეთ, იმასვე ვიმკით; ხოლო მას არაფერი ცუდი არ ჩაუდენია. და უთხრა იესოს: მომიხსენე მე, უფალო, როცა მიხვალ შენს სასუფეველში; ხოლო იესომ მიუგო მას: ჭეშმარიტად გეუბნები შენ: დღესვე ჩემთან ერთად იქნები სამოთხეში (ლუკა 23:39-43).

იესომ გამოაცხადა, რომ იგი იყო მესია რომელსაც შეეძლო ცოდვილების პატიება, როდესაც ისინი მოინანიებდნენ და გადაარჩენდა მათ თავისი მეორე სიტყვით ჯვრიდან.

როდესაც კითხულობ ოთხ სახარებას, ორი ავაზაკის პასუხი დაწერილია განსხვავებული გზით. მათე 27:44-ში წერია *"მის გვერდით ჯვარცმული ავაზაკნი ასევე აგინებდნენ მას."* მარკოზი 15:32-ში კი წერია *"ქრისტე, მეფე ისრაელისა, დე, ჩამოვიდეს ახლა ჯვრიდან, რათა ვიხილოთ და ვიწამოთ. და მასთან ერთად ჯვარცმულნი აგინებდნენ მას."* ამ ორი სახარებიდან შენ კითხულობ, რომ ორივე ავაზაკი შეურაცხყოფას

აყენებს იესოს.

თუმცა ლუკა 23-ში შენ კითხულობ, რომ ერთერთი ავაზაკი საყვედურობდა მეორეს და მოინანია თავისი ცოდვები, იესო მიიღო და გადარჩა. ეს იმიტომ არ ყოფილა ასე, რომ სახარებები არ შეესაბამება ერთმანეთს. მის განგებაში ღმერთმა დააწერინა ავტორს სხვადასხვა გზით. ბიბლიაში ღმერთის განგება და ისტორიული მომენტები შემოკლებულია. თუ ყველაფერი დეტალებში დაიწერებოდა ათასი ბიბლია არ იქნებოდა საკმარისი.

დღეს, თუ რამეს გადაიღებ ვიდეო კამერით მოგვიანებით შეგიძლია უყურო, მაგრამ იესოს დროს ასეთი ხელსაწყოები არ არსებობდა, ამიტომ მათ ერთი ფოტოსურათის გადაღებაც კი ვერ შეძლეს მიუხედავად იმისა, რომ ესენი იყო ძალიან მნიშვნელოვანი შემთხვევები. მათ მხოლოდ ამ შემთხვევების დაწერა შეეძლოთ. უმნიშვნელო განსხვავებებით შენ შეგიძლია გამოცადო და დაიბრუნო განსაკუთრებული სიტუაცია უფრო რეალურად.

იესოს ჯვარცმის უკეთესად გაგება

როდესაც იესომ გამოაცხადა სახარება, მრავალრიცხოვანი ბრბო გამოჰყვა მას. ზოგს უნდოდა მისი მოწოდების მოსმენა, ზოგს სასწაულების და ნიშნების ნახვა სამოთხიდან, ზოგს საჭმელი და ზოგმა თავისი სიმდიდრე გაჰყიდა რათა იესოს

მომსახურებოდნენ და გაჰყოლოდნენ.

ლუკა 9-ში იესო მადლობას იხდის ოთხი პურის და ორი თევზისათვის. ვინც ეს ჭამა იყო დაახლოებით ხუთი ათასი ადამიანი (ლუკა 9:12-17). წარმოიდგინე რამდენი ადამიანი შეიკრიბა ჯვარცმის ადგილას მათი ჩათვლით ვისაც უყვარდა და სძულდა იესო. ბრბო გარს შემოერტყა ჯვარს და ამიტომ ჯარისკაცებმა დაბლოკეს ისინი შუბით და ფარებით. წარმოიდგინე ხალხი უყვირის იესოს ჯვარს გარშემორტყმულები. ბრბო შეურაცხყოფას აყენებდა მას. ერთერთი ავაზაკიც კი აგინებდა მას, რომელიც მასთან ერთად ეკიდა ჯვარზე.

როგორ შეეძლო ვინმეს გაეგო რა თქვა პირველმა ავაზაკმა? მოსალოდნელზე მეტად ხმაური იყო იქ და ამიტომ მხოლოდ იესოსთან ახლოს მდგომთ ესმოდათ მისი სიტყვები. მეორე ავაზაკმა სთქვა რაღაც იესოს მიმართულებიდ ცუდი გამომეტყველებით. სინამდვილეში ეს ავაზაკი საყვედურობდა მეორეს, რომელიც იესოს შეურაცხყოფას აყენებდა. თუმცა ისინი, რომლებიც მეორე მხარეს შორს იდგნენ ადვილად შეეძლოთ ეფიქრათ, რომ ეს სინანულით სავსე ავაზაკი იესოს აყენებდა შეურაცხყოფას.

ერთის მხრივ ასეთ ხმაურიან ვითარებაში მათეს და მარკოზის სახარების ავტორები, რომლებსაც კარგად არ ესმოდათ სინანულით სავსე ავაზაკის ხმა, იფიქრეს რომ ისიც იესოს აყენებდა შეურაცხყოფას. ამიტომ მათ დაწერეს, რომ ორივე ავაზაკი აყენებდა იესოს შეურაცხყოფას.

მეორეს მხრივ ლუკას სახარების ავტორმა გარკვევით გაიგო, ამიტომ მან იცოდა რომ ერთერთ ავაზაკს არ მიუყენებია შეურაცხყოფა იესოსთვის, იგი ცოდვებს ინანიებდა. სხვადასხვა მწერლები იყვნენ სხვადასხვა ადგილას და ამიტომ დაწერეს განსხვავებულად.

ღმერთმა, რომელმაც ყველაფერი იცის მისცა მათ უფლება დაეწერათ განსხვავებლად, რომ მოგვიანებით თაობებს გარკვევით გაერჩიათ დეტალური სიტუაციები.

ღვთაებრივი ადგილი მონანიებული ავაზაკისთვის

იესო დაპირდა ავაზაკს, რომელმაც ჯვარზე მოინანია სიკვდილის წინ "დღესვე ჩემთან ერთად იქნები სამოთხეში." ამ ფრაზას სულიერი აზრი გააჩნია.

სამოთხე, უფლის სამეოფო იმდენად დიდია, რომ შენს ფანტაზიასაც კი აღემატება. იესომ გვითხრა იოანე 14:2-ში *"მამაჩემის სახლში ბევრი სავანეა. ასე რომ არა, განა გეტყოდით, მივდივარ, რათა ადგილი გაგიმზადოთ-მეთქი?"* მეფსალმუნე მოგვიწოდებს, რომ *"ადიდეთ იგი, ცანო ცათანო, და წყლებო, რომელნიც ცათა მაღლა ხართ."* (ფსალმუნნი 148:4). ნეემია 9:6 ადიდებს ღმერთს, რომელმაც შექმნა ზეცები, ყველაზე მაღალი ზეცებიც კი. 2 კორინთელთა 12:2-ში წერია *"ვიცი ერთი კაცი ქრისტეში, რომელიც ამ თოთხმეტი წლის წინათ (არ ვიცი, სხეულით თუ უსხეულოთ;*

ღმერთმა იცის) ატაცებულ იქნა მესამე ცამდე." აპოკალიფსი 21:2-ში წერია, რომ ახალ იერუსალიმში მკვიდრობს უფლის სამეფო ტახტი.

მსგავსად სამოთხეში უამრავი საცხოვრებელი ადგილებია. თუმცა შენ არ გაქვს უფლება ამოირჩიო სად იცხოვრებ. სამართლიანობის ღმერთი აჯილდოებს ყოველივე თქვენთაგანს იმის მიხედვით, თუ რა გაქვს გაკეთებული ამ სამყაროში: როგორ ზაძავ შენს უფალს და ღმერთის სამეფოს სამუშაოებს და როგორ მოიპოვებ სამოთხეში ადგილს და ა.შ. (მათე 11:12; აპოკალიფსი 22:12).

იოანე 3:6 კითხულობს *"ხორცის მიერ შობილი ხორცია და სულის მიერ შობილი - სული."*

რა თქმა უნდა ყოველი ადგილი სამოთხეში ლამაზია, რადგან იქ უფალი მეფობს. თუმცა არსებობს განსხვავებები სამოთხეშიც კი. მაგალითად, დიდად განსხვავდება ქალაქის ცხოვრების სტილი, საყვარელი საქმიანობები და ცხოვრების დონე ქალაქგარე სოფლისგან. ამავე წესით წმინდა ქალაქი, ახალი იერუსალიმი არის ყველაზე დიდებული ადგილი სამოთხეში, სადაც უფლის სამეფო ტახტი მკვიდრობს და სადაც შვილები, რომლებიც დაემსგავსებიან მას უმეტესობა იქ იცხოვრებს.

თუმცა, სამოთხე არის ის ადგილი, სადაც მომნანიებელი ავაზაკი ცხოვრობს და ეს ადგილი მდებარეობს ზეცის განაპირას. სხვა ბევრიც, რომლებიც სამარცხვინო ხსნას მიიღებენ იქ იცხოვრებენ. ამ ხალხმა მიიღო იესო ქრისტე, მაგრამ ნაბიჯი არ

გადაუდგამთ რომ სულიერად შეცვლილიყვნენ.

რატომ შევიდა სამოთხეში მომნანიებელი ავაზაკი?

მან აღიარა, რომ ცოდვილი იყო თავის კეთილ გულში და მიიღო იესო თავის მხსნელად. თუმცა მას არ განუდევნია თავისი ცოდვები, არ უცხოვრია უფლის სიტყვის თანახმად და არ უქადაგებია სახარება სხვებისთვის. მას არ უმუშავია უფლისთვის. მას არ გაუკეთებია არაფერი, რომ ზეციური ჯილდო მიეღო. ამიტომაც იგი შევიდა სამოთხეში, ყველაზე თავმდაბალ ადგილას ზეცაში.

იესოს აშვება ზედა საფლავში

მიუხედავად იმისა, რომ იესო დაპირდა ავაზაკს "დღესვე ჩემთან ერთად იქნები სამოთხეში," ეს იმას არ ნიშნავს, რომ იგი მხოლოდ სამოთხეში ცხოვრობს ზეცაში. იესო, მეფეთა მეფე და უფალთა უფალი მართავს და ცხოვრობს ღმერთის შვილებთან ყველა ზეცაში, სამოთხისა და ახალი იერუსალიმის ჩათვლით. ამ თვალსაზრისით იგი ცხოვრობს სამოთხეში ისევე, როგორც ზეცის სხვადასხვა ადგილებში.

როდესაც იესომ უთხრა გადარჩენილ ავაზაკს "დღესვე ჩემთან ერთად იქნები სამოთხეში," "დღესვე" უბრალოდ გარკვეულ დღეს არ ნიშნავს. იესომ ახსენა, რომ იგი იქნებოდა მომნანიებელ ავაზაკთან ერთად, მიუხედავად საიდან იყო ეს ავაზაკი იმ წუთას იგი გახდა ღმერთის შვილი.

როდესაც ბიბლიას ეხები, იესო არ წასულა სამოთხეში თავისი სიკვდილის შემდეგ. მათე 12:40-ში იესო ეუბნება ფარისევლებს, რომ "*ვინაიდან როგორც იონამ დაყო ვეშაპის მუცელში სამი დღე და სამი ღამე, ასევე დაყოფს ძეც კაცისა ქვეყნის გულში სამ დღეს და სამ ღამეს.*" ეფესელთა 4:9 კითხულობს "*მაგრამ რას ნიშნავს "ავიდა," თუ არა იმას, რომ უფრო უმალ ქვესკნელში უნდა ჩასულიყო?*"

გარდა ამისა 1 პეტრე 3:18-19 ამბობს "*რადგან ერთხელ ქრისტეც ჩვენი ცოდვებისთვის ევნო, მართალი – არამართალთათვის, რათა მივეყვანეთ ღმერთთან; მოკვდა ხორცით და გაცოცხლდა სულით, რომლითაც მივიდა საპყრობილეში მყოფ სულებთან და უქადაგა მათაც.*" იესო წავიდა ზედა საფლავში და იქადაგა სახარება სულებისათვის, სანამ მესამე დღეს აღსდგა. რატომ იყო ეს აუცილებელი?

სანამ იესო ამ ქვეყანაზე მოვიდა, უამრავ ხალხს ძველი აღთქმის დროს და ახალი აღთქმის დროსაც არ ჰქონდათ შანსი მოესმინათ სახარება, მაგრამ ისინი ცხოვრობდნენ გულკეთილად და იღებდნენ უფალს. ეს იმას ნიშნავს, რომ ყოველი მათგანი ჯოჯოხეთში წავიდა, რადგან არ იცოდნენ ვინ იყო იესო?

ღმერთმა გამოგზავნა თავისი ერთადერთი ძე ამ სამყაროში და ვინც მას მიიღებს გადარჩება. ღმერთი არ დაიწყებდა ადამიანების განვითარებას მხოლოდ მათ გადასარჩენად, რომლებმაც ჯვარცმის შემდეგ მიიღეს იესო ქრისტე. მათ ვისაც არ ჰქონია შანსი მოესმინა სახარება, მაგრამ კეთილი ნამუსით ცხოვრობდნენ,

განისჯებიან თავიანთი ნამუსის შესაბამისად.

ერთის მხრივ კეთილი გულის პატრონი ადამიანები შეიკრიბებიან ასე ”ზედა საფლავში.” მეორეს მხრივ ”უფრო დაბალი საფლავი,” რომელიც ასევე მიმართავს ”ჰადესს” არის ის, სადაც ბოროტი სულები ცხოვრობენ განაჩენის დღემდე. მისი ჯვარცმის შემდეგ, იესო ავიდა ზედა საფლავში და სახარება იქადაგა იმ სულებისათვის, რომლებმაც არ იცოდნენ სახარება, მაგრამ ცხოვრობდნენ კეთილი ნამუსიანი ცხოვრებით და გადარჩენა დაიმსახურეს.

ზეცაში იესო ქრისტეს გარდა სხვა სახელი არ არსებობს, რომლითაც ადამიანები უნდა იხსნან. ამიტომ იესო ავიდა და იქადაგა თავისი თავის შესახებ სულებისათვის, რათა მიეღოთ მათ იესო ქრისტე და გადარჩენილიყვნენ.

ბიბლია ამბობს, რომ ის სულები, რომლებიც იესოს ჯვარცმამდე იხსნენ გადასულები არიან აბრაამის მხარეს (ლუკა 16:22), მაგრამ იესოს აღდგომის შემდეგ მის მხარეს.

ხსნა სინდისის განაჩენის თანახმად

სანამ იესო მოვიდოდა ამ ქვეყანაზე სახარების გასავრცელებლად, კეთილი ხალხი ცხოვრობდა თავიანთი გულის სამართლიანობით. ეს არის სინდისის კანონი კეთილი ადამიანები არ ჩადიოდნენ ბოროტებას მაშინაც კი, როდესაც უბედურება და სირთულეები ეწვეოდათ, მაგრამ ისინი უსმენდნენ

თავიანთი გულების ხმას.

რომაელთა 1:20-ში წერია *"და მართლაც, მისი უხილავი სრულყოფილება, წარუვალი ძალა და ღვთაებრიობა, ქვეყნიერების დასაბამიდან მისსავ ქმნილებებში ცნაურდება და ხილული ხდება: ასე რომ, არა აქვთ პატიება."*

სამყაროს დანახვით და დედამიწის ჰარმონიით, ადამიანებს კეთილი გულებით სჯეროდათ, რომ საუკუნო სიცოცხლე არსებობდა. ამიტომ არ ცხოვრობენ ისინი თავიანთი ცოდვებიანი ბუნების თანახმად და ისინი აკონტროლებენ თავიანთ თავებს, რომ არ ისიამოვნონ ამქვეყნიური სიტკბოებებით უფლის შიშით.

რომაელთა 2:14-15-ში წერია *"ვინაიდან როცა რჯულის არმქონე წარმართნი ბუნებრივად ასრულებენ რჯულს, მაშინ რჯულის არმქონენი თვითონვე არიან თავიანთი თავის რჯული. ისინი გვიჩვენებენ, რომ რჯულის საქმე გულის ფიცარზე უწერიათ, რასაც მოწმობენ მათი სინდისი და მათი აზრები, რომლებითაც ხან ბრალს სდებენ, ხან კი ამართლებენ ერთმანეთს."*

უფალმა მისცა კანონი მხოლოდ ისრაელიანებს, მაგრამ არა წარმართებს. თუმცა წარმართები მაშინ ცხოვრობენ კანონით, როდესაც ისინი ცხოვრობენ თავიანთი გულების კანონის მიხედვით და ნამუსით, რომელიც მათ თვითონ მოიხვეჭეს. შენ ვერ იტყვი, რომ ისინი ვისაც იესო ქრისტესი არ სჯეროდათ ვერ გადარჩებიან, რადგან მათ არასოდეს სმენიათ

სახარების შესახებ.

მათ შორის, რომლებიც იესო ქრისტეს ცოდნის გარეშე მოკვდნენ, იყვნენ ისეთი ადამიანები, რომლებსაც შეეძლოთ თავიანთი თავების გაკონტროლება ბოროტი ფიქრების წინააღმდეგ მათი წმინდა გულების გამო. ეს ადამიანები გადარჩებიან უფლის განაჩენის თანახმად მათი ნამუსის გამო.

მვირფასო დედაკაცო, აჰა შენი ძე; აჰა შენი დედა

იოანე მოციქულმა დაწერა ის რაც დაინახა და გაიგო ჯვრიდან, რომელზეც იესო იყო გაკრული. იქ იყო უამრავი ქალბატონი და მათ შორის იყვნენ მარიამი, იესოს დედა; სალომე, მისი დედის და; კლეოპასის მეუღლე მარიამი და მარიამ მაგდალელი. იოანე 19:26-27-ში იესო ეუბნება დამწუხრებულ მარიამს, თავის დედას, რომ იოანე შვილად მიიღოს და იოანეს კი ეუბნება რომ მარიამი თავის დედად მიიღოს:

> *ხოლო იესომ, როცა დაინახა დედა და იქვე მდგომი მოწაფე, რომელიც უყვარდა, უთხრა დედას: დედაო, აჰა, შენი ძე! მერე კი მოწაფეს უთხრა: აჰა, დედაშენი; და ამ საათიდან მოწაფემ თავისას წაიყვანა იგი.*

რატომ ეძახდა იესო მარიამს "დედაკაცს" და არა "დედას?"

სიტყვა "დედა" არ მოიხსენიება იესოსგან, მაგრამ იოანე მოციქულის მიერ არის დაწერილი პერსპექტივიდან. მაშინ რატომ დაუძახა იესომ თავის საკუთარ დედას, რომელმაც დაბადა იგი "დედაკაცი?"

როდესაც ბიბლიას ეხები, იესოს არ დაუძახია მისთვის "დედა."

მაგალითად იოანე 2:1-11-ში იესომ შეასრულა წყლის ღვინოდ გადაქცევის პირველი სასწაული მას შემდეგ, რაც თავისი სამღვდელოება დაიწყო. ეს სასწაული მოხდა ქორწილში გალილეიში. იესო და თავისი მოწაფეებიც დაპატიჟებულები იყვნენ ქორწილში. როდესაც ღვინო გათავდა მარიამმა უთხრა მას "მათ ღვინო აღარ აქვთ," რადგან მარიამმა იცოდა, რომ როგორც უფლის ძეს, იესოს შეეძლო წყლის ღვინოდ გადაქცევა. შემდეგ იესომ უთხრა მას *"მერედა, რა ჩემი და შენი საქმეა, დედაო? ჯერ კიდევ არ დამდგარა ჩემი საათი"* (სტროფი 4).

იესომ უპასუხა, რომ დრო მისთვის, რომ ენახებინა თავისი თავი მესიად ჯერ არ იყო მოსული მიუხედავად იმისა, რომ მარიამს სტუმრები ეცოდებოდა, რადგან ღვინო გათავებულიყო. წყლის ღვინოთ გადაქცევა სულიერად ნიშნავს იმას, რომ იესო დაღვრიდა სისხლს ჯვარზე.

იესომ გამოაცხადა თავის თავზე, რომ იგი ამქვეყნად მოვიდა მხსნელად, როდესაც მან დაასრულა

ადამიანების გადარჩენის ღვთაებრივი გეგმა ჯვარზე. ამიტომ იგი ემახდა მარიამს "დედაკაცს" და არა "დედას."

გარდა ამისა, ჩვენი მხსნელი იესო არის ღმერთი და შემოქმედი. შემოქმედი ღმერთი არის ის, რომელიც არის (გამოსვლა 3:14) და იგი არის პირველი და ბოლო (აპოკალიფსი 1:17; 2:8). აქედან გამომდინარე იესოს არ ჰყავს დედა და ამიტომ ემახდა იესო მას "დედაკაცს" და არა "დედას."

დღეს, უფლის შვილები მიიჩნევენ მარიამს როგორც იესოს "წმინდა დედას" ან მის ქანდაკებებს აკეთებენ და თაყვანს სცემენ. შენ უნდა გაიგო ის, რომ ეს არის არასწორი, რადგან იგი არ არის ჩვენი მხსნელის დედა (გამოსვლა 20:4).

ციური მოქალაქეობა

იესო ამშვიდებდა მარიამს, რომელიც იყო დიდ მწუხარებაში მისი ჯვარცმით და უთხრა თავის საყვარელ მოწაფეს იოანეს, რომ მარიამისთვის როგორც დედასავით ისე მიეხედა. მიუხედავად იმისა, რომ იესო დაიტანჯა საზარელი ტკივილებით ჯვარზე, მას მაინც ღრმად ანაღვლებდა, თუ რა მოუვიდოდა მარიამს მისი გარდაცვალების შემდეგ. შენ მისი სიყვარული აქ შეგიძლია გამოცადო.

იესოს ჯვარზე მესამე სიტყვის მეშვეობით ჩვენ გავაცნობიეროთ, რომ რწმენაში ჩვენ ყველანი ვართ დები და ძმები - უფლის ოჯახი. მათე 12-ში არის სცენა,

სადაც იესოს ოჯახი მოდის მის სანახავად. როდესაც იესოს უთხრეს, რომ მისი დედა და ძმები გარეთ იდგნენ, მან ბრბოს უთხრა:

ხოლო იესომ პასუხად თქვა: ვინ არის დედაჩემი? ან ვინ არიან ჩემი ძმები? გაიშვირა ხელი თავისი მოწაფეებისაკენ და თქვა: აჰა, დედაჩემი და ჩემი ძმები. რადგან ვინც აღასრულებს ჩემი ზეციერი მამის ნებას, იგია ძმაც, დაც და დედაც ჩემი (მათე 12:48-50).

როგორც შენი რწმენა იზრდება იესო ქრისტეს მიღების შემდეგ, შენი სამოთხეში მოქალაქეობის გრძნობა ხდება ნათელი და გიყვარს ძმები და დები უფრო მეტად, ვიდრე ბიოლოგიური ოჯახის წევრები. თუ შენი ოჯახის წევრები არ არის უფლის შვილები, შენი ოჯახი სამუდამოდ ვერ დარჩება "ოჯახად." შენი ოჯახის ურთიერთობები მთავრდება სიკვდილთან ერთად. თუ მათ არ სჯერათ იესო ქრისტესი ან არ ცხოვრობენ უფლის ნების თანახმად, მაშინაც კი თუ აცხადებენ რომ უფლის სჯერათ, ისინი წავლენ ჯოჯოხეთში, რადგან ცოდვის ბოლო სიკვდილია (მათე 7:21).

შენი ხილული ხორცი უკან უბრუნდება მტვერს, მაგრამ შენ გაქვს უკვდავი სული. თუ ღმერთი წაიღებს შენს სულს, შენ უბრალოდ გვამი იქნები, რომელიც მალე გაიხრწნება. შემოქმედმა ღმერთმა ჩამოაყალიბა პირველი ადამიანი მტვრისაგან და ჩაჰბერა

სიცოცხლის სული მის ნესტოებს და მისი სული გახდა უკვდავი. ღმერთი არის ის, რომელიც შენს უკვდავ სულს ბადებს და ქმნის ხორცს, რომელიც უკან დაუბრუნდება მტვერს. ამიტომ იგი არის შენი ჭეშმარიტი ღმერთი.

მათე 23:9 გვეუბნება *"ნურც თქვენს მამას უწოდებთ ვინმეს ამ ქვეყნად, ვინაიდან ერთია მამა თქვენი ზეციერი."* ეს არ ნიშნავს იმას, რომ არ უნდა გიყვარდეს შენი ოჯახის წევრები, რომლებსაც ღმერთის არ სჯერათ. მნიშვნელოვანია, რომ ისინი გულწრფელად გიყვარდეს, სახარება უქადაგო მათ და წარუძღვე იესო ქრისტეს მიღებისაკენ.

ელოი, ელოი, ლამა საბაჩთანი?

იესო ჯვარს აცვეს სამ საათზე და ექვსი საათის შემდეგ წყვდიადმა დაისადგურა მთელს დედამიწაზე, სანამ ცხრა საათი არ გახდა, როდესაც მან ბოლოჯერ ამოისუნთქა. ეს რომ გადავიყვანოთ თანამედროვე დროის კონცეფციაში, იგი ჯვარს აცვეს დილის ცხრა საათზე და სამი საათის შემდეგ, შუადღეს წყვდიადმა დაისადგურა მთელს დედამიწაზე შუადღის სამ საათამდე.

ხოლო მეექვსე საათს ხმამაღლა შეღაღადა იესომ: ელოი, ელოი, ლამა საბაქთანი? რაც თარგმანით ნიშნავს: ღმერთო ჩემო, ღმერთო

ჩემო, რატომ მიმატოვე მე? (მარკოზი 15:33-34)

ექვსი საათის შემდეგ ცხრა საათზე იესომ უფალს შეჰღაღადა "ელოი, ელოი, ლამა საბაჩთანი?" ეს არის იესოს მეოთხე სიტყვა ჯვარზე.

იესოს ღონე ჰქონდა გამოცლილი, რადგან იგი ჯვარზე ეკიდა ექვსი საათის განმავლობაში სისხლითა და წყლის ღვრით უდაბნოს ცხელი მზის გამო. მას ძალღონე ბოლომდე ჰქონდა გამოცლილი. მაშინ რატომ შეჰღაღადა მან?

იესოს ჯვარზე შვიდივე სიტყვას აქვს თავისი სულიერი დანიშნულება. ისინი თუ მკაფიო არ იქნებოდა, მაშინ უსარგებლო იქნებოდა. შვიდი სიტყვა განზრახული იყო რომ ბიბლიაში გარკვევით ჩაწერილიყო, რათა ყველას შეეძლოს უფლის ნების გაგება.

ამიტომ, მან მთელი ძალით შეჰღაღადა შვიდი სიტყვა ჯვრიდან, რათა გარშემომყოფებს გარკვევით გაეგოთ და დაეწერათ.

ზოგი ამბობს რომ იესომ დაიყვირა უფალთან გულისწყრომის გამო, რადგან იგი მოვიდა ამქვეყნად ხორცად და ასეთ ტკივილს გაუძლო უსარგებლოდ. თუმცა ეს არ არის სიმართლე.

რატომ შეჰღაღადა იესომ "ელოი, ელოი, ლამა საბაჩთანი?"

მისი დედამიწაზე მოსვლის მიზეზი იყო ის, რომ მას

უნდა გაენადგურებინა ეშმაკის სამუშაო და გაეღო ხსნის კარები ჩვენთვის.

ამგვარად, იესო დაემორჩილა უფლის ნებას სიკვდილის ბოლომდე და მთლიანად გასწირა თავისი თავი. მის ჯვარცმამდე მან ილოცა დარწმუნებით და მისი ოფლი სისხლის წვეთებივით იღვრებოდა მიწაზე (ლუკა 22:42-44). მან იცოდა ის ტანკვა, რომლის გამლებაც ჯვარზე მოუწევდა და ატარა თავისი ტვირთი.

მან გაუძლო ცუდ მოპყრობას და ჯვარზე ტანჯვას, რადგან მან იცოდა უფლის გეგმა ადამიანებისათვის. მაშინ როგორ შეეძლო მას გაბრაზებულიყო სიკვდილის წინაშე? მისი ტირილი არ ყოფილა მწუხარების ამოსუნთქვა ან საყვედური უფლის მიმართ. იესოს ამის მიზეზები ჰქონდა.

პირველი, იესოს უნდოდა გამოეცხადებინა მსოფლიოსთვის, რომ იგი ჯვარს ეცვა ყოველი ცოდვილის ცოდვებიდან გამოსახსნელად.

მას უნდოდა ყველას გაეგო, რომ მან დატოვა თავისი დიდება ზეცაში და უგულვებელყოფილი იყო უფლისგან მიუხედავად იმისა, რომ იგი მისი ერთადერთი ძე იყო. მან დაიყვირა, რომ ყველას გაეგო, რომ იგი იმიტომ იტანჯებოდა საზარელი ტკივილისაგან ჯვარზე, რომ გადაერჩინა და გამოეხსნა ცოდვილები ცოდვისგან. ბიბლია აჩვენებს რომ იგი ღმერთს ემახდა "ჩემო მამაოს," მაგრამ ჯვარზე მან მას

დაუძახა "ჩემო ღმერთო," ეს იმიტომ, რომ იესომ აიღო ჯვარი ცოდვილების გულისთვის და ცოდვილებს არ შეუძლიათ დაუძახონ ღმერთს "მამა."

იმ მომენტში ღმერთმა დაამცირა იესო როგორც ცოდვილი, რომელიც ატარებდა ყოველი ადამიანის ცოდვებს და იესომ ვერ გაბედა დაეძახა ღმერთისთვის "მამა." ამავე გზით შენ ეძახი ღმერთს "აბბა მამაო," როდესაც გაქვს ორმხრივი სიყვარული, მაგრამ ეძახი "ღმერთს" "მამის" მაგივრად მაშინ, როდესაც მისგან შორს ხარ რადგან ცოდვა ჩაიდინე ან გაქვს სუსტი რწმენა.

ღმერთს სურს ყოველი ადამიანი გახდეს მისი ჭეშმარიტი შვილი, რომელსაც შეუძლია დაუძახოს მას "მამა" იესო ქრისტეს მიღებით და სინათლეში სიარულით.

მეორე, იესოს უნდოდა იმ ხალხის გაფრთხილება, რომლებმაც არ იცოდნენ უფლის ნება და ისევ წყვდიადში ცხოვრობდნენ.

ღმერთმა გამოაგზავნა თავისი ერთადერთი ძე იესო ქრისტე დედამიწაზე და დააცინინა ის და ჯვარზე გააკვრევინა თავისივე შექმნილ არსებებს. იესომ იცოდა თუ რატომ უგულვებელყო ღმერთმა თავისი ძე, მაგრამ ბრბომ, რომელმაც იგი ჯვარს აცვა არ იცოდა უფლის ნება. მან დაიყვირა "ღმერთო ჩემო, ღმერთო ჩემო, რატომ მიმატოვე მე?" რათა გაეგებინებინა უცოდინარებისთვის ღმერთის სიყვარული და

წუხილი, რათა შემოებრუნებინათ ზურგები ხსნის გზისაკენ.

მწყურია

ძველ აღთქმაში არის დიდი რაოდენობის წინასწარმეტყველებები იესოს ჯვარზე ტანჯვის შესახებ. ფსალმუნნი 69:21-ში წერია *"და აურიეს ჩემს საჭმელში ძირმწარე და წყურვილის დროს მასვეს ძმარი."* როგორც ფსალმუნნში არის ნაწინასწარმეტყველები, როდესაც იესომ სთქვა "მწყურია" ხალხმა ღვინის ძმარში დაასველა ღრუბელი, მცენარის ღეროზე დადეს და აწიეს იესოს ტუჩებამდე.

> *შემდგომ ამისა, რაკიღა მიხვდა, რომ უკვე დასრულდა ყველაფერი, რათა აღსრულდეს წერილი, იესომ თქვა: მწყურია. იქვე იდგა ძმრით სავსე ჭურჭელი; ძმრით გაჟღენთილი ღრუბელი უსუპს წამოაცვეს და პირთან მიუტანეს (იოანე 19:28-29).*

იესოს დაბადებამდე დიდი ხნით ადრე ბეთლემის ქალაქში მეფსალმუნეს ჰქონდა ხედვა, სადაც დაინახა რომ იესოს ჯვარს აცვამდნენ და ჯვარზე მოკვდებოდა და დაწერა ამის შესახებ. იესომ სთქვა "მწყურია," რათა ეს ნაწერი ასრულებულიყო.

მოდით ვიფიქროთ იესოს ჯვარზე მეხუთე სიტყვის სულიერ მნიშვნელობაზე, "მწყურია."

იესო აცხადებს თავის სულიერ წყურვილს

უამრავ ადამიანს შეუძლია გაუძლოს შიმშილს, მაგრამ არა წყურვილს. იესოს ღონე ჰქონდა გამოცლილი, რადგან იგი ჯვარზე ეკიდა ექვსი საათის განმავლობაში სისხლითა და წყლის ღვრით უდაბნოს ცხელი მზის გამო. მისი წყურვილის შეგრძნება წარმოსახვასაც კი აღემატებოდა.

ეს იმას არ ნიშნავს, რომ იგი ვერ უძლებდა წყურვილს როდესაც სთქვა "მწყურია." მან იცოდა რომ მალე ღმერთთან დაბრუნდებოდა სიმშვიდეში.

სინამდვილეში იგი უფრო დიდ ტკივილს განიცდიდა სულიერი წყურვილისგან ვიდრე ფიზიკური წყურვილისგან. ეს არის იესოს ძლიერი სურვილი ღმერთის შვილებისათვის: "მე მწყურია, რადგან სისხლი დავღვარე. შემიმსუბუქე წყურვილი ჩემი სისხლის ლოცვით."

2000 წელი გავიდა მას შემდეგ რაც იესო ჯვარზე მოკვდა, მაგრამ იგი ისევ გვეუბნება რომ წყურია. მისი წყურვილი იყო სისხლის დაღვრისგან. მან დაღვარა სისხლი, რათა მოენანიებინა შენთვის]ს ცოდვები და მოეცა საუკუნო სიცოცხლე.

იესო გებუნება რომ წყურია, რადგან აჩვენოს თავისი მზადყოფნა დაკარგული სულების გადასარჩენათ. ამიტომ ღმერთის შვილები, რომლებიც გადარჩნენ

იესოს სისხლით, მათ მისი სისხლი უნდა აანაზღაურონ.

გზა თუ როგორ გადაიხადო მისი სისხლისთვის და წყურვილი მოუკლა მას არის ის, რომ წარუძღვე ხალხს ჯოჯოხეთის გზიდან ზეცისაკენ.

ამიტომ შენ უნდა იყო იესოს მადლიერი, რომელმაც დაღვარა სისხლი და ახლა მოუკლა მას წყურვილი ხალხის ხსნისკენ წაძღოლით.

აღსრულდა

იოანე 19:30-ში იესომ მიიღო სასმელი და სთქვა "აღსრულდა" და ჩაღუნა თავში და განუტევა სული. იესო დათანხმდა მცენარის ღეროზე ჩამოდებულ ღრუბელს. ეს იმიტომ არ იყო, რომ აღარ შეეძლო წყურვილის გაძლება. არსებობს სულიერი აზრი მის ამ საქციელში.

მიზეზი თუ რატომ მოვიდა იესო ამქვეყნად ხორცად არის ის, რომ ჯვარს ეცვათ კაცობრიობის ცოდვისათვის. იესომ თავისი ძლიერი სიყვარულით ჩვენდამი, შეასრულა ძველი აღთქმის კანონი და დაძლია ყოველი ადამიანის ცოდვები და წყევლები მათი სახელით. ძველი აღთქმის დროს, ხალხი წირავდა ღმერთს ცხოველების სისხლს, როდესაც ცოდვას ჩაიდენდნენ. თუმცა იესომ გაიღო ერთი შესაწირი ყოველი ცოდვისათვის თავისი სისხლის ღვრით (ებრაელთა 10:11-12). ამგვარად, შენი ცოდვები

მიტევებულია, რომ იესო ქრისტეს მიიღებ, რადგან მას უკვე გამოსყიდული ჰყავხარ. გამოსასყიდი წყალობა იესო ქრისტეს მეშვეობით მიმართავს ახალ ღვინოს და მან დალია ღვინის ძმარი, რათა ჩვენთვის ახალი ღვინო მოეცა.

სულიერი მნიშვნელობა სიტყვისა "აღსრულდა"

იესომ სთქვა "აღსრულდა" და განუტევა სული. რას ნიშნავს ეს სულიერად?

იესო გახდა ხორცი, მოვიდა დედამიწაზე, იქადაგა სახარება, განკურნა უძლურებანი და ავადმყოფობები და გააღო გადარჩენის გზა ჯვრის აღებით მათთვის, ვისაც სიკვდილი ჰქონდა წინასწარ დანიშნული.

მან შეასრულა ძველი აღთქმის კანონი სიყვარულით, როდესაც თავი გასწირა სიკვდილამდე. ასევე, მან მთლიანად დაამარცხა ეშმაკი და გაანადგურა მისი სამუშაოები. ეს იმას ნიშნავს, რომ მან შეასრულა საღვთო გეგმა ადამიანის გადარჩენისათვის. ამიტომ სთქვა იესომ ჯვარზე "აღსრულდა."

ღმერთს სურს თავისმა შვილებმა განახორციელონ ყველაფერი მისი სურვილის თანახმად, როგორც მისმა ერთადერთმა ძემ იესომ შეასრულა გადარჩენის განგება მის მამაზე დამორჩილებით.

სულიერი სიყვარულის მიღებით, სული წმინდის ცხრა ნაყოფის შესრულებით (გალათელთა 5:22-23) და ნეტარების მიღწევით (მათე 5:3-10) შენ ჯერ უნდა მიბაძო შენი უფლის გულს. შემდეგ უნდა იყო

ერთგული იმ სამუშაოსთვის, რომელიც უფალმა მოგცა. შენ უნდა წარუძღვე რაც შეიძლება მეტ ადამიანს უფლისკენ ლოცვით, იქადაგო სახარება და ემსახურო ეკლესიას.

მე იმედი მაქვს რომ ყოველი თქვენთაგანი, უფლის ძვირფასი შვილები, მოერევით მსოფლიოს მტკიცე რწმენით, ზეცის იმედი გექნებათ და გეყვარებათ ღმერთი და იტყვით "აღსრულდა" უფლის და მისი ნების დამორჩილებით, როგორც უფალმა იესო ქრისტემ დაამტკიცა.

მამაო, შენს ხელს ვაბარებ ჩემს სულს

როდესაც იესომ ბოლო სიტყვები წარმოსთქვა ჯვარზე, იგი უკიდურესად დაუძლურებული იყო. ამ მდგომარეობაში მაშინ ხმამაღლა შეჰღაღადა იესომ "მამაო, შენს ხელს ვაბარებ ჩემს სულს."

მაშინ ხმამაღლა შეღაღადა იესომ და თქვა: მამაო, შენს ხელს ვაბარებ ჩემს სულს; და ამ სიტყვებით განუტევა სული (ლუკა 23:46).

შენ შეიძლება შეამჩნიო, რომ იესომ ღმერთს დაუძახა "მამაო" "ჩემო ღმერთოს" მაგივრად. ეს მიუთითებს იმას, რომ იესომ შეასრულა მისი მისია, როგორც გამომსყიდველის მსხვერპლად.

იესომ თავისი სული უფალს ჩააბარა

იესომ, რომელიც დედამიწაზე ჩვენს მხსნელად მოვიდა, რატომ ჩააბარა სული მისი მამის ხელებს?

ადამიანი შედგება სულისგან, სამშვინველისა და სხეულისგან (1 თესალონიკელთა 5:23). როდესაც იგი კვდება მისი სული და სამშვინველი ტოვებს სხეულს. სული და სამშვინველი დაუბრუნდება ღმერთს, თუ იგი არის მისი შვილი. წინააღმდეგ შემთხვევაში, მისი სული და სამშვინველი წავა ჯოჯოხეთში (ლუკა 16:19-31). მისი სხეული იმარხება და უბრუნდება მტვერს.

იესო, უფლის ძე გახდა ხორციელი და მოვიდა დედამიწაზე. მას ჰქონდა სული, სამშვინველი და სხეული ისევე, როგორც ჩვენ. როდესაც იგი ჯვარს აცვეს მისი სხეული მოკვდა, მაგრამ არა მისი სული და სამშვინველი; მან გადასცა თავისი სული და სამშვინველი უფლის ხელებს.

როდესაც კვდები ღმერთი იღებს ორივეს, შენს სულს და სამშვინველს. თუ ღმერთი მიიღებს მხოლოდ შენს სულს და არა სამშვინველს, შენ ვერასოდეს გამოცდი ჭეშმარიტ ბედნიერებას ზეცაში და ვერასოდეს იქნება მადლიერი გულის სიღრმიდან. რატომ? შენ ვერ დაიმახსოვრებ ისეთ რაღაცეებს, რაც შენი სულიდან ამოდის როგორიცაა ცრემლები, მწუხარება, ტანჯვა და ბევრი სხვა რასაც დედამიწაზე გაუძელი. ამიტომ იღებს ღმერთი ორივეს, სულს და სამშვინველს.

მაშინ რატომ ჩააბარა იესომ ღმერთს თავისი სული და სამშვინველი? იმიტომ, რომ ღმერთი არის

შემოქმედი, რომელიც მართავს ყველაფერს ამ სამყაროში და ზრუნავს შენს სიცოცხლეზე, სიკვდილზე, წყევლასა და კურთხევაზე. ერთი სიტყვით რომ ვთქვათ ყველაფერი ეკუთვნის ღმერთს და არის მისი უმაღლესი ხელისუფლების ქვეშ. ღმერთი არის ის, რომელიც შენს ლოცვებს პასუხობს. ამგვარად, თვითონ იესოს უნდა ელოცა, რომ ჩაებარებინა თავისი სული და სამშვინველი მამა ღმერთისათვის (მათე 10:29-31).

იესომ ილოცა ხმამაღალი ხმით

რატომ ილოცა იესომ ხმამაღალი ხმით მიუხედავად იმისა, რომ იგი დიდ ტანჯვაში იყო, იძახდა "მამაო, შენს ხელს ვაბარებ ჩემს სულს?"

ეს იმიტომ, რომ მას უნდოდა ხალხს გაეგონა და ეთქვა მათთვის, რომ ლოცვისას ტირილი უფლის ნება იყო. მისი სულის ღმერთთან ჩაბარების ლოცვა ისეთი დარწმუნებით იყო, როგორც გეთსემანეში მისი დაპატიმრებიდან ცოტა ხნით ადრე.

ასევე იესოს ლოცვა "მამაო, შენს ხელს ვაბარებ ჩემს სულს" ამტკიცებს, რომ იესომ ყველაფერი უფლის ნების მიხედვით შეასრულა. ამიტომ მას შეეძლო სულის მიბარება ღმერთისათვის ამაყად მას შემდეგ, რაც თავისი სამუშაო შეასრულა უფლის დამორჩილებით.

პავლე მოციქულმა სთქვა *"კეთილი ღვაწლით მიღვაწნია, სარბიელი გამილევია, რწმენა შემინახავს,*

*ამიერიდან მიმელის სიმართლის გვირგვინი,
რომელსაც მომცემს მე მართლად განმკითხე უფალი იმ
დღეს, და არა მარტო მე, არამედ ყველას, ვინც შეიყვარა
მოვლინება მისი"* (2 ტიმოთე 4:7-8).

დიაკონი სტეფანიც ცხოვრობდა უფლის ნების
თანახმად და შეინარჩუნა რწმენა. ამიტომ მას შეეძლო
ელოცა "უფალო იესო, მიიბარე ჩემი სული" ბოლო
ამოსუნთქვისას (საქმე 7:59). პავლე მოციქული და
სტეფანი ვერ ილოცებდნენ ასე, თუ ამქვეყნიური
ცხოვრებით იცხოვრებდნენ, იმ სიამოვნებაში,
რომელიც წარმოიშობა ცოდვილი ბუნებით.

აგრეთვე შენ ამაყად შეგიძლია სთქვა "აღსრულდა"
და "მამაო, შენს ხელს ვაბარებ ჩემს სულს," როგორც
იესომ სთქვა, როდესაც იცხოვრებ მხოლოდ მამა
ღმერთის ნების მიხედვით.

რა მოხდა იესოს სიკვდილის შემდეგ?

იესო მოკვდა ჯვარზე მისი ხმამაღალი სიტყვის
შემდეგ. მაშინ იყო ცხრა საათი (შუადღის სამ საათზე).
მიუხედავად იმისა რომ დღე იყო, წყვდიადი
გადაეფარა მთელ დედამიწას ექვსი საათიდან ცხრა
საათამდე და ტაძრის ფარდა ორად გაიხა (ლუკა 23:44-45).

*და, აჰა, ზემოდან ქვემომდე, შუა ჩაიხა ტაძრის
ფარდა, იძრა მიწა და დასკდნენ კლდენი.
განიხვნენ საფლავნი და წმიდა განსვენებულთა*

მრავალი გვამი აღდგა. საფლავებიდან გამოვიდნენ მისი აღდგომის შემდეგ, წმიდა ქალაქში შევიდნენ და გამოეცხდნენ მრავალს (მათე 27:51-53).

ამ ფრაზაში მნიშვნელოვანი სულიერი აზრია "ზემოდან ქვემომდე, შუა ჩაიხა ტაძრის ფარდა." ტაძრის გრძელი ფარდა იყო წმინდა ადგილის გამოსაყოფად წმინდათა წმინდასგან. არავის შეეძლო წმინდა ადგილას შესვლა მღვდლის გარდა და მხოლოდ მთავარ მღვდელს შეეძლო წმინდათა წმინდა ადგილას შესვლა წელიწადში ერთხელ.

ტაძრის ფარდის გახევა მიუთითებს იმაზე, რომ იესომ შესწირა თავისი თავი როგორც მშვიდობის შესაწირავი, რათა გაეგლიკა ცოდვების კედელი. სანამ ფარდა ორად გაიხეოდა, მთავარმა მღვდელმა მისცა ცოდვის შესაწირები ხალხის სახელით და მათთვის ღმერთთან შუამავლობდა.

შეგიძლია გქონდეს ღმერთთან პირდაპირი ურთიერთობა, რადგან ცოდვების კედელი ჩამოიხა იესოს სიკვდილის მეშვეობით. ვისაც სჯერა იესო ქრისტესი შევა წმინდა ტაძარში და თაყვანს სცემს და ილოცებს ღმერთთან მთავარი მღვდლის ან წინასწარმეტყველის შუამავლობის გარეშე.

მაშასადამე, ებრაელთა წიგნის ავტორი წერს *"ამრიგად, ძმანო, რაკი გვაქვს სითამამე საწმიდარში შესვლისა იესოს სისხლის მეოხებით, ახალი და ცოცხალი გზით, რომელიც გაგვიხსნა მან ფარდით, ესე*

იგი თავისი ხორცით" (ებრაელთა 10:19-20).

გარდა ამისა დედამიწა შეირყა და კლდეები გაიპო. ეს არაბუნებრივი შემთხვევები გეუბნება, რომ ყველაფერი მსოფლიოში შეირყა. ეს იყო ღმერთის მწუხარების გამოხატვა ადამიანის ბოროტებაზე. ღმერთმა გამოხატა, რომ ძალიან ნაწყენი იყო, რადგან ადამიანების გული იმდენად გამაგრებული იყო, რომ იესო ქრისტე ვერ მიიღეს მიუხედავად იმისა, რომ მან თავისი ერთადერთი ძე მისცა მათ.

საფლავები დაინგრა და უამრავი წმინდა ადამიანის სხეულები, რომლებიც მკვდრები იყვნენ გაცოცხლდნენ. ეს არის აღდგომის დამამტკიცებელი საბუთი, რომ ვისაც იესო ქრისტესი სჯერა მიტევებული აქვს ცოდვები და კიდევ იცოცხლებს.

ამიტომ, მე იმედი მაქვს რომ შენ გაიგებ სულიერ მნიშვნელობას და უფლის სიყვარულს მის ჯვარზე ბოლო შვიდ სიტყვაში, რათა იცხოვრო ძლევამოსილი ქრისტიანული ცხოვრებით და რომ გექნება უფლის გამოჩენის ძლიერი სურვილი, როგორც რწმენის წინაპრებს.

თავი 8

ჭეშმარიტი რწმენა და საუკუნო სიცოცხლე

- როგორი უზარმაზარი საიდუმლოებაა!
- ცრუ აღიარებანი არ წაგიძღვება ხსნამდე
- უფლის ვაჟის ხორცი და სისხლი
- პატიება მხოლოდ ნათელში სიარულით
- რწმენა მოქმედებით არის ჭეშმარიტი რწმენა

"ხოლო, ვინც ჭამს ჩემს ხორცს და სვამს ჩემს სისხლს, ექნება საუკუნო სიცოცხლე, და აღვადგენ მას უკანასკნელ დღეს. რადგანაც ჩემი ხორცი არის ჭეშმარიტი საჭმელი და ჩემი სისხლი არის ჭეშმარიტი სასმელი. ვინც ჭამს ჩემს ხორცს და სვამს ჩემს სისხლს, ის ჩემშია, ხოლო მე - მასში. როგორც მე მომავლინა ცოცხალმა მამამ და ვცოცხლობ მამით, ასევე ჩემი მჭამელიც იცოცხლებს ჩემით."

იოანე 6:54-57

უკანასკნელი მიზანი იესო ქრისტეს რწმენისა და ეკლესიაში დასწრებისა არის ის, რომ გადარჩე და მიიღო საუკუნო სიცოცხლე. თუმცა, უამრავი ადამიანი ფიქრობს, რომ ისინი გადარჩებიან მხოლოდ ეკლესიაში კვირაობით სიარულით და იმის თქმით რომ იესო ქრისტესი სწამთ უფლის სიტყვით ცხოვრების გარეშე.

რა თქმა უნდა, როგორც გალათელთა 2:16-შია ნათქვამი *"მაგრამ რაკიღა გავიგეთ, რომ კაცი რჯულის საქმეთაგან როდი გამართლდება, არამედ იესო ქრისტეს რწმენით, ჩვენც ვირწმუნეთ იესო ქრისტე, რათა ქრისტე იესოს რწმენით გავმართლდეთ და არა რჯულის საქმით, რადგანაც რჯულის საქმით ვერ გამართლდება ვერცერთი ხორციელი."* შენ არ შეგიძლია შეხვიდე სამოთხეში ან გამართლდე მხოლოდ კანონის დაცვით, განსაკუთრებით როდესაც შენი სული არის ბოროტებით სავსე. შენ არ გექნება ურთიერთობა იესო ქრისტესთან, თუ გააგრძელებ ცოდვების ჩადენას და არ დაიცავ უფლის სიტყვას.

ამიტომ შენ უნდა გააცნობიერო, რომ შენთვის რთულია იხსნა მხოლოდ შენი რწმენის ტუჩებით აღიარებით. იესო ქრისტეს სისხლი გწმენდს შენი

ცოდვებისაგან, რათა გადაგარჩინოს მხოლოდ მაშინ, როდესაც სინათლეში ივლი და ჭეშმარიტებაში იცხოვრებ. შენ უნდა გქონდეს ჭეშმარიტი რწმენა მოქმედების თანხლებით (1 იოანე 1:5-7).

ახლა მოდით განვიხილოთ, თუ როგორ უნდა გვქონდეს ჭეშმარიტი რწმენა, რათა მივიღოთ მთლიანი ხსნა და საუკუნო სიცოცხლე როგორც უფლის ჭეშმარიტი შვილები.

როგორი უზარმაზარი საიდუმლოებაა!

ეფესელთა 5:31-32-ში ვკითხულობთ *"ამიტომაც მიატოვებს კაცი თავის დედ-მამას, მიეკვრის თავის ცოლს და იქნებიან ორივენი ერთ ხორც. ასევე ყოველ თქვენგანსაც თავისი თავივით უყვარდეს ცოლი, ხოლო ცოლს ეშინოდეს ქმრისა."*

საღი აზრია, რომ ხალხი ტოვებს თავის მშობლებს და ერთდებიან თავიანთ ქმრებთან ან ცოლებთად, როდესაც იზრდებიან. მაშინ რატომ სთქვა ღმერთმა, რომ ეს იყო დიდი საიდუმლოება? თუ ამ სტროფს სიტყვასიტყვით გაიგებ და თარგმნი, ვერ გაიგებ რა არის ეს "უზარმაზარი საიდუმლოება," მაგრამ თუ მის სულიერ მნიშვნელობას გააცნობიერებ, სიხარულით აივსები.

"ეკლესია" აქ მიმართავს უფლის შვილებს, რომლებსაც მიღებული აქვთ სული წმინდა.

სახელდობრ, ღმერთმა შეადარა ურთიერთობა იესო ქრისტესა და მორწმუნეებს შორის, როგორც ქალისა და მამაკაცის გაერთიანება.

როგორ შეგიძლია დატოვო მსოფლიო და იყო გაერთიანებული შენს საქმრო იესო ქრისტესთან.

თუ მიიღებ იესო ქრისტეს რწმენით

მას შემდეგ, რაც პირველმა ადამიანმა ადამმა ცოდვა ჩაიდინა უფლის დაუმორჩილებლობით, ცოდვა შემოვიდა ამ სამყაროში. ყოველი მისი შთამომავალი გახდა ცოდვის მონა და ეშმაკის შვილი, რომელიც მართავს მსოფლიოს.

შენ ეკუთვნოდი ამ სამყაროს და ეშმაკს, რომელსაც ჰქონდა ამ წყვდიადი სამყაროს მალა, სანამ იესო ქრისტეს მიიღებდი. ეს დადასტურებული იქნა იოანე 8:44-ით, სადაც წერია *"თქვენ მამათქვენის - ეშმაკისაგან ხართ და მამათქვენის სურვილთა აღსრულება გსურთ. დასაბამითვე კაცის მკვლელი იყო იგი და ჭეშმარიტებაში ვერ დაემკვიდრა, ვინაიდან ჭეშმარიტება არ არის მასში, და როცა სიცრუეს ამბობს, თავისისას ამბობს, ვინაიდან ცრუ არის და სიცრუის მამა"* და იოანე 3:8-ით, რომელიც ამბობს *"ცოდვის ჩამდენი ეშმაკისაგან არის, რადგანაც დასაბამიდან ეშმაკი სცოდავს;"*

თუმცა, როდესაც იესო ქრისტეს იღებ როგორც შენს მხსნელს და ნათელში შედიხარ, შენ იღებ უფლის შვილის ძალაუფლებას და თავისუფლდები

ცოდვებისაგან, რადგან შენი ცოდვები მიტევებულია იესო ქრისტეს სისხლით.

თუ შენ ფლობ იმ რწმენას, რომ იესო ქრისტემ გამოგისყიდა ცოდვებიდან თავისი ჯვარცმით, ღმერთი გაძლევს სული წმინდის ნიჭს და სული წმინდა ბადებს სულს შენს გულში. სული წმინდა გეუბნება და გასწავლის უფლის ნებას, რათა კარგად მოიქცე და ჭეშმარიტად იცხოვრო.

შენ მერე ხდები უფლის შვილი მისი სულის ხელმძღვანელობით და სტირი "აბბა, მამაო" (რომაელთა 8:14-15).

როგორი საოცარი და იდუმალია, რომ ეშმაკის შვილები, რომლებიც ერთხელ ჩავარდნენ საუკუნო სიკვდილში გახდნენ უფლის შვილები, რომლებიც ახლა ზეცისკენ მიდიან რწმენის საშუალებით!

როდესაც იესო ქრისტესი გწამს გაერთიანებული ხარ მასთან, სული წმინდა მოდის შენს გულში და გაერთიანებულია სიცოცხლის თესლთან. ღმერთმა შექმნა პირველი ადამიანი მტვრისგან და ჩაჰბერა სიცოცხლის სული მის ნესტოებში. სიცოცხლის სული არის სიცოცხლის თესლი, თვით სიცოცხლე. ამგვარად იგი არასოდეს მოკვდება და გადაეცემა შთამომავლებს ადამიანის სპერმითა და კვერცხუჯრედით თაობიდან თაობას.

ეს სიცოცხლის თესლი შეხვეულია გულით. მას შემდეგ რაც ღმერთმა შექმნა ადამი, მან დათესა სიცოცხლის ცოდნა, სულის ცოდნა მის გულში. როგორც ახალდაბადებულმა ბავშვმა უნდა

შეისწავლოს ამ სამყაროს ცოდნა, რათა გახდეს კულტურული ადამიანი და იცხოვროს ადამიანივით, ცოცხალ არსებას სჭირდება სიცოცხლის ცოდნა, რომ გახდეს ჭეშმარიტი ცოცხალი არსება მიუხედავად იმისა, რომ იგი უკვე თვით სიცოცხლეა.

ადამი ერთხელ აღივსო მხოლოდ სულის ცოდნით, კერძოდ სიმართლით. თუმცა, მას შემდეგ რაც იგი უფალს არ დაემორჩილა, ღმერთთან კავშირი გაწყდა. მან შემდეგ ნელ-ნელა დაიწყო სულის ცოდნის დაკარგვა და სიცრუემ დაისადგურა მის გულში.

მას შემდეგ გული, რომელიც მხოლოდ სიმართლით იყო სავსე აივსო ორ ნაწილად: სიმართლე და სიცრუე. მაგალითად, ადამს ჰქონდა სიყვარული მის გულში, მაგრამ ეშმაკმა დათესა მასში სიცრუე, რომელსაც ჰქვია სიძულვილი. შედეგად როგორც შენ ხედავ დაბადება 4-ში კაენი, რომელიც ადამმა გააჩინა ცოდვის ჩადენის შემდეგ, მოკლა თავისი ძმა აბელი შურისა და ეჭვიანობის გამო.

დრო გავიდა და მეორე ნაწილმა დაიწყო განვითარება მის გულში, რომელიც ავსებული იყო სიმართლითა და სიცრუით. ამ ნაწილს ჰქვია "ბუნება." შენ მემკვიდრეობით გადმოგეცა დამახასიათებელი თვისებები და ნაკვთები შენი მშობლებისგან. შენ შეგაქვს შენს გონებაში შენს გრძნობებთან ერთად რასაც ხედავ და სწავლობ.

ხშირად ამ ბუნებას უწოდებენ "სინდისს" და ჩამოყალიბებულია განსხვავებულად იმისდა მიხედვით თუ როგორ ხალხს ხვდები, რა ტიპის

წიგნებს კითხულობ და გარემოებები, რომლებშიც გაიზარდე. მაგალითად როდესაც უყურებ ერთი და იგივე შემთხვევას ან ცალკე პიროვნებას, ზოგი ამბობს "ეს ბოროტებაა," როდესაც სხვებმა შეიძლება სთქვან "კარგია" ან "ეს ღმერთს ეკუთვნის."

ამიტომ, როდესაც გააანალიზებ ვინმეს გულს, იქ არის სიმართლის ნაწილი, რომელიც ღმერთს ეკუთვნის, სიცრუის ნაწილი, რომელიც ეშმაკისგან არის მიცემული და მისი ბუნება ჩამოყალიბებულია ამ ორი ნაწილის შედეგად.

სული წმინდა გაერთიანებული სიცოცხლის თესლთან გულში

ადამის შემთხვევაში ეს სამი ნაწილი ეხვეოდა სიცოცხლის თესლს, რომელიც ღმერთისგან იყო მიცემული. ეს ის ვითარებაა, როდესაც ღმერთის სიტყვა "მოკვდები" ასრულდა მას შემდეგ, რაც ადამმა შეჭამა აკრძალული ხის ნაყოფი. მიუხედავად იმისა რომ სიცოცხლის თესლი არსებობს, თუ იგი არ ფუნქციონირებს სიკვდილისგან არაფრით განსხვავდება.

მაგალითად, როდესაც თესავ თესლებს მინდორში ყოველი თესლი არ იღებს ყლორტს, რადგან ზოგი მათგანი უკვე მკვდარია. მაგრამ, თუ თესლები ცოცხალია ისინი აუცილებლად გამოიღებენ ყლორტს.

ზუსტად ასეა ადამიანებთანაც. თუ სიცოცხლის თესლი, რომელიც ღმერთისგან არის მოცემული

მთლიანად მკვდარია, იგი ვერ აღდგება და აღარ არის საჭირო, რომ ღმერთმა მოამზადოს იესო ქრისტე ადამიანების გადასარჩენად ან შექმნას სამოთხე და ჯოჯოხეთი.

თუმცა, სიცოცხლის თესლი, რომელიც ადამიანს მიეცა მაშინ, როცა ღმერთმა ჩაბერა ადამის ნესტოებში სიცოცხლის სული, არის სამარადისო. როდესაც მიიღებ სახარებას სიცოცხლის თესლი ცოცხლდება; გულში სიმართლის ნაწილი უფრო ფართოვდება და უფრო ადვილად იღებ სახარებას. ვინც მოუსმენს ჯვრის მოწოდებას და მიიღებს იესო ქრისტეს, იგი მიიღებს სული წმინდას. ახლა შენი სიცოცხლის თესლი გაერთიანებულია სული წმინდასთან.

პირიქით, ადამიანები სინდისით დასუსტებულები არიან როგორც ცხელი რკინა, გულში არ აქვთ სახარების ადგილი, რადგან არამართალი გული სრულიად შემოსილია და მალავენ სიცოცხლის თესლს თავიანთ გულებში. სიცოცხლის თესლი, რომელიც სიკვდილის მდგომარეობაში იყო, ძალას იმატებს, რათა შეასრულოს თავისი ფუნქცია, როდესაც ერთდება ღმერთის დიდ ძალასთან, სული წმინდასთან.

რათა გახდე სულის ადამიანი

როდესაც თაყვანისცემის ღონისძიებებს ესწრები, აცნობიერებ უფლის სიტყვას და ლოცულობ, ღმერთის წყალობა და ძლიერი ძალა მოდის შენზე და

შესამლებლობას გამლევს გაჰყვე სული წმინდის ბუნებას.

ამ პროცესით შენი გული და სული ხდება ერთი, როდესაც შენი გული ხდება უფრო და უფრო მართალი სიცრუის ამოშლით და მისი სიმართლით ავსებით. თუ ადამიანის გული მთლიანად სავსეა სულის და სიმართლის ცოდნით, ეს გული არის თვით სული, როგორც პირველი ადამიანი ადამი იყო.

მაშინაც კი როდესაც ერთგულად გამოიყურები, შენ მოქმედებ შენი ბუნების მიხედვით თუ არ ილოცებ. სული წმინდას არ შეემლება შენში დაბადოს სული და შენ ისევ ხორციელი ადამიანი რჩები. გარდა ამისა, შენ არ შეგიმლია წაყვე სული წმინდის ბუნებას, თუ არ დაამსხვრევ შენს საკუთარ ფიქრებს და მტკიცებულებებს მიუხედავად იმისა, რომ ლოცულობ ბეჯითად ან დიდი ხნის განმავლობაში. ამიტომ შენ ვერ გარდაიქმნები სულის ადამიანად.

სული წმინდა გამლევს საშუალებას იფიქრო სიმართლის მიხედვით შენს გულში. ეს იმას ნიშნავს, რომ შენ ცხოვრობ სული წმინდის სურვილებით. შესაბამისად ეშმაკი მოქმედებს იგივე გზით, რომ წარგიმღვეს განადგურების გზისკენ, გაცდენს რომ მიყვე შენს ხორციელ ფიქრებს იქამდე, სანამ სიცრუე არ დაისადგურებს შენს გულში.

ამიტომ, შენ უნდა განდევნო ორივე ხორციელი ფიქრები და თვით-სამართლიანობა, როგორც 2 კორინთელთა 10:5-ში წერია *"მისი წყალობით ვამხობთ ყოველგვარ ზრახვას და, ქედმაღლობას, ღვთის*

შემეცნების წინააღმდეგ აღძრულს, და მისითვე
ვატყვევებთ ყოველგვარ აზრსაც, რათა დაემორჩილოს
ქრისტეს.”
როდესაც უფლის სიტყვას ემორჩილები და იძახი
"დიახ" და იცავ სული წმინდის სურვილებს, შენი
გული ივსება მხოლოდ სიმართლით და შემდეგ
შეგიძლია გახდე სრულყოფილად ნაკურთხი სულის
ადამიანი.

შენ შეგიძლია მიიღო ის, რასაც მოითხოვ

შენ ხდები ერთი ღმერთთან მაშინ, როდესაც
განდევნი ყოველგვარ სიცრუეს, დაამსხვრევ "თვით-
სამართლიანობას" სული წმინდით სულის გაჩენით და
გაწმენდ შენს გულს ისე წმინდად, როგორიცაა შენი
უფლის იესო ქრისტეს გული.
მამაკაცი და ქალი გახდნენ ერთი ხორცი და
დაბადეს შვილი სპერმისა და კვერცხუჯრედის
შერწყმით. მსგავსად, როდესაც სამყაროდან გამოხვალ
და გახდები ერთი იესო ქრისტესთან, სული წმინდით
დაბადებ სულს და უხვად მიიღებ კურთხევას,
როგორც უფლის შვილს.
როგორც რომაელთა 12:3-ში წერია არსებობს
რწმენის საზომები და შენ მიიღებ პასუხებს ამ
საზომების მიხედვით. 1 იოანე 2:12-ში და მომდევნო
სტროფებში, რწმენის ზრდა შედარებულია
ადამიანების გაზრდის პროცესთან.
მათ, ვინც მიიღებს იესო ქრისტეს, სული წმინდას

და გადარჩებიან, აქვთ პატარა ბავშვების რწმენა (1 იოანე 2:12). მათ ვინც ცდილობენ გამოიყენონ ჭეშმარიტება მოქმედებაში, აქვთ ბავშვების რწმენა (1 იოანე 2:13). როდესაც ისინი ამ სტადიიდან უფრო გაიზრდებიან და ნამდვილად გამოიყენებენ ჭეშმარიტებას მოქმედებაში, მათ ექნებათ ახალგაზრდების რწმენა (1 იოანე 2:13). თუ კი ისინი უფრო მეტად გაიზრდებიან, მაშინ ექნებათ მამების რწმენა (1 იოანე 2:13).

როდესაც კითხულობ იობის შესახებ ძველი აღთქმიდან, ღმერთმა სცნო იგი უდანაშაულო და პატიოსან კაცად, მაგრამ როდესაც სატანამ გამოიწვია, ღმერთმა საშუალება მისცა სატანას გამოეცადა იობი. თავიდან იობმა დაიჟინა სამართლიანი ვარო. თუმცა, მალევე მან გააცნობიერა თავისი უზნეობა და მოინანია უფლის წინაშე, როდესაც ბოროტება მის ბუნებაში გამომჟღავნდა გამოცდის მეშვეობით. იობის თვით-სამართლიანობა დაიმსხვრა და მისი გული გახდა სამართლიანი და წმინდა ღმერთის თვალში. მხოლოდ მაშინ შეეძლო ღმერთს ეკურთხა იგი ორჯერ მეტად ვიდრე ადრე.

მსგავსად თუ მიიღებ მამების რწმენის საზომს, რომელიც არის ყველაზე მაღალი სტადია რწმენისა შენი საკუთარი თვით-სამართლიანობის დამსხვრევით და გახდები ერთი ღმერთში, შენ მიიღებ უამრავ კურთხევას როგორც უფლის შვილს. ეს არის ის, რაც უფალმა დაგპირდა 1 იოანე 3:21-22-ში: *"საყვარელნო, თუ ჩვენი გული არა გვგმობს, პირნათელნი ვართ*

ღვთის წინაშე. ამიტომ, რასაც ვითხოვთ, მივიღებთ მისგან, ვინაიდან ვიმარხავთ მის მცნებებს და ისე ვიქცევით, როგორც მას მოსწონს."

შენ შეგიძლია ისიამოვნო კურთხევით, როგორც უფლის შვილმა

ამ გზით შენ იმდენად ხდები ერთი იესო ქრისტესთან, რომ შემდეგ ხდები სულიერი. ასევე იღებ კურთხევას, რომ გახდე ერთი ღმერთთან იმდენად, რამდენადაც შეასრულებს ღმერთის სამართლიანობას.

იესო დაგპირდა იოანე 15:7-ში, რომ *"თუ დარჩებით ჩემში და ჩემი სიტყვები დარჩება თქვენში, ყველაფერი, რასაც ისურვებთ, ითხოვეთ და გექნებათ."* ასევე იოანე 17:21-ში მან გვითხრა *"რათა ყველანი ერთი იყვნენ, როგორც შენ, მამაო, ჩემში, ხოლო მე – შენში, და ირწმუნოს ქვეყანამ, რომ შენ მომავლინე."*

მსგავსად, თუ გაერთიანებული ხარ ღმერთთან ამ სამყაროდან წასვლით, რომელსაც ეშმაკის წყვდიადის ძალა მართავს, შენ გახდები ერთი შენს მამა ღმერთთან. გალათელთა 4:4-7 კითხულობს შემდეგს:

მაგრამ, როდესაც მოიწია დროის სისრული, ღმერთმა მოავლინა თავისი ძე, რომელიც იშვა ქალისაგან და დაემორჩილა რჯულს. რათა გამოესყიდა რჯულიქვეშ მყოფნი და, ამრიგად, მიგვეღო ძეობა. ხოლო რაკი ძენი ხართ, ღმერთმა მოავლინა თქვენს გულებში თავისი ძის სული,

რომელიც ღაღადებს: "აბბა, მამაო!" ასე რომ, მონა კი აღარა ხარ, არამედ ძე: ხოლო თუ ძე ხარ, მემკვიდრეცა ხარ ღვთის მიერ.

როგორც ადამიანებს მემკვიდრეობით გადაეცემათ ქონება მშობლებისგან, ასევე გადმოგეცემა შენ უფლის სამეფო, როდესაც გახდები მისი შვილი იესო ქრისტეს მიღებით. ანუ, ეშმაკის შვილებს მემკვიდრეობით გადაეცემათ ჯოჯოხეთი ეშმაკისგან და უფლის შვილებს კი სამოთხე.

თუმცა, გონებაში უნდა ჩაიბეჭდო, რომ ისინი რომლებიც არ დაბადებენ სულს სული წმინდით უნდა წავიდნენ ჯოჯოხეთში, რადგან სამოთხე არის წმინდა ადგილი მხოლოდ ჭეშმარიტებით სავსე და შენი სული ყვავდება და ხდება ერთი ღმერთთან, შენ იღებ წყალობას, რომ იცხოვრო სამოთხეში ღმერთთან ახლოს.

ამიტომ, მე იმედი მაქვს რომ შენ მიირებ საუკუნო სიცოცხლის კურთხევას იესო ქრისტეს შენს საქმროდ მიღებით და გახდები ერთი უფალ იესო ქრისტესთან და მამა ღმერთთან ყოველი სიცრუის და თვით-სამართლიანობის განდევნით. ამ გზით შენ შეგიძლია ქება-დიდება შეასხა ღმერთს.

ცრუ აღიარებანი არ წაგიძღვება ხსნამდე

იესო ქრისტე ხდება შენი ჭეშმარიტი საქმრო, რომელიც წინ გიძღვება საუკუნო სიცოცხლისა და კურთხევისაკენ, როდესაც გაერთიანებული ხარ მასთან რწმენით. შენ თუ დაემსგავსები იესო ქრისტეს გულს და მოიპოვებ სრულყოფილ რწმენას, არა მარტო სამოთხის სამეფოს მიიღებ მემკვიდრეობით, არამედ იქ იბრწყინებ კიდეც მზესავით.

როდესაც ბიბლიას ყურადღებით კითხულობ შენ ხედავ, რომ ზოგი ადამიანი, რომლებიც აცხადებენ რომ უფლის სჯერათ არ გადარჩენილან. მათე 25-ში არის იგავი ათი ქალწულის შესახებ. ხუთი ბრძენი ქალწული, რომლებმაც მოამზადეს ზეთი იხსნენ, მაგრამ მეორე ხუთი სულელი ქალწული ვერ გადარჩა.

მსგავსად, ღმერთი გარკვევით გეუბნება ბიბლიაში ვის შეუძლია და არ შეუძლია გადარჩენა, მიუხედავად იმისა თუ ყოველი მათგანი იტყვის რომ რწმენა აქვთ. შენ შემდეგ გეცოდინებოდა რა ტიპის ცხოვრება გაქვს, რათა იცხოვრო გადარჩენისთვის.

მათე 7:21-ში გარკვევით წერია *"ვინც მეუბნება: უფალო, უფალო! ყველა როდი შევა ცათა სასუფეველში, არამედ ის, ვინც აღასრულებს ჩემი ზეციერი მამის ნებას."* თუ იესოს დაუძახებ "უფალო, უფალო," ეს იმას ნიშნავს რომ შენ გჯერა, რომ იესო არის ქრისტე. თუმცა, შენ ვერ გადარჩები მხოლოდ უფლის სახელის მახილით და ეკლესიაში კვირაობით

სიარულით.

სიბოროტის გამკეთებლები ვერ გადარჩებიან

უფალი გეუბნება განაჩენის შესახებ მათე 13:40-42-ში:

როგორც შეკრებენ ღვარძლს და ცეცხლს მისცემენ, ასევე იქნება ქვეყნის დასასრული. რადგანაც მოავლინებს ძე კაცისა თავის ანგელოზებს, და შეკრებენ მის სასუფეველში ყოველი საცდურისა და ურჯულოების მოქმედთ. და ჩაყრიან მათ სახმილის ცეცხლში: და იქნება იქ ტირილი და კბილთა ღჭრიალი.

როდესაც ფერმერი მკის, იგი აგროვებს ხორბალს თავის ფარდულში და ჩალას კი ცეცხლით წვავს. ანალოგიურად ღმერთი გეუბნება, რომ ისინი ვინც არ არიან მართალნი მის თვალში, სასჯელის წინაშე უნდა წარსდგნენ.

"ყოველი საცდური" მიმართავს მათ, ვინც აცხადებს რომ ღმერთის სჯერა, მაგრამ აცდუნებენ ძმებს და დებს რწმენაში და მათი რწმენის დაკარგვას იწვევენ. ამგვარად, შენ არ გადარჩები თუ ხალხს ცოდვის ჩადენისკენ და ბოროტებისკენ უბიძგებ.

მაშინ რა არის ბოროტება? 1 იოანე 3:4-ში წერია, რომ *"ცოდვის ყოველი ჩამდენი ურჯულოებასაც სჩადის, და*

ცოდვა არის ურჯულოება." როგორც ყოველ ქვეყანას აქვს თავისი კანონები, ღმერთის სამეფოშიც არის სულიერი კანონი. სულიერი სამეფოს კანონი არის უფლის სიტყვა დაწერილი ბიბლიაში. ვინც უფლის სიტყვას წაბილწავს დაისჯება, როგორც კანონის დამრღვევი სამართლის წესით ისჯება. ამიტომ, უფლის სიტყვის წაბილწვა არის ბოროტება და ცოდვა.

ღმერთის კანონის ფართოდ დაყოფა შეიძლება ოთხ კატეგორიად: "გაკეთება," "არ გაკეთება," "დაცვა" და "განდევნა." რადგან ღმერთი სინათლეა, იგი ეუბნება თავის შვილებს რა არის სწორი, რისი გაკეთება არ არის სწორი, ღმერთის შვილების მოვალეობების დაცვა და განდევნა რაც უფალს არ მოსწონს, რადგან მას სურს თავის შვილებმა იცხოვრონ სინათლეში.

2რჯული 10:12-13-ში უფალი მოგვიწოდებს *"აბა, ისრაელ, რას მოითხოვს შენგან უფალი, შენი ღმერთი? თუ არა იმას, რომ გეშინოდეს უფლისა, შენი ღმერთისა, იარო მის კვალზე, გიყვარდეს იგი, ემსახურო უფალს, შენს ღმერთს, მთელი შენი გულითა და სულით. დაიცვა უფლის მცნებები და წესები, რომელთაც გამცნებ დღეს შენს სასიკეთოდ."* ერთის მხრივ, შენ მიიღებ კურთხევას, თუ ღმერთის სიტყვას ქმედებაში განახორციელებ. მეორეს მხრივ, შენ მიიღებ საუკუნო სიკვდილს ბოროტებისა და ცოდვების გამო, თუ არ იცხოვრებ მისი სიტყვის თანახმად.

გალათელთა 5:19-21 აღნიშნავს ხორცის სამუშაოებს:

ხორცის საქმენი აშკარაა: სიძვა, უწმინდურება, აღვირახსნილობა, კერპთმსახურება, ჯადოქრობა, მტრობა, შუღლი, შური, რისხვა, აშლილობა, მწვალებლობა, სიძულვილი, მკვლელობა, მემთვრალეობა, ღორმუცელობა და სხვა მასთანანი. წინასწარ გეტყვით, რომ ამის მოქმედნი ვერ დაიმკვიდრებენ ღვთის სასუფეველს.

"სიძვა" მიმართავს ყოველგვარ სქესობრივ უწმინდურებას და არ დარჩენილ უმანკოებას, კანონიერ ქორწილამდე სქესობრივი ურთიერთობის ქონის ჩათვლით. "უწმინდურება" აქ ნიშნავს დაუდევარ ქმედებებს საღი აზრის გარეშე, რომელიც ცოდვილი ბუნების შედეგად ხდება.

"აღვირახსნილობა" არის, როდესაც ყოველთვის ემორჩილები შენს ცოდვილ, სქესობრივ უზნეობას და ცხოვრობ მოღალატე სიტყვებითა და საქციელით. "კერპთმსახურება" არის იმ საგნების თაყვანისცემა, რომლებიც გაკეთებულია ოქროთი, ვერცხლით, ბრინჯაოთი ან სხვა ნივთიერებით, ან როდესაც რაიმე გიყვარს ღმერთზე მეტად.

"ჯადოქრობა" არის ვინმეს შეცდენა გამჭრიახი ტყუილებით. "მტრობა" არის ადამიანის განადგურების გრძნობა მტრული განწყობილებით, სიყვარულის საპირისპირო. "შუღლი" მიმართავს ბრძოლის ქმედებას თვით სარგებლობის და ძალაუფლების მოსაპოვებლად. "შური" არის სხვა ადამიანის

სიძულვილი, რადგან შენ გრძნობ რომ იგი შენზე უკეთესია. "რისხვა" არ ნიშნავს მხოლოდ გაბრაზებას, ეს ასევე ნიშნავს სხვისი დაზიანების გამოწვევას უკიდურესად აღშფოთების გამო.

"აშლილობა" ნიშნავს რომ შექმნა გამოყოფილი ჯგუფი ან განყოფილება და შეასრულო ეშმაკის სამუშაოები, რადგან არ ეთანხმები სხვებს. "მწვალებლობა" ნიშნავს რომ შექმნა წრე და დაშალო შენი საკუთარი ფიქრების და არა სული წმინდის ფიქრების მიდევნებით. "სიძულვილი" არის უარყოფა ღმერთისა და იესოსი, რომელიც მოვიდა ხორცად, დაღვარა თავისი სისხლი, რათა ადამიანები გამოესყიდა და გახდა ქრისტე.

"მკვლელობა" არის ვინმეს დაზიანება ან მავნებლობა შურის გამო. "მემთვრალეობა" არის ალკოჰოლის სმის საქციელი და "ღორმუცელობა" ნიშნავს არა მხოლოდ დათრობას, თვით შემწყნარებლობით ცხოვრებას და კონტროლის ნაკლებობას, არამედ შენი მოვალეობების სწორად შესრულების შეცდომას, როგორც მეუღლე ან მშობელი.

გარდა ამისა "სხვა მასთანანი" ნიშნავს რომ არსებობს უამრავი მსგავსი ცოდვებიანი საქციელები და ვინც ამ საქციელებს ჩაიდენს ვერ გადარჩება.

ცოდვები, რომლებსაც მიყავხარ სიკვდილისაკენ და რომლებსაც არა

ამ სამყაროში "ცოდვა" მიაჩნიათ იმ "ცოდვათ,"

როდესაც ამ ცოდვის შედეგი არის ცხადი და ფიზიკური ზიანი. თუმცა, ღმერთი, რომელიც არის სინათლე გვეუბნება არა მხოლოდ ცოდვებიან საქციელებს, არამედ იმასაც რომ ყოველი წყვდიადი, რომელიც სინათლის წინააღმდეგ არის ცოდვაა.

მიუხედავად იმისა, რომ ისინი არ არის ნაჩვენები, შენს გულში ყოველი ცოდვილი სურვილი როგორიცაა სიძულვილი, მკვლელობა, შური, ვნება, სხვისი განსჯა, გაკიცხვა, უგულობა და უპატიოსნება არისი ბოროტება და ცოდვა.

ამიტომ უფალი გვეუბნება *"ხოლო მე გეუბნებით თქვენ: ყველამ, ვინც ნდომით შეხედა ქალს, უკვე იმრუშა მასთან საკუთარ გულში"* (მათე 5:8) და *"ყველა, ვისაც სძულს თავისი ძმა, კაცისმკვლელია; თქვენ კი იცით, რომ არც ერთ კაცისმკვლელს არ აქვს საუკუნო სიცოცხლე, თვით მასშივე დამკვიდრებული"* (1 იოანე 3:15). თუმცა, რომაელთა 14:23-ში წერია *"ხოლო ვინც ჭამისას ეჭვობს, განიკითხება, რადგანაც რწმენით როდი ჭამს. ვინაიდან ყოველივე ის, რაც რწმენით არ არის, ცოდვაა"* და იაკობი 4:17-ში წერია, რომ *"ამიტომ ვისაც სიკეთის ქმნა შეუძლია, მაგრამ არა იქმს, სცოდავს."* ამიტომ შენ უნდა გააცნობიერო, რომ ცოდვაა და უკანონობა იმის არ შესრულება რაც უფალს სურს და გიბრძანებს.

თუმცა, მოკვდება ყოველი ადამიანი თუ ამ ცოდვებს ჩაიდენენ? შენ უნდა გაიგო, რომ რწმენაში სიცოცხლეა, როდესაც ვინმე მოიტყუება და შემდეგ ილოცებს და ეცდება გახდეს პატიოსანი ადამიანი. მაშინაც კი, თუ

მათ არ აქვთ მოშორებული ეს ყოველი უპატიოსნება სუსტი რწმენის გამო, ეს იმას არ ნიშნავს რომ ისინი ვერ გადარჩებიან ამ ცოდვის გამო.

1 იოანე 5:16-17 გვეუბნება *"თუ ვინმე ხედავს, რომ მისი ძმა სცოდავს, მაგრამ ეს არ არის ცოდვა, რომელსაც სიკვდილი მოსდევს, ილოცოს და ღმერთი მისცემს სიცოცხლეს არამომაკვდინებელი ცოდვით შემცოდეს; არის მომაკვდინებელი ცოდვაც; მასზე როდი ვამბობ, ილოცოს-მეთქი. ყოველგვარი უსამართლობა ცოდვაა, მაგრამ ყოველი ცოდვა როდია მომაკვდინებელი."*

ცოდვები ჩვეულებრივ დაყოფილია ორ კატეგორიად: ერთი რომელსაც სიკვდილამდე მიყავხარ და მეორე რომელსაც არა. ისინი ვინც იმ ცოდვებს ჩაიდენენ, რომლებსაც სიკვდილამდე არ მიჰყავხარ გადარჩებიან თუ შენ მათ დაეხმარები, ილოცებ მათთვის და დაეხმარები ცოდვების მონანიებაში. მაგრამ თუ ადამიანი იმ ცოდვას ჩაიდენს, რომელსაც სიკვდილისკენ მიყავხარ, იგი ვერ გადარჩება მისთვის რომ ილოცო მაინც.

ზოგჯერ ადამიანები პატიოსნებას მიიჩნევენ როგორც სიცრუეს თავიანთი სარგებლობისთვის ან უამრავ მაცთუნებელ საქციელებს ჩადიან მიუხედავად იმისა, რომ ეს საქციელები სხვებს ზიანს არ აყენებს. შენ გაიგე, რომ ცოდვილი იყავი, როდესაც სიმართლე გააცნობიერე, მაგრამ შენ გეგონა რომ სამართლიანი ცხოვრებით ცხოვრობდი სანამ ღმერთს იწამებდი. ღმერთი გაჩვენებს არა მხოლოდ იმ ცოდვებს,

რომლების დანახვაც შეიძლება, არამედ ბოროტ ფიქრებს შენს გულში, რომლებიც ცოდვებია.

დანაშაულის ჩადენა ცოდვაა და ცოდვის შედეგი სიკვდილია. თუმცა, იესო ქრისტემ მოგიტევა ყოველი ცოდვა წარსულისა, აწმყოსი და მომავლის ჯვარზე სისხლის ღვრით. არსებობს ცოდვები, რომლების შენდობაც იესოს სისხლის ძალით შეიძლება, როდესაც მოინანიებ მათ და ზურგს შეაქცევ. ეს არის ცოდვები, რომლებსაც არ მიყავხარ სიკვდილისაკენ.

თუ არ მოინანიებ და გააგრძელებ ცოდვის ჩადენას, შენი სინდისი გამაგრდება. შემდეგ საბოლოოდ ვერ მიიღებ მონანიების სულს, თუ ჩაიდენ ისეთ ცოდვას, რომელსაც სიკვდილისაკენ მიყავხარ. ამგვარად, მონანიებითაც კი არ იქნება მიტევებული შენი ცოდვები.

ახლა მოდი შევხედოთ სამი სახის ცოდვას, რომლებსაც სიკვდილისაკენ მიყავხარ: სულის შეურაცხოფა, კვლავინდებურად ღვთის ძის ჯვარცმა და გმობა და განზრახ ცოდვების ჩადენა.

სულის შეურაცხოფა

სული წმინდის შეურაცხოფაში არსებობს სამი რამ. შენ გმობ სული წმინდას, როდესაც მის წინააღმდეგ ლაპარაკობ, მის სამუშაოებს წინააღმდეგობას უწევ და ამცირებ მას.

ამიტომ გეუბნებით თქვენ: ყოველი ცოდვა და

გმობა მიეტევება ადამიანებს, მაგრამ სულის გმობა არ მიეტევება მათ. ვინც იტყვის სიტყვას კაცის ძის წინააღმდეგ, მიეტევება მას; მაგრამ ვინც იტყვის სიტყვას სული წმიდის წინააღმდეგ, არ მიეტევება მას, არც ამ წუთისოფლად და არც საუკუნო სოფლად (მათე 12:31-32).

ყველას ვინც იტყვის სიტყვას კაცის ძის წინააღმდეგ, მიეტევება; მაგრამ ვინც იტყვის გმობას სულის წმიდის წინააღმდეგ, არ მიეტევება (ლუკა 12:10).

პირველი, "სხვის წინააღმდეგ ლაპარაკი" არის მათი ცილისწამება და მათი სამუშაოების შეფერხება. "სული წმინდის წინააღმდეგ ლაპარაკი" არის ღმერთის სამეფოს მიღწევის შეფერხება სული წმინდის სამუშაოების ხელის შეშლით საკუთარი ნებისა და ფიქრების საფუძველზე. მაგალითად, სული წმინდის წინააღმდეგ საუბარია, როდესაც წინააღმდეგობას უწევ ღმერთის სამუშაოს, რადგან ის არ ემთხვევა შენს აზრებს მიუხედავად იმისა რომ ეს სული წმინდის სამუშაოა.

თუ უფლის მსახურს განსჯი ერეტიკოსად, როდესაც სინამდვილეში იგი არ არის და ხელს შეუშლი სული წმინდის სამუშაოებს, ეს ისეთი ცოდვაა უფლის წინაშე, რომ მისი მიტევება არ შეიძლება. ამიტომ უნდა შეგეძლოს სულების გარჩევა სიმართლის თანახმად.

რა თქმა უნდა მკაცრად უნდა გააფრთხილო ხალხი

და არ უნდა მისცე მათ ყოფაქცევას უფლება, თუ ისინი შეეცდებიან სხვებს ბოროტი სულები მიაღებინონ ან მართლა ერეტიკოსები არიან ღმერთის თვალში. ტიტე 3:10-ში წერია "*მწვალებელ კაცს, ერთი თუ ორი შეგონების შემდეგ, განეშორე.*"

დღეს უამრავი ადამიანი კიცხავს ეკლესიებს ერეტიკოსებად ან დევნიან მათ სხვადასხვა გზით, რომლებიც ცნობენ უფალს და თან ახლავთ სული წმინდის სამუშაოები, რადგან ასეთ ხალხს არ შეუძლია სულების განსხვავება. მიუხედავად იმისა რომ ისინი აცხადებენ რომ უფლის სწამთ, მათ არ აქვთ საკმარისი ბიბლიის ცოდნა ერესზე. ზოგჯერ მათ ერესის მნიშვნელობაც კი არ იციან.

სხვების დევნის შემთხვევაში სწორი ცოდნის ნაკლებობის გამო, თუ ხალხი მოინანიებს მათ მიეტევებათ. თუმცა, თუ ისინი ხელს შეუშლიან უფლის სამუშაოებს ბოროტი განზრახვით და შურით მიუხედავად იმისა, რომ მათ იციან ეს არის სული წმინდის სამუშაო, მათ არასოდეს ეპატიებათ.

შენ შეგიძლია ნახო ამის მაგალითი ბიბლიაში. მარკოზი 3-ში, როდესაც იესომ შეასრულა ზებუნებრივი ნიშნები და სასწაულები მათ, ვისაც მისი შურდათ გაავრცელეს ჭორი, რომ იგი იყო შეშლილი. ჭორი ისე ფართოდ გავრცელდა, რომ მისი ოჯახის წევრები, რომლებიც დიდ მანძილზე ცხოვრობდნენ მოვიდნენ მის საზოგადოებიდან წასაყვანად.

სამართლის მასწავლებლებმა და ფარისევლებმა გააკრიტიკეს იესო, ამბობდნენ "*ხოლო*

იერუსალიმიდან ჩამოსული მწიგნობრები ამბობდნენ: ბელზებული ჰყავს და ეშმაკთა მთავრიც შეწევნით აძევებსო ეშმაკთ" (მარკოზი 3:22). მათ ჰქონდათ უფლის სიტყვის საფუძვლიანი ცოდნა. მათ კარგად იცოდნენ კანონი და ასწავლეს ხალხს და მაინც მათ წინააღმდეგობა გაუწიეს უფლის სამუშაოებს შურიანობის გამო.

მეორე, "სული წმინდის სამუშაოებთან დაპირისპირება" არის სული წმინდის ხმის გამოწვევა, რომელიც უფლისგან არის მიცემული, ან განსჯა და დევნა სული წმინდის სამუშაოებისა და ხალხზე ზიანის მიყენების ცდა.

მაგალითად, სული წმინდის წინააღმდეგ ლაპარაკია, როდესაც ჭორებს ავრცელებ ან საბუთებს აყალბებ, ან პასტორს ან ეკლესიას კიცხავ "ერეტიკოსებად," სადაც სული წმინდის სამუშაოებია ნაჩვენები.

მაშინ რას ნიშნავს "ვინც იტყვის სიტყვას კაცის ძის წინააღმდეგ, მიეტევება მას?" "კაცის ძე" ამ სტროფში მიმართავს იესოს, რომელიც მოვიდა ადამიანად, სანამ ჯვარზე აცვამდნენ.

კაცის ძის წინააღმდეგ ლაპარაკი ნიშნავს იესოს სიტყვაზე დაუმორჩილებლობას, მის უბრალო ადამიანად მიჩნევას, რადგან იგი მოვიდა ხორცად. იესოს მაცხოვრად არ აღიარება უცოდინრობის შედეგია. ამ შემთხვევაში შენ მიგეტევება და შეგიძლია გადარჩე მხოლოდ მაშინ, თუ საფუძვლიანად

მოინანიებ და მიიღებ უფალს.

ამიტომ თუ შენ ამ სახის ცოდვას ჩაიდენ უცოდინრობის გამო ან სული წმინდის მიღებამდე, ღმერთი გაძლევს შესაძლებლობას რომ მოინანიო.

თუმცა, თუ შენ არ დაემორჩილები და შეეწინააღმდეგები უფალს, როდესაც იცი თუ ვინ არის იესო ქრისტე, მაშინ შენ უნდა გააცნობიერო ის ფაქტი, რომ არასოდეს მიგეტევება, რადგან ეს იგივეა რომ ილაპარაკო სული წმინდის წინააღმდეგ და შეეწინააღმდეგო მის სამუშაოებს.

მესამე, ღვთისგმობა ასევე ნიშნავს ისეთი რაღაცეები დამცირებას, რაც არის საღვთო და წმინდა. სული წმინდის გმობა ასევე ნიშნავს სული წმინდის დამცირებას, ღმერთის სულს და ღმერთის ღვთისმეტყველებას. თუ შენ ავად ახსენებ სული წმინდის სამუშაოებს, იტყვი რომ ისინი სატანის სამუშაოებია ან თუ დაჟინებით იტყვი რაიმეზე სული წმინდის სამუშაოაო, როდესაც ეს სიცრუეა, ეს არის ღმერთის საუკუნო ძალის დამცირების ცოდვა. ასევე, სიმართლის სიცრუედ ქადაგება და სიმართლის სიცრუედ გაკიცხვა არის "სული წმინდის გმობა."

ძველად თუ ვინმეს დაიჭერდნენ მეფის გმობის გამო, ამას ღალატად თვლიდნენ და სიკვდილით სჯიდნენ.

თუ შენ დაგმობ წმინდა ღვთისმეტყველებას უფლისა, რომელიც არის ყოვლისშემძლე და რომელიც არ შეედრება არც ერთ მეფეს მსოფლიოში, შენ ეს

არასოდეს მიგეტევება.

იესოსაც კი, რომელიც იყო ღმერთი და მოვიდა ამქვეყნად ხორციად, არავინ გაუკიცხავს. თუ შენ გაკიცხავ ძმებს და დებს და დაამცირებ სული წმინდის სამუშაოებს, როგორი საზარელი ცოდვა იქნება ეს! თუ უფლის შიში გექნება, არასოდეს არ გაუწევ მას წინააღმდეგობას ან დაამცირებ სული წმინდას.

ამიტომ, შენ უნდა გააცნობიერო, რომ ეს ცოდვები არასოდეს მიგეტევება და არასოდეს არ უნდა ჩაიდინო ისინი. მიუხედავად იმისა თუ ეს ცოდვები გაქვს ჩადენილი, შენ უნდა ეძიო უფლის წყალობა და მთელი გულით მოინანიო.

კვლავინდებურად ღვთის ძის ჯვარცმა და გმობა

კვლავინდებურად უფლის ძის ჯვარცმა მიგიყვანს სიკვდილამდე, როგორც ებრაელთა 6-შია აღწერილი.

რადგანაც შეუძლებელია, რომ ერთხელ უკვე განათლებულნი, რომელთაც იგემეს ციური ნიჭი და ეზიარნენ სულიწმიდას, შეიტკბეს ღვთის კეთილი სიტყვა და მომავალი საუკუნის ძალნი, მაგრამ მაინც დაეცნენ, – დიახ, შეუძლებელია, რომ ისინი კვლავ განახლდნენ სინანულისთვის, ვინაიდან კვლავინდებურად ჯვარს აცვამენ ძეს ღვთისას და ჰგმობენ (ებრაელთა 6:4-6).

ზოგი ადამიანი ტოვებს ეკლესიას და ღმერთს ამქვეყნიური ცდუნების გამო და ამცირებენ უფალს, მიუხედავად იმისა რომ მათ აქვთ მიღებული სული წმინდა, იციან რომ არსებობს სამოთხე და ჯოჯოხეთი და სწამთ ჭეშმარიტი სიტყვის. ჩვენ ვამბობთ ისინი იდენენ ცოდვას კვლავინდებურად ღვთის ძის ჯვარცმის და გმობისა. ასეთი ადამიანი არა მარტო ეშმაკის გაკონტროლებულ ცოდვებს ჩადის, არამედ უარჰყოფს უფალს და ეკლესიას და მორწმუნეებს დევნის და ამცირებს.

მათ უკვე გადააბარეს თავიანთი ნამუსი ეშმაკს და ამიტომ მათი გულები სავსეა წყვდიადით.

ამიტომ, მათ არც ენდომებათ მონანიება და მონანიების სული არ მივა მათთან. მათ არ აქვთ არანაირი საშუალება მონანიებისა და ამიტომ მათ არასოდეს მიეტევებათ.

იუდა ისკარიოტელმა ჩაიდინა ეს ცოდვა. იგი იყო იესოს თორმეტ მოწაფეთაგანი. მან იხილა უამრავი ნიშნები და სასწაულები, მაგრამ გახდა ხარბი და გაყიდა იესო ოცდაათ ვერცხლად. მოგვიანებით იგი სინანულით აივსო, მაგრამ მონანიების სული არ მივიდა მასთან. მისი ცოდვის მიტევება შეუძლებელია და საბოლოოდ მან თავი მოიკლა, რადგან იგი ძალზე ნაწამები იყო დანაშაულის გრძნობით (მათე 27:3-5).

განზრახ ცოდვების ჩადენა

განზრახ ცოდვების ჩადენა მას შემდეგ რაც

ჭეშმარიტების ცოდნა მიიღე არის ბოლო ცოდვა, რომელსაც სიკვდილამდე მიყავხარ.

რადგან თუ მას შემდეგ, რაც შევიცნეთ ჭეშმარიტება, კვლავ ჩვენი ნებით ვცოდავთ, უკვე აღარა რჩება მსხვერპლი ცოდვათათვის. არამედ რაღაც საზარელი მოლოდინი მსჯავრისა და მტერთა შთასანთქმელად მოგიზგიზე შურის ცეცხლი (ებრაელთა 10:26-27).

"თუ მას შემდეგ, რაც შევიცნეთ ჭეშმარიტება, კვლავ ჩვენი ნებით ვცოდავთ" ნიშნავს უკანონო რამის განმეორება, რომელსაც ღმერთი არ პატიობს. ასევე ეს ნიშნავს ცოდვის ჩადენის გაგრძელებას, როდესაც იცი რომ ეს ცოდვაა, როგორც 2 პეტრე 2:22-ში წერია *"სწორედ მათზე თქმულა მართალი ანდაზა: ძაღლი მიუბრუნდა თავის ნარწყევს და ნაბანი ღორი კვლავ წუმპეში ჩაგორდა."*

ერთის მხრივ, როდესაც დავითმა, რომელსაც ღმერთი ძალიან უყვარდა, ჩაიდინა ღალატის ცოდვა, ამან უამრავი ცოდვა დაბადა და თავის ერთერთ ყველაზე ერთგული ჯარისკაცის მკვლელობამდე მიიყვამა. თუმცა როდესაც ნათან წინასწარმეტყველმა გამოამჟღავნა მისი ცოდვა, მეფე დავითმა ეგრევე მოინანია.

მეორეს მხრივ, მეფე საული აგრძელებდა ცოდვის ჩადენას მას შემდეგაც კი, რაც სამუელ წინასწარმეტყველმა გამოამჟღავნა მისი ცოდვები.

დავითმა მოინანია და მიიღო უფლის კურთხევა, ხოლო საული მიტოვებულ იქნა, რადგან მან არ მოინანია და გააგრძელა ცოდვების ჩადენა.

გარდა ამისა ბალაამი იყო წინასწარმეტყველი, რომელსაც ჰქონდა კურთხევის და წყევლის ძალაუფლება, მაგრამ იგი კომპრომისზე წავიდა ამ სამყაროსთან, რომ მოეპოვებინა სიმდიდრე და სახელი, მას უბედური დასასრული ჰქონდა.

ერთის მხრივ სული წმინდა ქრება მათ გულებში, ვინც განზრახ იდენს ცოდვებს, რადგან უფალი მათ ზურგს აქცევს. შემდეგ ისინი კარგავენ რწმენას და ჩაიდან ბოროტებას და არასწორ საქციელებს, რომლებიც ეშმაკისგან არის გაკონტროლებული. საბოლოოდ, სული წმინდა მათში მთლიანად გაქრება და ისინი ვერ გადარჩებიან, რადგან ვერ მოინანიებენ და მათი სახელები ამოიშლება სიცოცხლის წიგნიდან (აპოკალიფსი 3:5).

მეორეს მხრივ, არსებობს ადამიანები, რომლებიც აგრძელებენ ცოდვების ჩადენას, რადგან მათ ღმერთი მხოლოდ ცოდნით იციან, მაგრამ არ სწამთ მისი გულის სიღრმეში. მათი ცოდვების მიტევება და გადარჩენა შეიძლება, როდესაც საფუძვლიანად და გულწრფელად მოინანიებენ და ექნებათ ჭეშმარიტი რწმენა.

ამიტომ, შენ უნდა იცოდე რომ ვერ გადარჩები, თუ ცოდვებს განზრახ ჩაიდენ, მიუხედავად იმისა რომ იცი არსებობს სამოთხე და ჯოჯოხეთი და გამოცდილი

გაქვს ღმერთის უხვი წყალობა.

მე ასევე იმედი მაქვს, რომ შენ მთლიანად გაიგებ რომ ცოდვები არის უკანონობა და წყვდიადი და ღმერთს სძულს ისინი თუნდაც ზოგიერთმა მათგანმა სიკვდილამდე არ მიგიყვანოს. გთხოვ იყავი ბრძენი მორწმუნე, რომელიც არანაირ ცოდვას არ იდენს.

უფლის ვაჟის ხორცი და სისხლი

იმისათვის, რომ ჯანსაღი ცხოვრება შეინარჩუნო, უნდა მოიხმარო შესაბამისი საკვები და სასმელი. ანალოგიურად, იმისათვის რომ შეინარჩუნო ჯანსაღი სული და მოიპოვო საუკუნო სიცოცხლე, კაცის ძის ხორცი უნდა ჭამო და მისი სისხლი დალიო.

ახლა შენ შეისწავლი თუ რა არის კაცის ძის ხორცი და სისხლი და რატომ უნდა ჭამო მისი ხორცი და დალიო მისი სისხლი საუკუნო სიცოცხლის მისაღებად, შემდეგ ტექსტზე დაფუძვნებით იოანე 6:53-55-დან:

უთხრა მათ იესომ: ჭეშმარიტად, ჭეშმარიტად, გეუბნებით თქვენ: თუკი არ შეჭამთ კაცის ძის ხორცს და არ შესვამთ მის სისხლს, არ გექნებათ სიცოცხლე თქვენში. ხოლო, ვინც ჭამს ჩემს ხორცს და სვამს ჩემს სისხლს, ექნება საუკუნო სიცოცხლე, და აღვადგენ მას უკანასკნელ დღეს. რადგანაც ჩემი ხორცი არის ჭეშმარიტი საჭმელი

და ჩემი სისხლი არის ჭეშმარიტი სასმელი.

რა არის კაცის ძის ხორცი?

იესო ბიბლიაში გეუბნება სამოთხის საიდუმლოებას და უფლის ნებას უამრავი იგავით. იმ ადამიანებისთვის, რომლებიც ამ სამ სივრციან სამყაროში ცხოვრობენ, ძნელია გაიგონ და გააცნობიერონ უფლის ნება, რომელიც ცხოვრობს ოთხ სივრციან სამყაროში და მის მაღლა. ამგვარად იესომ შეადარა ზეციური არა ცოცხალ რაღაცეებს, მცენარეებს, ცხოველებს და არსებებს ამ სამყაროში, რომ დაგვეხმაროს უკეთესად გავიგოთ საღვთო ნება-სურვილი.

ამიტომ უფლის ერთადერთმა ძემ იესომ შეადარა კლდე და ვარსკვლავი, რომლებიც არა სივრცულია, ერთ სივრცულ ვაზს, ორ სივრცულ ბატკანს და კაცის ძეს, რომელიც არის სამ სივრციანი.

იესოს ჰქვია კაცის ძე, ამიტომ კაცის ძის ხორცი არის იესოს ხორცი.

იოანე 1:1 გვეუბნება, რომ *"დასაბამიდან იყო სიტყვა, და სიტყვა იყო ღმერთთან და ღმერთი იყო სიტყვა."* იოანე 1:14 ამბობს, რომ *"სიტყვა ხორცად იქცა და დაემკვიდრა ჩვენს შორის, მადლითა და ჭეშმარიტებით სავსე, და ვიხილეთ დიდება მისი, დიდება მხოლოდშობილისა მამისა მიერ."*

იესო არის ის, ვინც ამქვეყნად მოვიდა ხორცად როგორც უფლის სიტყვა. ამიტომ, კაცის ძის ხორცი

არის უფლის სიტყვა, რომელიც თვით სიმართლეა და კაცის ძის ხორცის ჭამა არის ბიბლიის ღმერთის სიტყვის შესწავლა.

როგორ უნდა ვჭამოთ კაცის ძის ხორცი

გამოსვლა 12:5-ში და მომდევნო სტროფებში იესო აღწერილია როგორც "ბატკანი":

საღი, მამალი, ერთწლიანი უნდა იყოს კრავი ან თიკანი. ამ თვის მეთოთხმეტე დღემდე შეინახონ; მერე დაკლას ისრაელის მთელმა საზოგადოებამ საღამოხანს. აიღონ მისი სისხლი და სცხონ იმ სახლის ორთავე წირთხლსა და კარისათვის, სადაც შეუდგებიან ჭამას.

ჩვეულებრივ ბევრ მორწმუნეს სჯერა, რომ ბატკანი მიმართავს ახალ მორწმუნეებს, მაგრამ როდესაც ბიბლიას გულმოდგინედ შეისწავლი, ბატკანი არის იესოს სიმბოლო.

იოანე ნათლისმცემელმა მისკენ მიმავალ იესოს შემხედვარემ იოანე 1:29-ში სთქვა *"აჰა, ტარიგი ღმრთისა, რომელიც იტვირთავს ქვეყნის ცოდვებს."* და პეტრე მოციქულმა მიმართა იესოს როგორც ბატკანს 1 პეტრე 1:18-19-ში *"რაკიღა იცით, რომ ხრწნადი საფასით – ოქრო-ვერცხლით როთი ხართ გამოსყიდულნი მამათა მიერ მოცემული ამაო ცხოვრებისაგან, არამედ უმანკო და უბიწო ტარიგის –*

ქრისტეს ძვირფასი სისხლით." ამათ გარდა ბევრი სხვა გამოთქმა ადარებს იესოს ბატკანს.

რატომ ადარებს ბიბლია იესოს ბატკანს? ბატკანი არის ყველაზე რბილი და მორჩილი შინაური ცხოველებიდან. იგი ცნობს თავისი მწყემსის ხმას და ემორჩილება მას. ვერავინ ვერ გაასულელებს ბატკანს, მაშინაც თუ კი ეცდებიან მისი მწყემსის ხმის მიბაძვას. იგი აძლევს ხალხს თეთრ და რბილ ბეწვს, რძეს, ხორცს და თავისი სხეულის ყოველ ნაწილს.

როგორც ბატკანი წირავს ყველაფერს კაცობრიობისთვის, ასე დაემორჩილა იესო ღმერთის ნებას სრულყოფილად და გასწირა ყველაფერი ჩვენთვის.

იესო ამქვეყნად ხორცად მოვიდა, ზეცის სახარება იქადაგა, განკურნა უამრავი დაავადება და უძლურებანი და ჯვარს ეცვა. იესომ გასწირა ყველაფერი რომ გამოესყიდე ცოდვებისგან.

იესო შედარებულია ბატკანთან იმიტომ, რომ მისი დამახასიათებელი თვისებები და ქმედებები ჰგავს რბილ ბატკანს და ბატკნის ჭამა სიმბოლურად გამოხატავს იესოს ხორცის ჭამას, ესე იგი კაცის ძის ხორცის.

მაშინ როგორ უნდა ჭამო კაცის ძის ხორცი? მოდით ვნახოთ გამოსვლა 12:9-19, რომელიც იძლევა შემდეგ ინსტრუქცია:

> *ნუ შეჭამთ ნახევრადშემწვარს ან წყალში მოხარშულს; მხოლოდ ცეცხლზე შემწვარი ჭამეთ*

თავფეხიანად და შიგნეულიანად. დილისთვის ნუ მოირჩენთ; რაც მოგრჩებათ, ცეცხლში დაწვით.

პირველი, შენ არ უნდა შეჭამო უფლის სიტყვა მოუხარშავად

რას ნიშნავს კაცის ძის ხორცის ჭამა "მოუხარშავად?"

ჩვეულებრივ კარგი არ არის უმი ხორცის ჭამა. თუ უმ ხორცს შეჭამ, შეიძლება რაიმე ვირუსი ან ბაქტერია შეგეყაროს და ავად გახდე. ანალოგიურად, ღმერთი გეუბნება რომ არ უნდა ჭამო უფლის სიტყვა მოუხარშავად, რადგან ის მავნეა.

უფლის სიტყვა დაწერილია სული წმინდის შთაგონებით, ამიტომ შენ ის უნდა წაიკითხო და გახადო ის შენი საკვები სული წმინდის შთაგონებით.

რა მოხდება თუ უფლის სიტყვას სიტყვასიტყვით გადმოთარგმნი? შენ ალბათ არასწორად გაიგებ ღმერთის განზრახვას. ამიტომ "უფლის სიტყვის მოუხარშავად" ჭამა ნიშნავს ბიბლიის სიტყვასიტყვით გადმოთარგმნას.

როგორც იოანე 1:1-ში წერია *"სიტყვა იყო ღმერთი,"* ბიბლია შეიცავს ღმერთის გულს და ნებას და ყველაფერს რაც შესრულებულია მისი სიტყვის თანახმად.

უფლის სიტყვა გვეუბნება, თუ როგორ უნდა მივიდეთ სამოთხემდე. შენ მთლიანად უნდა გაიგო უფლის სიტყვა, რათა საუკუნო სიცოცხლე მოიპოვო.

ხორცის ადამიანს არ შეუძლია დაინახოს ან დაიპყროს სულიერი სამყარო.

ეს მომღერალი ჭიჭინობელასავით არის, როდესაც არ იცის რომ ცა არსებობს, როდესაც იგი მიწაზე მატლია. ეს არის ქათამივით რომ არიცის შორეული სამყარო, როდესაც ის კვერცხშია. ეს ბავშვივით არის, როდესაც არიცის არაფერი სამყაროს შესახებ, როდესაც იგი ისევ მისი დედის მუცელშია.

მსგავსად, სანამ ხორციელ სამყაროში ხარ არაფერი იცი სულიერი სამყაროს შესახებ.

ღმერთი გეუბნება რომ არსებობს სხვა სამყარო ამ სამ სივრციანი სამყაროს გარეთ. როგორც ჯერ კიდევ არ დაბადებულმა წიწილამ უნდა გატეხოს ნაჭუჭი, შენც ასევე უნდა დაამსხვრიო შენი ხორციელი ფიქრები, რათა გაიგო და შეხვიდე სულიერ სამეფოში.

მაგალითად, მათე 6:6-ში წერია *"შენ კი, როდესაც ლოცულობ, შედი შენს სენაკში, მოიხურე კარი და ილოცე შენი ფარული მამის მიმართ. და მამა შენი, რომელიც ხედავს დაფარულს, მოგაგებს შენ ცხადად."* თუ ამ სტროფს სიტყვასიტყვით გადმოთარგმნი, მაშინ ყოველთვის შენს ოთახში უნდა ილოცო. თუმცა, ვერ იპოვნი ვერცერთ რწმენის წინაპარს, რომელიც ყოველთვის თავის ოთახში ლოცულობდა საიდუმლოდ.

იესო არ ლოცულობდა თავის ოთახში, მაგრამ იგი ლოცულობდა მთის ფერდობზე ღამით (ლუკა 6:12) და განმარტოებულ ადგილას დილით ადრე (მარკოზი

1:35).

გარდა ამისა, დანიელი დღეში სამჯერ ლოცულობდა ფანჯარაში იერუსალიმის მიმართულებით (დანიელი 6:10) და პეტრე მოციქული კი სახურავზე (საქმე 10:9).

მაშინ რას ნიშნავს იესოს ნათქვამი "შედი შენს სენაკში, მოიხურე კარი და ილოცე?"

აქ "სენაკი" სულიერად სიმბოლურად გამოხატავს ადამიანის გულს. ამიტომ შენს სენაკში შესვლა ნიშნავს შენი ფიქრების გავლით და გულში ღრმად შესვლას, როგორც მისაღებ ოთახს ჩაუვლიდი, რომ შენს ოთახში შესულიყავი. მხოლოდ მაშინ შეგიძლია ილოცო მთელი გულით.

როდესაც შენს სენაკში შეხვალ შენ იზოლირებული ხარ გარე სამყაროსგან. მსგავსად, როდესაც ლოცულობ შენ უნდა შეაჩერო ყოველი უსარგებლო ფიქრი, დარდები და საქმეები და ილოცო მთელი გულით.

მაშასადამე, არ უნდა ჭამო კაცის მის ხორცი მოუხარშავად. შენ არ უნდა გადმოთარგმნო უფლის სიტყვა სიტყვასიტყვით. შენ უნდა გადმოთარგმნო უფლის სიტყვა სულიერად სული წმინდის შთაგონებით.

მეორე, არ შეჭამო უფლის სიტყვა წყალში მოხარშული

რას ნიშნავს "ნუ შეჭამთ წყალში მოხარშულს?" ეს იმას ნიშნავს, რომ ჩვენ არ უნდა დავამატოთ არაფერი

უფლის სიტყვა და წმინდად უნდა შევჭამოთ.

არ არის სწორი რომ იქადაგო უფლის სიტყვა და შეურიო მასში პოლიტიკა, საზოგადოების ისტორიები ან აღტაცების გამონათქვამები ან ისტორიული ცალკეული პირები.

ღმერთი, რომელმაც შექმნა ზეცები და დედამიწა და აკონტროლებს კაცობრიობის სიცოცხლეს და სიკვდილს, კურთხევას და წყევლას, არის ყოვლისშემძლე და არ აქვს არანაირი ნაკლი.

1 კორინთელთა 1:25-ში *"რადგანაც სიშლეგე ღვთისა კაცთა სიბრძნეზე უფრო ბრძნულია, და უძლურება ღვთისა – კაცთა ძლიერებაზე უფრო ძლიერი."* ეს ჩაწერილია, რათა გააცნობიერო რომ ყველაზე ბრძენი და საუკეთესო ადამიანიც კი არ შეედრება ღმერთს.

შენს მთელ ცხოვრებაში ვერ შემლებ ყველაფრის ქადაგებას რაც ბიბლიაშია. მაშინ როგორ ბედავ ხალხის სიტყვის არევას ღმერთის სიტყვაში ქადაგებისას?

დრო და დრო ხალხის სიტყვა იცვლება. თუ კი რაიმე სიმართლეა მასში, უკვე ყველაფერი ნათქვამია ბიბლიაში და ნათქვამია ღმერთის სიბრძნით.

ამიტომ, შენი პირველი პრიორიტეტი უნდა იყოს უფლის წმინდა სიტყვა ბიბლიის სწავლებისას. რა თქმა უნდა, შენ შეგიძლია მისცე იგავები ან ილუსტრაციები, რათა ხალხს უფრო ადვილად გააგებინო უფლის სიტყვა და სულიერი სამყაროს საიდუმლოებები.

შენ უნდა გააცნობიერო, რომ ღმერთის სიტყვა არის სამარადისო და სრულყოფილი და სრული სიმართლე, რომელიც წინ გიძღვება საუკუნო სიცოცხლისაკენ.

ამგვარად შენ არ უნდა შეჭამო მისი სიტყვა წყალში მოხარშული.

მესამე, შენ უნდა ჭამო უფლის სიტყვა ცეცხლზე შემწვარი

რას ნიშნავს *"ცეცხლზე შემწვარი ჭამეთ თავფეხიანად და შიგნეულიანად?"* (გამოსვლა 12:9) ეს იმას ნიშნავს, რომ შენ უნდა გახადო უფლის სიტყვა, კაცის ძის ხორცი შენს სულიერ საკვებად მთლიანად, არაფრის დატოვებით.

მაგალითად ზოგ ადამიანს ეჭვი ეპარება, რომ მოსემ ზღვა გაყო. ზოგი არც კი სცდილობს წაიკითხოს ლევიანნი, რადგან მსხვერპლად შეწირვები ძველ აღთქმაში რთულია გასაგებად. ზოგი კი ამბობს, რომ იესოს შესრულებული სასწაულები ძნელია დასაჯერებლად და ფიქრობენ, რომ ეს სასწაულები მხოლოდ 2000 წლის წინათ შეიძლებოდა მომხდარიყო. ისინი ტოვებენ უამრავ რამეს, რაც ადამიანის ფიქრებს არ შეესაბამება და ცდილონენ ამოიღონ მხოლოდ მორალური გაკვეთილები.

მათ არც კი ანაღვლებთ რომ გაითვალისწინონ ისეთი სიტყვები, როგორიცაა "გიყვარდეს შენი მტერი" ან "თავი აარიდე ყოველი ბოროტების სახეობას," რადგან ეს სიტყვები, როგორც ჩანს ძალიან ძნელია მათთვის რომ დაემორჩილონ. შესაძლებელი იქნება მათი გადარჩენა?

ამიტომ, შენ არ უნდა ამოიღო ბიბლიიდან მარტო

ის, რაც გინდა როგორც სულელი ხალხი აკეთებს. შენ უნდა ჭამო ბიბლიის ყოველი სიტყვა ცეცხლზე შემწვარი დაბადების წიგნიდან აპოკალიფსამდე.

მაშინ რას ნიშნავს "ცეცხლზე შემწვარი" უფლის სიტყვის ჭამა? ცეცხლი აქ მიმართავს სული წმინდის ცეცხლს. შენ უნდა აღივსო სული წმინდით და მისი შთაგონებით, როდესაც კითხულობ და უსმენ უფლის სიტყვას, რადგან ის დაწერილია სული წმინდის შთაგონებით. წინააღმდეგ შემთხვევაში ის მხოლოდ ცოდნაა და არა სულიერი საკვები.

რათა უფლის სიტყვა ცეცხლზე შემწვარი ჭამო, მხურვალედ უნდა ილოცო. ლოცვები გაძლევს საშუალებას აივსო სული წმინდით. თუ შენ უფლის სიტყვას შეჭამ სული წმინდის შთაგონებით, ის თაფლზე ტკბილია. არასოდეს არ მოგწყინდება მიუხედავად იმისა, თუ ქადაგება ძალიან გრძელია, რადგან ის არის ძალიან ძვირფასი და შენ გიყვარს უფლის სიტყვის მოსმენა, როგორც როგორც მწყურვალი ირემი ეძებს მდინარეს.

ასე უნდა ჭამო უფლის სიტყვა ცეცხლზე შემწვარი. მხოლოდ ამ გზით გაიგებ მის სიტყვას, გახდი მას შენს სულიერ ხორცს და სისხლს და გააცნობიერებ და დაიცავ უფლის ნებას. ასე ბადებ შენ სულს სული წმინდით, ზრდი შენს რწმენას და აღიდგენ ღმერთის დაკარგულ გამოსახულებას ადამიანების მთლიანი მოვალეობის აღმოჩენით.

თუმცა, ისინი ვინც უფლის სიტყვას თავიანთი

ფიქრებით ჭამენ ცეცხლზე შეწვის გარეშე, მათთვის უფლის სიტყვა მოსაწყენი ხდება და ვერ იმახსოვრებენ, რადგან ისინი მას უსმენენ ფუჭი ფიქრებით. მათ არ შეუძლიათ სულიერად გაზრდა და არც ჭეშმარიტი სიცოცხლის მოპოვება.

მეოთხე, შენ არ უნდა მოიტოვო უფლის სიტყვა დილისთვის

რას ნიშნავს "დილისთვის ნუ მოირჩენთ; რაც მოგრჩებათ, ცეცხლში დაწვით?"

ეს იმას ნიშნავს, რომ შენ უნდა ჭამო კაცის ძის ხორცი, უფლის სიტყვა ღამით. სამყარო, რომელშიც შენ ახლა ცხოვრობ არის ბნელი სამყარო ეშმაკის მიერ გაკონტროლებული და მისი სულიერი გამოჩენა შეიძლება მხოლოდ ღამით. როდესაც ჩვენი უფალ ისევ მოვა, ყოველი წყვდიადი გაწრება და ყველაფერი აღდგება; იქნება დილა, სინათლის სამყარო.

ამიტომ, "დილისთვის ნუ მოირჩენთ" ნიშნავს, რომ შენ უნდა შეისწავლო უფლის სიტყვა, რათა მოამზადო შენი თავი უფლის საცოლედ სანამ ის დაბრუნდება.

გარდა ამისა, უფალი მოვა თუ არა, შენ მაინც 70 ან 80 წელი ცხოვრობ და არ იცი როდის შეხვდები უფალს. სანამ უფალს შეხვდები შენ იზრდები სულიერად იმდენად, რომ კაცის ძის ხორცს ჭამ და სისხლს სვამ. ამიტომ შენ ბეჯითად უნდა შეისწავლო უფლის სიტყვა და სულიერად გაიზარდო.

თუ შენ გაქვს მამების რწმენა შენი სულის მუდმივად გაზრდით, შენ მიიღებ წყალობას როგორც მოკაშკაშე მზე უფლის ტახტთან ახლოს მის სამეფოში, რადგან შენ იცი ღმერთი, რომელიც დასაწყისიდან არსებობს, ანვითარებს სული წმინდის ცხრა ნაყოფს და ნეტარებას და დაემსგავსები უფლის სახეს.

კაცის ძის სისხლის დალევა

სიცოცხლის შესანარჩუნებლად შენ საჭმლის ჭამისას წყალი უნდა სვა. თუ წყალს არ დალევ საჭმელს ვერ მოინელებ და მოკვდები. როდესაც საჭმელი წყალთან არეული ჩადის კუჭში, მაშინ ინელებ, საკვები შთაინთქმება და ნარჩენი გამოიყოფა.

ანალოგიურად, როდესაც კაცის ძის ხორცს ჭამ, თუ მის სისხლს არ დალებ ვერ მოინელებ. ამიტომ, შენ მოიპოვებ საუკუნო სიცოცხლეს კაცის ძის ხორცის ჭამით მისი სისხლის დალევასთან ერთად.

"კაცის ძის სისხლის დალევა" ნიშნავს, რომ უფლის სიტყვა განახორციელო მოქმედებაში რწმენით. უფლის სიტყვის მოსმენის შემდეგ მნიშვნელოვანია რომ მისი მიხედვით მოიქცე და ეს არის რწმენა. თუ შენ არ მოიქცევი უფლის სიტყვის თანახმად, უსარგებლოა მისი მოსმენა.

როგორც საკვები შთინთქმება და ნარჩენი გამოიყოფა, როდესაც საჭმელს ინელებ, უფლის სიტყვა, სიმართლე შთაინთქმება და სიცრუე გამოიყოფა, როდესაც უფლის სიტყვის თანახმად

მოიქცევი, რათა გაწმინდო შენი ბინძური გული.

მაშინ რა არის "შთანთქმული სიმართლე" და "გამოყოფილი სიცრუე?" ვთქვათ შენ მოისმინე უფლის სიტყვა "არ გძულდეთ, მაგრამ გიყვარდეთ ერთმანეთი." თუ მას შენს საკვებად აქცევ და მოიქცევი მის თანახმად, საკვები სახელად სიყვარული შთაინთქმება და ნარჩენი სახელად სიძულვილი გამოიყოფა. შენი გული ავტომატურად ხდება წმინდა და უფრო მართალი ბინძური ფიქრების გამოყოფით.

მოიქეცი უფლის სიტყვის მიხედვით მისი მოსმენის შემდეგ

თუმცა, თუ არ მოიქცევი უფლის სიტყვის მიხედვით, მაშინ შენ არ სვამ კაცის ძის სისხლს. ამიტომ, უფლის სიტყვა თავში მხოლოდ ცოდნის ნაწილია და შენ ვერ გადარჩები, თუ არ მოიქცევი მის მიხედვით.

კაცის ძის სისხლის დალევა და უფლის სიტყვის მიხედვით მოქცევა, ვერ მოხერხდება მარტივად ადამიანის ძალით. შენ უნდა გქონდეს სურვილი და ძალა რომ მოიქცე მისი სიტყვის მიხედვით და შემდეგ მიიღო უფლის წყალობა, ძალა და სული წმინდის დახმარება მხურვალედ ლოცვით.

თუ შენივე ძალით განდევნი შენს ცოდვებს, იესოს ჯვარცმა არ იქნებოდა საჭირო და ღმერთს არ დასჭირდებოდა სული წმინდის გამოგზავნა.

იესო ქრისტე ჯვარს ეცვა, რომ შენთვის ცოდვები

მიეტევებინა, რადგან შენ ცოდვის პრობლემას შენით ვერ მოაგვარებ და უფალმა გამოგზავნა სული წმინდა რომ დაგეხმაროს შენი ბინძური გულის გაწმენდაში.

სული წმინდა, ღმერთის სული ეხმარება მის შვილებს იცხოვრონ სამართლიანად და უმწიკვლოდ. ამიტომ, სული წმინდის დახმარებით უფლის შვილებმა უნდა იცხოვრონ მისი სიტყვის მიხედვით, განდევნონ ყოველი ცოდვა და მიიღონ უფლის სიყვარული და კურთხევა.

პატიება მხოლოდ ნათელში სიარულით

რომ ვთქვათ, რომ შენ კაცის ძის ხორცს ჭამ და მის სისხლს სვამ, ეს ნიშნავს, რომ შენ მოქმედებ უფლის სიტყვის თანახმად. მაშინ ეს რა სახის ქმედებებს ეხება? შენ უნდა იმოქმედო ნათელში. შენ ტოვებ წყვდიადს და მოქმედებ ნათელში, როდესაც ჭამ კაცის ძის ხორცს, ინელებ მას და ხდი შენს გულს ჭეშმარიტს. როდესაც ნათელში მოქმედებ, უფლის სისხლი გწმენდს წარსულის, აწმყოს და მომავლის ცოდვებისგან.

მაშინაც კი, როდესაც მოუშორებელი ცოდვები გაქვს, როდესაც მოინანიებ მთელი შენი გულით უფლის წინაშე, ცოდვები მოგეტევება ღმერთის წყალობით. ისინი, ვისაც ჭეშმარიტად სწამს ღმერთის და ცდილობენ მიაღწიონ სამართლიანობას თავიანთ გულებში, აღარ არიან ცოდვილები, ისინი ხდებიან

სამართლიანი ადამიანები და მათი გადარჩენა შეიძლება და შეუძლია მოიპოვონ საუკუნო სიცოცხლე.

უფალი არის სინათლე

1 იოანე 1:5 ამბობს, რომ *"ეს არის აღთქმა, რომელიც ვისმინეთ მისგან, და გაუწყებთ, რომ ღმერთი არის ნათელი და არ არის მასში არავითარი ბნელი."*

იოანე მოციქული, რომელმაც დაწერა 1 იოანე, პირდაპირ იესოსგან იყო სწავლული, რომელიც მოვიდა ამქვეყნად და გახდა სინათლე და გზა ღმერთამდე ამ სამყაროსთვის.

ამგვარად იოანე 1:4-5-ში წერია იესოს შესახებ *"მასში იყო სიცოცხლე, და სიცოცხლე იყო ნათელი კაცთა. ნათელი ბნელში ნათობს და ბნელმა იგი ვერ მოიცვა."* იესომ აღიარა თავისი თავი *"მე ვარ გზა, ჭეშმარიტება და სიცოცხლე; ვერავინ მივა მამაჩემთან, თუ არა ჩემს მიერ"* (იოანე 14:6).

ამიტომ იესოს მოწაფეებმა იხილეს ის ფაქტი, რომ "ღმერთი არის ნათელი" იესოს მეშვეობით და შეტყობინება, რომელიც მათ შენ გამოგიცხადეს არის ის, რომ "ღმერთი არის ნათელი."

ნათელი სულიერად ნიშნავს ჭეშმარიტებას

მაშინ რა არის "ნათელი?" სულიერად, ნათელი ნიშნავს ჭეშმარიტებას და ჭეშმარიტება არის წყვდიადის საპირისპირო.

უფალი გვეუბნება ეფესელთა 5:8-ში *"რადგან ოდესღაც ბნელი იყავით, ახლა კი ნათელი ხართ უფალში. მაშ, იარეთ, როგორც ნათლის შვილებს შეშვენით."* *ისინი, ვინც შეტყობინებას ისმენენ, რომ "ღმერთი არის სინათლე"* და სწავლობენ ჭეშმარიტებას უფლისგან, შეუძლიათ იკაშკაშონ და გაანათონ ეს სამყარო, როგორც ნათელი დევნის წყვდიადს.

ნათელის შვილები, რომლებიც იქცევიან სიმართლის მიხედვით ისხამენ სინათლის ნაყოფს. ამიტომ წერია ეფესელთა 5:9 *"ვინაიდან ნათლის ნაყოფი ყოველგვარ სიკეთეშია, სამართლიანობასა და ჭეშმარიტებაში."* 1 კორინთელთა 13-ში აღწერილი სულიერი სიყვარული და სული წმინდის ნაყოფი როგორიცაა სიყვარული, სიხარული, მშვიდობა, მოთმინება, გულკეთილობა, სიკეთე, ერთგულება, გულჩვილობა და თავშეკავება არის სინათლის ნაყოფი.

ამიტომ, ნათელი მიმართავს ყოველ სიმართლის სიტყვას სიკეთეზე, სიმართლეზე და სიყვარულზე როგორიცაა "გიყვარდეს იგი, ილოცე, შეინარჩუნე შაბათი, დაიცავი ათი მცნება" რომელსაც უფალი გეუბნება ბიბლიაში.

წყვდიადი სულიერად ნიშნავს ცოდვას

წყვდიადი მიმართავს ვითარებას, სადაც ნათელი არ არსებობს და სულიერად ნიშნავს ცოდვას.

ყოველი არასწორი რამ, რაც სიმართლის საპირისპიროა არის ისეთი რამეები, რაც რომაელთა

1:28-29-ში წერია *"ასე რომ, აღვსილნი არიან ყოველგვარი უსამართლობით, ბოროტებით, ანგარებით, სიავით, სავსენი შურით, მკვლელობით, შუღლით, ვერაგობით, უზნეობით, მაბეზღარობით."* ეს ყველაფერი წყვდიადია.

ბიბლია გეუბნება, რომ განდევნო ის ყველაფერი, რაც წყვდიადს ეკუთვნის, როგორიცაა ქურდობა, მკვლელობა, ღალატი და ყველა სახის ბოროტება.

ერთის მხრივ ზოგი ადამიანი იბრალებს უფლის შვილობას, მიუხედავად იმისა, რომ ისინი მის სიტყვას არ ემორჩილებიან და აკეთებენ ისეთ რამეებს, რასაც უფალი უკრძალავს. ეს წყვდიადი ეშმაკის და სატანის მიერ არის გაკონტროლებული და ეკუთვის ამ სამყაროს, ამიტომ ეს ვერასოდეს იქნება ნათელთან ერთად. ამიტომ ისინი, ვინც წყვდიადში მოქმედებენ სძულთ ნათელი და ცხოვრობენ მისგან მოშორებით.

მეორეს მხრივ, უფლის ჭეშმარიტი შვილები, რომლებიც ნათელში ცხოვრობენ და რომლებშიც არ არსებობს წყვდიადი, უნდა გაშორდნენ წყვდიადს და იმოქმედონ ნათელში. მხოლოდ მაშინ შენ შეძლებ უფალთან კავშირს და ყველაფერი კარგად წავა შენს ცხოვრებაში.

ღმერთთან მეგობრობის ქონის სიცხადე

ჩვეულებრივ, არსებობს ძალიან ახლო მეგობრობა სიყვარულზე დაფუძნებული მშობლებსა და შვილებს შორის. ანალოგიურად, შენთვის ცხადია, ვისაც სწამს

იესო ქრისტესი, რომ ჰქონდეს მეგობრობა ღმერთთან, რომელიც არის შენი სულის მამა (1 იოანე 1:3).

მეგობრობა აქ ნიშნავს არა მხოლოდ ერთის ცნობას, არამედ ორივეს ერთმანეთის კარგად ცნობას. შენ ვერ იტყვი, რომ მეგობრობა გაქვს პრეზიდენტთან მიუხედავად იმისა, რომ შენ იცი ბევრი რამ მის შესახებ. ეს იგივე შენი მეგობრობა ღმერთთან. რათა უფალთან ჭეშმარიტი მეგობრობა გქონდეს, შენ კარგად უნდა იცნობდე მას, როგორც ის გიცნობს შენ.

1 იოანე 1:6-7 ამბობს *"თუ ვამბობთ, მას ვეზიარებითო და ბნელში კი დავდივართ, ვცრუობთ და არ ვიქცევით ჭეშმარიტებას თანახმად. ხოლო თუ ნათელში დავდივართ, როგორც თვითონვეა ნათელში, მაშინ ერთმანეთს ვეზიარებით მისი ძის - იესო ქრისტეს სისხლი ყოველგვარი ცოდვისგან გაგვწმენდს."*

ეს იმას ნიშნავს, რომ შენ გაქვს უფალთან მეგობრობა მხოლოდ მაშინ, როდესაც განდევნი ყოველ ცოდვას და იმოქმედებ ნათელში. თუ შენ იტყვი რომ მეგობრობა გაქვს ღმერთთან და მაინც მოქმედებ და ცხოვრობ წყვდიადში, ეს სრული სიცრუეა.

ღმერთთან მეგობრობის ქონდა ნიშნავს სულიერი და მართალი მეგობრობის ქონას, არა მხოლოდ ურწმუნო მეგობრობას, როდესაც იცნობ მას მხოლოდ შენი ცოდნით, თვით შენ უნდა იყო ნათელი, რომ გქონდეს მეგობრობა ღმერთთან, რადგან იგი არის ნათელი. სული წმინდა, უფლის გული გარკვევით გასწავლის უფლის ნებას იმდენად, რომ შენ რჩები

ჭეშმარიტებაში, რათა გქონდეს უფრო ღრმა კავშირი ღმერთთან, როდესაც უფლის სიტყვას კითხულობ და ლოცულობ.

თუ წყვდიადში ივლი

შენ ამბობ სიცრუეს, როდესაც იძახი უფალთან გაქვს მეგობრობა და წყვდიადში დადიხარ და ცოდვებს იდენ. ეს არ არის ჭეშმარიტებაში სიარული და შენ საბოლოოდ წახვალ სიკვდილის გზაზე.

1 სამუელი 2-ში მღვდელი ელის ვაჟები ბოროტად მოიქცნენ და ცოდვები ჩაიდინეს. მას ისინი უნდა დაესაჯა, მაგრამ ელიმ მხოლოდ გააფრთხილა "რატომ აკეთებთ ასეთ რაღაცეებს? შენ ეს არ უნდა გააკეთო."

საბოლოოდ ღვთის რისხვა დაატყდათ. მღვდელი ელის ორი ვაჟი ბრძოლაში მოკვდა და ელი სკამიდან უკან გადავარდა კარიბჭის გვერძე; მას კისერი მოსტყდა და გარდაიცვალა. ღვთის რისხვა დაატყდათ მის შთამომავლებსაც (1 სამუელი 2:27-36; 4:11-22).

მაშასადამე, ეფესელთა 5:11-13-ში წერია *"ნუ ეზიარებით ბნელის უნაყოფო საქმეს, არამედ უმეტესად ამხილეთ, ვინაიდან რასაც ფარულად სჩაიდან ისინი, სათქმელადაც სამარცხვინოა. ხოლო ყოველივე მხილებული ნათლით ცხადდება."*

თუ არსებობს ვინმე, ვინც იბრალებს რომ ღმერთთან მეგობრობა აქვს, მაგრამ არ დადის ნათელში, შენ მას სიყვარულით უნდა ურჩიო. თუ იგი მაინც არ გამოვა ნათელში, მაშინ შენ უნდა დატუქსო იგი, რათა

ნათელისკენ წარუძღვე, რომ სიკვდილის გზისკენ არ გადავარდეს.

შენდობა ნათელში სიარულით

ამ სამყაროში არსებობს კანონი და როდესაც ვინმე მას დაარღვევს, იგი დაისჯება საქციელის მიხედვით. თუმცა, იგი თავის სინდისში დამნაშავედ იგრძნობს თავს, რადგან ზიანი უკვე მიყენებულია თუნდაც გადაიხადოს იმისათვის რაც ჩაიდინა და რისთვისაც დაისაჯა.

მსგავსად, შენ ჯერ კიდევ გაქვს ცოდვილი ბუნება შენს გულში, თუნდაც იესო ქრისტე მიიღო, ცოდვები მოგეტევოს და მართლად აღიარდე. ამიტომ, უფალი გიბრძანებს, რომ წინდაიცვითო შენი გული, რათა არ იგრძნო თავი დამნაშავედ შენს სინდისშიც კი.

როგორც იერემია 4:4-ში წერია *"წინდაიცვითეთ უფლისათვის და მოიშორეთ გულის ჩუჩა, იუდას ხალხო და იერუსალიმის მკვიდრნო, რათა ცეცხლივით არ აინთოს ჩემი რისხვა თქვენი ბოროტმოქმედების გამო და ისე არ აბრიალდეს, რომ ვერავინ ჩააქროს"* გულის ჩუჩის მოშორება ნიშნავს გულის კანის მოჭრას.

გულის კანის მოჭრა ნიშნავს უფლის სიტყვის დაცვას რაც ბიბლიაში წერია, როგორიცაა "გააკეთე," "არ გააკეთო," "შეინახე," ან "განდევნე." სხვა სიტყვებით ეს ნიშნავს იმ ყველაფრის განდევნას, რაც უფლის სიტყვის წინააღმდეგ არის, როგორიცაა სიცრუე, ბოროტება, უსამართლობა, უკანონობა და

წყვდიადი, უნდა გაწმინდო შენი გული და აავსო ჭეშმარიტებით.

ამიტომ, შენ ბეჯითად უნდა გახადო უფლის სიტყვა შენს საკვებად მის თანახმად მოქცევით და გამოყო ბოროტების ნარჩენი და სიცრუე, რომელიც წყვდიადს ეკუთვნის. როდესაც გულს წინდაცვითავ, შენ შეძლებ სულიერად გაზრდას.

როდესაც გახდებული სულიერი და მართალი ადამიანი ცოდვის და ბოროტების ნარჩენად გამოყოფით, მაშინ გექნება მეგობრობა ღმერთთან. შემდეგ იესო ქრისტეს სისხლი გაწმენდს შენს ცოდვებს, რადგან შენ ეს მეგობრობა გაქვს.

ამიტომ, შენ არა მხოლოდ უნდა მიიღო იესო ქრისტე და გამოცხადდე სამართლიანად, არამედ უნდა შეიცვალო სამართლიან ადამიანად კაცის ძის ხორცის ჭამით და სისხლის სმით.

რწმენა მოქმედებით არის ჭეშმარიტი რწმენა

შენ ხედავ უამრავ ადამიანს, რომლებიც ზუსტად არ იგებენ რწმენის მნიშვნელობას. ზოგი ამბობს "რატომ უბრალოდ ეკლესიაში არ მიდიხარ? შენ მაინც გადარჩები."

თუ შენ მოუსმენ უფლის სიტყვას და გაიგებ მას, მაგრამ მისი მიხედვით არ მოიქცევი, ეს მხოლოდ რწმენაა შენს თავში ცოდნის სახით და არა ჭეშმარიტი

რწმენა. ამ გზით ვერ გადარჩები. რა არის რწმენა, რომელსაც ღმერთი აღიარებს? როგორ შეგიძლია გადარჩე რწმენით?

ჭეშმარიტი მონანიება მოითხოვს ცოდვებიდან მობრუნებას

1 იოანე 1:8-9 ამბობს, რომ *"არ იყო ის ნათელი, არამედ რათა ემოწმებინა ნათლისათვის. იყო ნათელი ჭეშმარიტი, რომელიც აანათლებს ყველა კაცს, მომავალს ქვეყნად."*

მაშინ რა რის ცოდვების აღიარება?

მოდით ვივარაუდოთ, რომ ღმერთი გეუბნება "აღმოსავლეთით წასვლა არის საუკუნო სიცოცხლის გზა და ჩემი ნება, ამიტომ წადი აღმოსავლეთით." მიუხედავად ამისა, თუ შენ განაგრძობ დასავლეთით სიარულს და იტყვი "ღმერთო, აღმოსავლეთით უნდა წავიდე, მაგრამ მე მივდივარ დასავლეთით, ამიტომ გთხოვ მომიტევე," ეს არ არის აღიარება. ეს არ არის უფლის რწმენა ან მისი შიში, ეს მისი დაცინვაა. ჭეშმარიტი მონანიება ხდება არა მხოლოდ შენი ცოდვების ტუჩებით აღიარებით, არამედ ცოდვებისგან სრულიად შემობრუნებით. მხოლოდ მაშინ ღმერთი იღებს მას მონანიებად და გაძლევს შენდობას.

თუ მოკვდები შიმშილით, მიუხედავად იმისა რომ იცი ჭამა აუცილებელია სიცოცხლის შესანარჩუნებლად, არ განიწმინდები უფლის სისხლით, თუ უბრალოდ ტუჩებით აღიარებ შენს

ცოდვებს და არ შემობრუნდები მათგან.

რწმენა მოქმედებების გარეშე არის მკვდარი რწმენა

იაკობი 2:22-ში წერია *"ხომ ხედავ, რომ რწმენა შეეწია მის საქმეს, საქმქმ კი სრულყო რწმენა."* სტროფი 26 შემდგომში აგრძელებს: *"ვინაიდან როგორც სხეული მკვდარია სულის გარეშე, ასევე რწმენაც მკვდარია საქმის გარეშე."*

უამრავი ადამიანი დადის ეკლესიაში, რადგან მათ გაგონილი აქვთ, რომ არსებობს სამოთხე და ჯოჯოხეთი. თუმცა, რადგან მათ ჭეშმარიტად არ სწამთ ამ ფაქტის, მოქმედებები თან არ ახლავს.

ეს არის მხოლოდ რწმენა როგორც ცოდნა და მკვდარი რწმენა.

გარდა ამისა, თუ შენ აღიერებ შენი ტუჩებით, რომ გწამს და მაინც ცოდვებში ცხოვრობ, როგორ შეგიძლია თქვა რომ რწმენა გაქვს? ბიბლია გეუბნება, რომ ცოდნით ჩადენილი ცოდვა უარესია, ვიდრე ცოდნის გარეშე.

როდესაც აღიარებ "მე მწამს" მოქმედებების გარეშე, შენ შეიძლება იფიქრო რომ გაქვს რწმენა, მაგრამ ღმერთი ამ რწმენას არ ცნობს ჭეშმარიტ რწმენად.

ისრაელიანებმა, რომლებიც ეგვიპტეში მოვიდნენ გამოცადეს ღმერთის უამრავი სამუშაო. ღმერთმა გაყო წითელი ზღვა, მისცა მათ ციური მანა და მწყერი და დაიცვა ისინი დილით ღრუბლის სვეტით და ღამით

ცეცხლის.

თუმცა, როდესაც უფალმა უბრძანა მათ ეთვალთვალათ კანაანის მიწაზე, მხოლოდ იესომ და ქალებმა დაიჯერეს უფლის სიტყვის და ძალის. შედეგად ამ ისრაელიანებს, რომლებიც ღმერთს არ დაემორჩილნენ, რადგან არ ჰქონდათ ძლიერი რწმენა რომ წასულიყვნენ კანაანში, ჰქონდათ ორმოც წლიანი გამოცდები უდაბნოში და საბოლოოდ იქ მოკვდნენ.

შენ უნდა გააცნობიერო, რომ უსარგებლოა თუ არ გჯერა უფლის ან არ იქცევი მისი სიტყვის თანახმად, თუნდაც იხილო და გამოცადო მისი სამუშაოები. რწმენა მთლიანია მოქმედებებით.

მხოლოდ ისინი არიან სამართლიანნი, ვინც კანონს იცავს

უფალი გვეუბნება რომაელთა 2:13-ში, რომ *"რადგანაც რჯულის მსმენელნი კი არ არიან მართალნი ღვთის წინაშე, არამედ რჯულის აღმასრულებელნი გამართლდებიან."*

შენ არ ხარ სამართლიანი მხოლოდ ეკლესიაში წასვლით და ქადაგების მოსმენით. შენ ხდები სამართლიანი მხოლოდ მაშინ, როდესაც მცდარი გული ხდება ჭეშმარიტი გული ღმერთის სიტყვით მოქმედების თანახმად.

ზოგი ამბობს რომ შეგიძლია გადარჩე თუ იესო ქრისტეს "უფალს" დაუძახებ მხოლოდ შენი ტუჩებით, სწორად არ იგებენ რომაელთა 10:13-ს *"რადგანაც*

უფლის სახელის ყველა მხმობელი ცხონდება." მაგრამ ეს სავსებით არასწორია. როგორც ესაია 34:16-ში წერია *"მოძებნეთ უფლის წიგნში და წაიკითხეთ: არცერთი მათგანი არ დააკლდება, სათითაოდ საძებარნი არ იქნებიან, რადგან თავად მისმა სულმა თავი მოუყარა."* უფლის სიტყვას ყავს თანაშემწე და მაშინ ხდება სრულყოფილი, როდესაც გადათარგმნილი იქნება მისით.

რომაელთა 10:9-10-ში წერია *"რადგან თუ შენი ბაგეებით უფლად აღიარებ იესოს და გულით გწამს, რომ ღმერთმა აღადგინა იგი მკვდრეთით, - ცხონდები. ვინაიდან გულითა სწამთ სიმართლისათვის, ბაგით კი აღიარებენ ცხონებისათვის."* მხოლოდ მათ შეუძლიათ თავიანთი სიმართლის ტუჩებით აღიარებმა, ვისაც გულით სჯერა რომ იესო ქრისტე აღსდგა, რაგან ისინი ცხოვრობენ უფლის სიტყვის თანახმად. ისინი გადარჩებიან, როდესაც ამ ჭეშმარიტი რწმენით აღიარებენ და გახდებიან უფრო მეტად სამართლიანები, მაგრამ ისინი, ვინც ამ რწმენით არ აღიარებენ ვერ გადარჩებიან.

ამიტომ სთქვა იესომ მათე 13:-49-50-ში *"ასე იქნება ქვეყნის დასასრულიც; მოვლენ ანგელოზები და მართალთაგან განაშორებენ უკეთურთ; და ჩაყრიან მათ სახმილის ცეცხლში, და იქნება იქ ტირილი და კბილთა ღრჭიალი."*

აქ "მართალთაგანი" მიმართავს ყველა იმას, ვინც ცნობს ღმერთს და ამბობენ რომ რწმენა აქვთ. "ბიწიერის მართლისგან გამოყოფა" ნიშნავს რომ ისინი,

ვინც უფლის სიტყვის თანახმად არ იქცევიან ვერ გადარჩებიან ეკლესიაში სიარულით და ქრისტიანული ცხოვრების ცხოვრებით.

უფალს მართლა სურს შენი გულის წინდაცვეთა

ღმერთს სურს მისი შვილები იყვნენ წმინდანები და სრულყოფილები. ამიტომ გვეუბნება იგი 1 პეტრე 1:15-ში *"არამედ წმიდა იყოს თქვენი ყოველი ქცევა, როგორც წმიდაა თქვენი მხმობელი"* და მათე 5:48-ში *"მაშ იყავით სრულქმნილნი, როგორც სრულქმნილია თქვენი ზეციერი მამა."*

ძველი აღთქმის დროს ხალხის ხსნა შეიძლებოდა მოქმედებებით, მაგრამ ახალი აღთქმის დროს, როდესაც იესო ქრისტემ სიყვარულით შეასრულა კანონი, შენ გადარჩენილი ხარ რწმენით.

"გადარჩენილი ქმედებების კანონით" ნიშნავს, რომ თუნდაც შენ გაქვს, მაგალითად ბინძური გული რომ მოკლა ვინმე, შეიძულო, უღალატო, მოატყუო და ა.შ. ეს არ არის მიჩნეული ცოდვათ, თუ იგი არ არის განხორციელებული მოქმედებად.

ღმერთი არ სჯიდა ხალხს, სანამ არ განახორციელებდნენ არასწორ ქმედებებს, რადგან მათ არ შეეძლოთ თვითონ განედევნათ ცოდვები სული წმინდის გარეშე ძველი აღთქმის დროს. თუმცა, ძველი აღთქმის დროს შენ გადარჩებოდი მხოლოდ მაშინ, როდესაც წინდაცვეთდი შენს გულს რწმენაში სული წმინდის დახმარებით. სული წმინდა გეხმარება

დაინახო განსხვავება ცოდვასა და სამართლიანობაში და დასკვნაში და გაძლევს საშუალებას იცხოვრო უფლის სიტყვის თანახმად. ამიტომ, შენ შეგიძლია განდევნო სიცრუე და წინდაცვითო შენი გული სული წმინდის დახმარებით.

შენ უნდა გააცნობიერო, რომ ღმერთი მართლა გთხოვს გულის წინდაცვეთას, ცოდვების განდევნას, რათა იყო წმინდა და მონაწილეობა მიიღო საღვთო ბუნებაში. პავლე მოციქულმა იცოდა ეს უფლის ნება და ასწავლა გულის წინდაცვეთა და არა ხორცის (რომაელთა 2:28-29). მან შენ გირჩია, რომ წინააღმდეგობა უნდა გაუწიო ცოდვებს სისხლის ღვრამდე და თვალი მიაპყრო იესოს, რწმენის სრულყოფ წინამძღვარს (ებრაელთა 12:1-4).

მე იმედი მაქვს, რომ შენ გაქვს ჭეშმარიტი რწმენა ქმედებების თანხლებით და აცნობიერებ იმას, რომ სამოთხეში ვერ შეხვალ მხოლოდ "უფალო, უფალოს" ძახილით, მხოლოდ სინათლეში სიარულით და გულის წინდაცვეთით.

თავი 9

რათა დაიბადო წყლად და სულით

- ნიკოდემუსი მიდის იესოსთან
- იესო ეხმარება ნიკოდემუსს სულიერ გაგებას
- როდესაც იბადები წყლითა და სულით
- სამი დამამტკიცებელი საბუთი: სული, წყალი და სისხლი

"ფარისეველთა შორის იყო
ერთი კაცი, სახელად ნიკოდემე,
იუდეველთა მთავარი,
რომელიც ღამით მივიდა
იესოსთან და უთხრა: რაბი,
ვიცით, რომ ღმრთისაგან
მოსულხარ მოძღვრად,
ვინაიდან არავის შეუძლია შენს
მიერ მოხდენილ სასწაულთა
ქმნა, თუკი მასთან არ არის
ღმერთი. ხოლო იესომ მიუგო:
ჭეშმარიტად, ჭეშმარიტად
გეუბნები შენ: ვინც არ
დაიბადება ხელახლა, ვერ
იხილავს ღმრთის სასუფეველს.
უთხრა მას ნიკოდემემ: როგორ
შეიძლება დაიბადოს მოხუცი
კაცი? ხომ არ შეუძლია
ხელმეორედ შევიდეს დედის
საშოში და კვლავ დაიბადოს?
მიუგო იესომ: ჭეშმარიტად,
ჭეშმარიტად გეუბნები შენ:
ვინც არ დაიბადება წყლისა და
სულისაგან, ვერ შევა ღმრთის
სასუფეველში."

იოანე 3:1-5

უფალმა გამოგზავნა იესო ქრისტე, მისი ერთადერთი ძე და ამით მან გახსნა გზა ხსნისაკენ. ვინც მიიღებს მას, იგი მიიღებს უფლებას, რომ გახდეს ღვთის შვილი და დაჯილდოვდება კურთხეული და საუკუნო ცხოვრებით ახლა და სამუდამოდ. თუმცა, დღეისათვის ადვილი შესამჩნევია, რომ უამრავ ხალხს არ აქვს ხსნის იმედი მიუხედავად იმისა, რომ მათ მიიღეს იესო ქრისტე. უფრო მეტიც, ზოგიერთი ამბობს რომ მათ მიიღეს ხსნა, მაგრამ გადარჩენისადმი რწმენა მაინც აკლიათ, ზოგიერთი კი ამბობს რომ ისინი გადარჩებიან, ვინაიდან მათ ერთხელ უკვე განიცადეს სული წმინდა, მაგრამ მათ არ აღელვებთ თავიანთი სამომავლო ქმედებანი.

ახლა, რომ დავასკვნათ ჯვრის გზავნილი, მოდით ნათლად შევხედოთ იმას, თუ როგორ უნდა მივაღწიოთ სრულყოფილ ხსნას მას შემდეგ რაც მიიღებ იესო ქრისტეს, ნიკოდემუსის ამბავის მეშვეობით.

ნიკოდემუსი მიდის იესოსთან

იესოს მოღვაწეობის პერიოდში, ფარისევლები მოსეს

კანონის მიმართ დიდ პატივისცემას გამოხატავდნენ და ცდილობდნენ უხუცესთა ტრადიციები შეენარჩუნებინათ. ისინი რელიგიური წინამძღვრები გახლდნენ რჩეულნი ისრაელიანთა შორის, რომლებსაც წამდათ უფლის უმაღლესი ხელისუფლების, აღდგომის, ანგელოზების, განკითხვის და მესიის მოსვლის.

მაგრამ იესომ უსაყვედურა მათ, იძახდა "ვაი თქვენ ფარისეველნო." ისინი, როგორც თვალთმაქცები, ხალხს გარედან წმინდად აჩვენებდნენ თავს, მაგრამ შიგნიდან იყვნენ გაუმაძღრები და თვით შემწყნარებლები როგორც გათეთრებული საფლავის ქვები (მათე 23:25-36).

ნიკოდემუსს კეთილი გული ჰქონდა

ნიკოდემუსი იყო ებრაული მმართველი საბჭოს, სახელად სანედრინის, ერთერთი ფარისეველთაგანი. თუმცა, იგი არ დევნიდა იესოს სხვა ფარისევლების მსგავსად. პირიქით, მას სჯეროდ რომ იესო უფლისგან მოვლენილი იყო, მისი სასწაულებისა და ნიშნების შემხედვარე. ნიკოდემუსს აინტერესებდა ვინ იყო იესო ქრისტე, რადგან მას კეთილი გული ჰქონდა.

იოანე 7:51-ში, ნიკოდემუსი ეკითხება ფარისევლებს, თუ ვის სურს იესოს შეპყრობა და იცავს მათ"განა ჩვენი რჯული განსჯის კაცს, თუ წინასწარ არ მოუსმინა და გაიგო, რა ჩაიდინა?"

ამდაგვარი ლაპარაკი სანედრინის წევრისათვის იმ

დროში არცთუ ისე ადვილი საქმე იყო. ეხლაც კი, თუ მთავრობა რაიმე სახით ზღუდავს ან უკრძალავს ქრისტიანობას კანონით, ოფიციალური პირები ერიდებიან ქრისტიანობის მხარდაჭერას. გარდა ამისა, ებრაელები იმ დროში იუდაიზმის გარდა ყველა სხვა რელიგიას, როგორც ყალბს ისე განიხილავდნენ. ნიკოდემუსმა იცოდა, რომ იგი შეიძლებოდა ეკლესიიდან მოეკვეთათ თუ იესოს მხარდაჭერას გამოუცხადებდა.

მიუხედავად ამისა, ნიკოდემუსმა დაიცვა იესო. ამით მან დაამტკიცა, რომ იგი მართალი კაცი იყო და მისი იესოსადმი რწმენა მტკიცე იყო.

იოანე 19:39-40 ასახავს სცენას იესოს ჯვარზე გარდაცვალების შემდეგ:

მოვიდა ნიკოდემეც (ერთხელ ღამით რომ მივიდა იესოსთან) და მოიტანა სმირნისა და ალოეს ნაზავი, ასიოდ ლიტრა. აიღეს იესოს გვამი და ტილოებში გახვიეს, ნელსაცხებელთან ერთად, როგორც მოითხოვს იუდეველთა დაკრძალვის წესი.

ნიკოდემუსს სჯეროდა, რომ იესო ღვთის შვილი იყო, ულალატოდ ემსახურებოდა იესოს მისი ჯვარცმის შემდეგაც კი და მიიღო ხსნა იესოს აღდგომის რწმენით.

ნიკოდემუსი მიდის იესოსთან

იოანე 3-ში არის დიალოგი იესოსა და ნიკოდემუსს შორის, სანამ იგი მიხვდა ჭეშმარიტებას სულში.

ერთ ღამეს ნიკოდემუსი მივიდა იესოსთან და გულახდილად უთხრა *"რომელიც ღამით მივიდა იესოსთან და უთხრა: რაბი, ვიცით, რომ ღმერთისაგან მოსულხარ მოძღვრად, ვინაიდან არავის შეუძლია შენს მიერ მოხდენილ სასწაულთა ქმნა, თუკი მასთან არ არის ღმერთი"* (სტროფი 2).

თავდაპირველად ნიკოდემუსმა არ იცოდა, რომ იესო იყო მესია და უფლის ძე. თუმცა, მას შემდეგ რაც მან იხილა სასწაულები, ნიკოდემუსმა გაათვითცნობიერა რომ იესო იყო უფლის ძე, რადგან მას ჰქონდა წმინდა სინდისი. თავისი წმინდა სინდისით, მან იცოდა რომ ის იყო ყოვლისშემძლე ღმერთი, რადგან მკვდრების გაცოცხლება, ბრმებისათვის თვალის ახელა, ხეიბარის ფეხზე წამოყენება და კეთროვანების განკურნება მხოლოდ მას შეეძლო.

მაშინ რატომ მივიდა იგი იესოსთან ღამით? იგი ერთერთი იმათგანი იყო, რომლებსაც არ სურთ ეკლესიის თვალსაჩინოდ სტუმრობა, რადგან მათ აკლიათ შემოქმედი ღმერთისადმი რწმენა.

იმისდა მიუხედავად, რომ ნიკოდემუსს კეთილი გული ჰქონდა, იგი მაინც არ იყო ჭეშმარიტი რწმენით განმსჭვალული. იგი არ იყო იესოში, როგორც უფლის ძეში და მესიაში, დარწმუნებული და ამიტომაც იგი

ღამით ეწვია ქრისტეს და არა დღისით ყველას დასანახად.

იესო ეხმარება ნიკოდემუსს სულიერ გაგებას

იესომ უთხრა ნიკოდემუსს *"ხოლო იესომ მიუგო: ჭეშმარიტად, ჭეშმარიტად გეუბნები შენ: ვინც არ დაიბადება ხელახლა, ვერ იხილავს ღმრთის სასუფეველს"* (იოანე 3:3).

ნიკოდემუსმა საერთოდ ვერ გაიგო ეს. შემდგემ მან კიდევ ერთხელ ჰკითხა, "როგორ შეიძლება ადამიანი დაიბადოს, თუ იგი მოხუცებულია?" მას არ გააჩნდა სულიერი რწმენა და ამიტომაც იყო გაკვირვებული, "მოხუცი კაცი კვდება და უბრუნდება მიწას და ამის შემდეგ როგორ უნდა იშვას იგი ხელახლა?"

შემდეგ იესომ მიუგო მას წყლითა და სულით დაბადების შესახებ: *"ჭეშმარიტად, ჭეშმარიტად გეუბნები შენ: ვინც არ დაიბადება წყლისა და სულისაგან, ვერ შევა ღმრთის სასუფეველში. ხორცის მიერ შობილი ხორცია და სულის მიერ შობილი - სული"* (სტროფები 5-6).

როცა ნიკოდემუსი დაინტერესდა იესოს ნათქვამით, იესომ მას იგავით აუხსნა: *"ქარი, სადაც სურს, ქრის, და გესმის მისი ხმა, მაგრამ არ იცი, საიდან მოდის ან საით მიდის; ასევეა სულის მიერ ყველა შობილიც"* (სტროფი 8).

ადამის დაუმორჩილებლობის შემდეგ ყველა
ადამიანის სული მოკვდა და სიკვდილი ყველას
ბედისწერად იქცა. თუმცა, ადამიანის სული
ცოცხლდება როდესაც სული წმინდა იბადება.
როდესაც ადამიანი სულიერი ხდება, იგი იბრუნებს
ღვთის სახეს და გადარჩება. მაგრამ ნიკოდემუსმა ვერ
გაიგო რა იგულისხმა იესომ (სტროფი 9).
მან იკითხა, "ეს როგორ შეიძლება იყოს?" იესომ
უპასუხა:

> თუ მიწისა გითხარით და არ ირწმუნეთ,
> როგორღა ირწმუნებთ, რომ გითხრათ, ცისას?
> არავინ ასულა ზეცად, გარდა ზეცით ჩამოსული
> კაცის ძისა, რომელიც არის ცაში. და როგორც
> მოსემ აღმართა გველი უდაბნოში, ასევე უნდა
> აღიმართოს ძეც კაცისა. რათა ყოველი მისი
> მორწმუნე კი არ წარწყმდეს, არამედ ჰქონდეს
> საუკუნო სიცოცხლე (სტროფები 12-15).

რიცხვნი 21:4-9, ებრაელები, რომლებიც ეგვიპტიდან
წამოვიდნენ წინ აღუდგნენ მოსეს, რადგან მათი
მოგზაურობა ქანაანისკენ სულ უფრო რთულდებოდა.
შედეგად უფალმა მათ ზურგი შეაქცია და გესლიანი
გველები მიუგზავნა, რომლებმაც დაკბინეს ხალხი.
როდესაც ისინი დახმარებას ითხოვდნენ, უფალმა
უთხრა მოსეს რომ შეექმნა ბრინჯაოს გველი და შუბზე
წამოეცვა. უფალმა გადაარჩინა ისინი ვინც ამას
უყურებდა, მაგრამ დაგესლილი ხალხი გარდაიცვალა,

რადგან მათ თავი არც კი შეუწუხებიათ რომ ამისთვის შეეხედათ.

რომ გაიგო უფლის სიტყვა სულიერად

რატომ ბრძანა უფალმა ბრინჯაოს გველის შექმნა და შემდგომ მისი შუბზე წამოცმა? დაბადება 3:14-დან ჩვენ ვიცით რომ გველი დაწყევლილი იყო. გარდა ამისა, გალათელთა 3:13-ში წერია *"წყეულია ყველა, ვინც ჰკიდია ძელზე."*

ამიტომ, ბრინჯაოს გველის შუბზე წამოცმა იმის სიმბოლოა, რომ იესოს ხის ჯვარზე გააკრავენ, როგორც დაწყევლილ გველს, რომ გამოისყიდოს შენი ცოდვები. გარდა ამისა, ისევე როგორც გადარჩნენ ისინი ვინც შეხედა გველს, ასევე გადარჩებიან ისინი ვინც ირწმუნებენ იესო ქრისტეს.

ნიკოდემუსს არ ესმოდა უფლის სიტყვის არსი, ვინაიდან იგი ჯერ არ იყო წყლითა და სულით ნაშობი და სულიერი თვალები მას ჯერ კიდევ არ ახელოდა.

დღესაც კი, მანამ სანამ შენ არ ხარ ნაშობი წყლითა და სულით და სანამ სულიერი თვალები დახუჭული გაქვს, შენ ვერ გაიგებ უფლის სიტყვის აზრს, მიიღებ მას პირდაპირი მნიშვნელობით და გაურკვევლობაში აღმოჩნდები.

გულმოდგინედ უნდა ილოცო, რომ ჩაწვდე უფლის სიტყვის სულიერ მნიშვნელობას სული წმინდის შთაგონებით. შემდეგ მოწყალე ღმერთი გააღებს შენს გულს და გაიგებ მის სიტყვას და დაგეუფლება

ნამდვილი რწმენა.

როდესაც იბადები წყლითა
და სულით

იესომ უთხრა ნიკოდემუსს, როდესაც ღამით ეწვია "ჭეშმარიტად, ჭეშმარიტად გეუბნები შენ: ვინც არ დაიბადება წყლისა და სულისაგან, ვერ შევა ღმრთის სასუფეველში. ხორცის მიერ შობილი ხორცია და სულის მიერ შობილი - სული" (იოანე 3:5-6). მოდით კარგად გავარკვიოთ თუ რას ნიშნავს წყლითა და სულით დაბადება. როგორ არის შესაძლებელი წყლითა და სულით ხელახლა შობა და ხსნის მიღება?

წყალი საუკუნო ცხოვრების სიმბოლოა

წყალი ხსნის წყურვილს და ამშვიდებს სხეულის შინაგან ორგანოებს. ის ასევე ასუფთავებს შენს სხეულს შიგნიდან და გარედან.

იესომ წყალი, საუკუნო სიცოცხლის წყალთან იმიტომ შეადარა, რომ აეხსნა რომ იგი გწმენდს და მოაქვს სიცოცხლე.

იესო გვეუბნება იოანე 4:14-ში "მაგრამ ვინც დალევს წყალს, რომელსაც მე მივცემ, აღარ მოსწყურდება უკუნისამდე, რადგან წყალი, რომელსაც მე მივცემ, იმ წყაროს წყლად იქცევა, საუკუნო სიცოცხლედ რომ

იდინებს მასში.”

წყალს თუ დალევ, აღარ გწყურია გარკვეული დროის მანძილზე, მაგრამ შემდგომ მაინც მოგწყურდება. წყალი საღმრთო წერილში ნიშნავს საუკუნო წყალს. ის ვინც დალევს იესოს მიერ ნაბოძევ წყალს, მას აღარასდროს მოწყურდება. კერძოდ, ”წყალი წარმოშობს საუკუნო სიცოცხლეს” გაძლევთ სიცოცხლეს.

იოანე 6:54-55-ში წერია *”ხოლო, ვინც ჭამს ჩემს ხორცს და სვამს ჩემს სისხლს, ექნება საუკუნო სიცოცხლე, და აღვადგენ მას უკანასკნელ დღეს. რადგანაც ჩემი ხორცი არის ჭეშმარიტი საჭმელი და ჩემი სისხლი არის ჭეშმარიტი სასმელი.”* ეს არის იესოს სისხლი, რომელიც მარადიული წყალია.

უფრო მეტიც, მისი ”ხორცი” პირდაპირ კავშირშია ბიბლიურ სიტყვებთან, ვინაიდან მისი ხორცი არის სიტყვა, რომლის ჭამითაც შენ აღრმავებ რწმენას.

იესოს სისხლი არის სიცოცხლე და სიცოცხლე არის სიმართლე. სიმართლე არის ქრისტე და ქრისტე არის უფლის ძალა. ეს ყველაფერი იესოს სისხლია. ვინაიდან უფლის ძალა რწმენით მოდის, იესოს სისხლის დალევა ნიშნავს მისი სიტყვებისადმი რწმენით მორჩილებას.

თქვენ გაიგეთ, რომ წყალი სულიერად არის იესოს ხორცის სიმბოლო - რომელიც არის უფლის სიტყვა. როგორც წყალი წმენდს თქვენს სხეულს, ასევე უფლის სიტყვა გაშორებთ ყოველ უარყოფითს თქვენი გონებიდან.

ამიტომაც არის, რომ ნათლობა წყლით ხდება და

ნათლობა იმის სიმბოლოა, რომ შენ უფლის შვილი ხარ და ცოდვებისგან შენდობილი. გარდა ამისა, ეს ნიშნავს, რომ შენ უნდა გაიაზრო უფლის სიტყვა და განიწმინდო ყოველდღიურად.

ხელახალი დაბადება წყლის მეშვეობით

როგორ უნდა ჩამოიბანო სიბინძურე გულიდან უფლის სიტყვის მეშვეობით, რომელიც მარადიული წყალია?

არსებობს 4 ტიპის ბრძანება, რომლებსაც უფალი გვაძლევს: ”რა შეიძლება,” ”რა არ შეიძლება,” „შენახვა“ და ”მოშორება.” მაგალითად, უფალმა გითხრა რომ არ შეიძლება ისეთი რაღაცეების კეტება როგორებიცაა შური, სიძულვილი, გასამართლება, მოპარვა, ღალატი და მკვლელობა.

ასევე, არ უნდა ჩაიდინო ის რაც აკრძალულია და ამავდროულად ეცადო, რომ თავიდან მოიცილო ყოველი ბოროტება. ასევე უნდა შეინახო შაბათი, სახარება, ლოცვა და ურთიერთ სიყვარული. ამის შემდეგ სული წმინდის დახმარებით შენი გული თანდათან აივსება სიმართლით და უფლის სიტყვა გაგწმენდს ცოდვებისგან. ამ გზით, შენი გული გარდაიქმნება სიმართლედ უფლის სიტყვის შესაბამისი ქმედებებით და ეს არის ”წყლით დაბადება.”

ამიტომ, სრული ხსნის მისაღებად, შენ არა მხოლო იესო უნდა მიიღო, არამედ მიენდო და დაუჯერო

უფლის სიტყვას შენი ცხოვრების თითოეულ მომენტში.

ხელახლა დაბადება სულით

ხსნის მისაღებად, შენ უნდა დაიბადო როგორც წყლით, ასევე სულით. როგორ უნდა დაიბადო სულით? საქმე 19:2-ში პავლე მოციქულმა ჰკითხა მოწაფეებს ”თუ მიიღეთ სული წმინდა, როცა ირწმუნეთ?” რას ნიშნავს სული წმინდის მიღება?

პირველი ადამიანი შედგებოდა ”სულისგან,” ”სამშვინველისგან” და ”სხეულისგან” (1 თესალონიკელთა 5:23), მაგრამ მისი სული მოკვდა დაუმორჩილებლობის შედეგად. შემდეგ იგი გახდა არსება, რომელიც შედგებოდა სამშვინველისა და სხეულისგან და არ იყო ცხოველზე უკეთესი (ეკლესიასტე 3:18).

თუ მოინანიებ საკუთარ ცოდვებს და აღიარებ რომ ხარ ცოდვილი, უფალი გიბოძებს სული წმინდას ნიშნად იმისა, რომ შენ ხარ მისი შვილი (საქმე 2: 38).

ღვთის ნებისმიერი შვილი, ვინც მიიღებს სული წმინდას, შესძლებს კეთილისა და ბოროტის გარჩევას უფლის სიტყვის მეშვეობით და უფლის სიტყვის შესაბამისად და მისი ძალითა და სიმხნევით ცხოვრებას, რომელიც მოვლენილი იქნება ზეციდან მხურვალე და შეუჩერებელ ლოცვებზე პასუხად.

ამ გზით, შენ შეიცვლები სიმართლისაკენ და სულიერი რწმენით შეძლებ სული წმინდის მეშვეობით

სულის შობას. იოანე 3:6-ში წერია *"ხორცის მიერ შობილი ხორცია და სულის მიერ შობილი – სული"* და იოანე 6:63-ში *"სული ცხოველმყოფელია, ხორცი კი ყოვლად ურგები; სიტყვები, მე რომ გითხარით, სული არის და სიცოცხლე."*

გახდე სულიერი ადამიანი, სული წმინდაზე მინდობით

როდესაც იბადები წყლითა და სული წმინდით, შენ გეძლვნება ზეცის მოქალაქეობა (ფილიპელთა 3:20). როგორც ღვთის შვილი, შენ ესწრები წირვა-ლოცვებს, ადიდებ მას სიხარულით და ესწრაფი სინათლეში ცხოვრებას.

სული წმინდის მიღებამდე, შენ ცხოვრობდი სიბნელეში, რადგან შენ არ იცოდი სიმართლე. თუმცა, როცა მიიღებ სული წმინდას, შენ ეცდები რომ იცხოვრო სინათლეში.

რაც დრო გადის, შენ ამჩნევ, რომ გულში სიხარული გაქვს და ამასთანავე გრძნობ მუდმივ შინაგან ბრძოლას. ეს იმიტომ, რომ სული წმინდის ძალა ებრძვის ცოდვილ ხასიათს, ხორციელ, თვალხილულ ცხოვრებას. (1 იოანე 2:16).

მოციქული პავლე საუბრობდა ამ ბრძოლაზე: *"ვინაიდან, როგორც შინაგანი კაცი, ღვთის რჯულით ვტკბები. მაგრამ ჩემს ასოებში სხვა რჯულსა ვხედავ, რომელიც ეურჩება ჩემი გონების რჯულს, და ცოდვის იმ რჯულის ტყვედ მაქცევს, რომელიც არის ჩემს*

ასოებში. ვაიმე, ბედრკულს! ვინ დამიხსნის სიკვდილის ამ სხეულისაგან?" (რომაელთა 7:22-24)

როდესაც იბადები წყლითა და სულით, შენ ხდები ღვთის შვილი. მაგრამ ეს არ ნიშნავს იმას, რომ შენ ეხლა სულიერად უმანკო პიროვნება ხარ.

ამიტომ გალათელთა 5:16-17 გვეუბნება ჰოდა, მე ვამბობ: *"სულიერად იარეთ და ნუ ცდილობთ აღასრულოთ ხორცის სურვილი, რადგან ხორცს სულის საპირისპიროდ სურს, სულს კი – ხორცის საპირისპიროდ; ისინი ერთმანეთს ეურჩებიან, რათა ვერ აღასრულონ ის, რაცა გსურთ."*

იმისათვის, რომ მიჰყვე სული წმინდას, შენ უნდა იცხოვრო ღვთის სიტყვის შესაბამისად და აკეთო უფლისთვის სასიამოვნო და მისაღები ქმედებანი. ამრიგად, თქვენ თუ გაჰყვებით სულის სურვილებს, თქვენ აირიდებთ ცდუნებას და შეძლებთ ეშმაკისა და სატანის ცოდვილი სურვილების დაგმობას. თქვენ შეძლებთ იცხოვროთ სიმართლით და მიუძღვნათ თქვენი თავი ღვთიურ სამეფოს და უფლის სიმართლეს.

სული წმინდის სურვილებს მინდობილი შენ განიცდი სიხარულსა და მშვიდობას. მაგრამ, თუ შენ გაყვები ცოდვილი ბუნების სურვილებს, მაშინ უბედურებით დამძიმდები.

როდესაც შენი რწმენა მომწიფდება, შენ შეძლებ შენი ცოდვების გამოსყიდვას და სული წმინდის სურვილებზე აყოლას. ცოდვილი ბუნების მისწრაფებანი, რომელიც შენშია, გაქრება. უფრო

მეტიც, შენ აღარ მოგიწევს ცოდვილ ფიქრებთან ბრძოლა. შენ შეძლებ, რომ მუდმივად იყო მხიარული ნებისმიერ გარემოებაში.

უფალი კმაყოფილია იმათგან, ვინც მინდობილი არის სული წმინდის სურვილებზე. იგი აძლევს მათი გულების სურვილებს, როგორც იგი დაგვპირდა ფსალმუნნი 37:4-ში *"ისიამოვნე უფლის მიერ და ის აგისრულებს გულის წადილს."*

თუ შენ გულს შეცვლი ერთ მთლიან სიმართლედ, უფალი ძალიან კმაყოფილი იქნება შენით და შენთვის ყველაფერს შესაძლებელს გახდის. იმედი მაქვს, რომ შენ დაიბადები წყლითა და სულით და იცხოვრებ სული წმინდის სურვილების შესაბამისად.

სამი დამამტკიცებელი საბუთი: სული, წყალი და სისხლი

როგორც უკვე აგიხსენით, შენ უნდა იშვა წყლითა და სულით რომ გადარჩე. თუმცა, იმისათვის რომ მიიღო სრული ხსნა, შენ უნდა განიწმინდო ცოდვებისგან იესოს სისხლით.

თუ შენი გული არ არის სუფთა, შენში კიდევ ბუდობს ცოდვა. ამიტომ, შენ გესაჭიროება იესო ქრისტეს სისხლი, რომ განიწმინდო დარჩენილი ცოდვებისგან.

ამის შესახებ, 1 იოანე 5:5-8 გვეუბნება შემდეგს:

ვინ არის ქვეყნის მძლეველი, თუ არა ის, ვისაც სწამს, რომ იესო არის ძე ღვთისა? ეს არის იესო ქრისტე, რომელიც მოვიდა წყლითა და სისხლით; არა მარტო წყლით, არამედ წყლითა და სისხლით; და ამას მოწმობს სული, რადგანაც სულია ჭეშმარიტება. ვინაიდან სამნი მოწმობენ ზეცად: მამა, სიტყვა და სული წმიდა, ხოლო ეს სამი ერთია. და სამნი მოწმობენ ქვეყნად: სული, წყალი და სისხლი, ხოლო ეს სამი ერთია.

იესო მოდის წყლითა და სისხლით

იოანე 1:1-ში წერია, რომ *"ღმერთი იყო სიტყვა"* და იოანე 1:14-ში *"სიტყვა ხორცად იქცა და დაემკვიდრა ჩვენს შორის, მადლითა და ჭეშმარიტებით სავსე. და ვიხილეთ დიდება მისი, დიდება მხოლოდშობილისა მამისა მიერ."* ეს არის იესო, ღმერთის ერთადერთი ძე და უფლის სიტყვა. მოევლინა დედამიწას ხორციელად, რომ გვაპატიოს ჩვენი ცოდვები. დღესაც, ის აგრძელებს უფლის სიტყვით ჩვენს წმენდას - ბიბლიის მეშვეობით.

თუმცა, შენ ვერ შეძლებ უფლის სიტყვის შესაბამისად ცხოვრებას, თუ არ მიჰყევი სული წმინდის სურვილებს. შეუძლებელია ცოდვების თავიდან არიდება მხოლოდ საკუთარი ძალისხმევით. შენ უნდა მიიღო სული წმინდის დახმარება მხურვალე ლოცვის მეშვეობით, რომ მოიშორო ხორციელი, თვალხილული გატაცებანი. მხოლოდ ამის შემდეგ შესძლებ ბნელი და არა მართალი გულის ნადების

მოცილებას.

გარდა ამისა, შენ გჭირდება სისხლის გამოშვება იმისათვის, რომ გეპატიოს. ებრაელთა 9:22-ში წერია, რომ *"ასე რომ, რჯულის მიხედვით, თითქმის ყველაფერი სისხლით განიწმიდება, და სისხლის დათხევის გარეშე არ არსებობს მიტევება."* შენ გჭირდება იესოს სისხლი იმიტომ, რომ მხოლოდ მისი უმწიკლო სისხლი მოგანიჭებს პატიებას.

შენ უნდა ირწმუნო იესო, რომელიც მოვიდა წყლითა და სისხლით და მიიღო სული წმინდა უფლისგან მღვნად იმისთვის, რომ მიიღო ხსნა, რომლისთვისაც გჭირდება მომდევნო სამი რამ: სული, წყალი და სისხლი.

თუ არ მოხდება სისხლის გამოშვება, არც პატიება იქნება და შენ ისევ ცოდვებში ხარ ჩაფლული. მხოლოდ სიტყვა და წყალი არაა საკმარისი განწმენდისათვის, საჭიროა ასევე სული წმინდის სურვილის შესაბამისად ცხოვრება. ასე, რომ ეს სამი თანხმობაშია ერთმანეთთან.

ამიტომ, მას შემდეგ რაც იესო ქრისტეს მივიღებთ და ცოდვები გვეპატიება, ჩვენ უნდა გავაგრძელოთ წყლითა და სულით არსებობა იმისათვის, რომ მივიღოთ სრულყოფილი ხსნა. უნდა გავიაზროთ ის, რომ ეს სამება - სული, წყალი და სისხლი ერთობლივად არის ხსნა და მიგვიძღვის ზეცისაკენ.

თავი 10

რა არის ერესი?

- ერესის ბიბლიური განმარტება
- ჭეშმარიტების სული და
  ცდომილების სული

”იყვნენ ცრუ წინასწარმეტყველნიც ხალხში, ისევე, როგორც თქვენში იქნებიან ცრუმოძღვარნი, რომელნიც შემოიღებენ წარმწყმედ მწვალებლობას, უარყოფენ მათ გამომსყიდველ უფალს და მალე თვითონვე წარიწყმედენ თავს. ბევრი გაჰყვება მათ თავაშვებულობას და მათი წყალობით დაიგმობა ჭეშმარიტების გზა. ანგარებით აღძრულნი ცრუ სიტყვებით მოგისყიდიან, მაგრამ არ დააყოვნებს მათი სასჯელი და არ სძინავს წარწყმედას მათსას.”

2 პეტრე 2:1-3

ვინაიდან მატერიალიზმის ცივილიზაცია განვითარდა, ხალხმა გადაწყვიტა უფლის უარყოფა, რადგან ისინი თავიანთ სიბრძნესა და ცოდნას ეყრდნობიან. ცოდვები გავრცელდა და ხალხის სულები დაბნელდა და ხალხი კორუმპირებულია. ამიტომაც არის, რომ უამრავი ხალხი ტყუვდება, რადგან მათ არ შესწევთ უნარი სიმართლისა და სიცრუის გასარჩევად. ისინი ასევე შეცდომებს უშვებენ სხვების განსჯით თავიანთ ცოდნასა და თეორიებზე დაყრდნობით.

მათე 12:22-32-ში იესომ განკურნა დემონით შეპყრობილი ადამიანი, რომელიც ბრმა და მუნჯი იყო. თუმცა, როდესაც ეს ფარისევლებმა გაიგეს, მათ თქვეს *"ეს თუ ეშმაკებს აძევებს, მხოლოდ ეშმაკთა მთავრის, ბელზებულის შეწევნითო"* (სტროფი 24). მათ მიაჩნდათ, რომ უფლის სამუშაო დემონისგან იყო განხორციელებული.

იესომ უთხრა მათ მათე 12:31-32-ში *"ამიტომ გეუბნებით თქვენ: ყოველი ცოდვა და გმობა მიეტევება ადამიანებს, მაგრამ სულის გმობა არ მიეტევება მათ. ვინც იტყვის სიტყვას კაცის ძის წინააღმდეგ, მიეტევება მას; მაგრამ ვინც იტყვის სიტყვას სული წმიდის წინააღმდეგ, არ მიეტევება მას, არც ამ წუთისოფლად*

და არც საუკუნო სოფლად."

ფარისევლებმა დაასკვნეს, რომ ის რაც იესომ ჩაიდინა ღმერთის ძალით, იყო დემონის ნახელავი. სული წმინდასთან დაპირისპირება მკრეხელობაა. ეს ფარისევლები, ამიტომაცაა რომ ვერ მოიპოვებენ პატიებას.

მართალსა და ტყუილს შორის თუ განასხვავებ ბიბლიის მეშვეობით, შენ არ განსჯი სხვებს და არ მოტყუვდები სიცრუით.

მოდით ჩავუღრმავდეთ "მწვალებლობას," როგორ უნდა გავარჩიოთ ზეციური სული, ავი სულისაგან და რამდენიმე ერეტიკოსთა სექტა, რომლებთანაც ფრთხილად უნდა იყოთ.

ერესის ბიბლიური განმარტება

ოქსფორდის ლექსიკონი სიტყვა 'მწვალებლობას' განსაზღვრავს, როგორც რწმენას ან მოსაზრებას, რომელიც რომელიმე კონკრეტული რელიგიის წინააღმდეგობაშია.

პავლე დაინიშნა ერეტიკოსთა სექტის წინამძღვრად

საქმე 24:5-ში წერია, რომ *"რაკი ეს კაცი მავნებლად, მთელს მსოფლიოში მცხოვრებ იუდეველთა შორის შფოთის აღმძვრელად და ნაზორეველთა*

მწვალებლობის წინამძღვრად ვცანით." აქ, ნაზარეველთა სექტა მიეკუთვნება ერეტიკოსთა სექტას და აქ პირველად გვხვდება სიტყვა ერეტიკოსი ბიბლიაში.

ებრაელები, გუბერნატორამდე აღუდგნენ წინ პავლეს, რადგან ისინი ფიქრობდნენ, რომ მისი მოძღვრება განეკუთვნებოდა ერეტიკოსობას. პავლემ უარყო ბრალი და გამოთქვა თავისი რწმენა ისე, როგორც აღწერილია საქმე 24:13-16-ში.

ვერც იმას დაამტკიცებენ შენს წინაშე, რაშიაც ახლა მდებენ ბრალს. იმას კი ვაღიარებ შენს წინაშე, რომ იმ მოძღვრებით, რომელსაც ისინი მწვალებლურს უწოდებენ, მამების ღმერთს ვემსახურები, და მწამს ყველაფერი, რაც დაწერილია რჯულში და წინასწარმეტყველთა მიერ. და ღვთის იმედი მაქვს, რომ იქნება მკვდრეთით აღდგომა, როგორც მართალთა, ისე უკეთურთა, რასაც თვითონვე მოელიან. ამიტომ თავადაც ვიღწვი, რომ ყოველთვის უმწიკვლო სინიდისი მქონდეს ღვთისა და კაცთა წინაშე.

პავლე მოციქული ნამდვილად ერეტიკოსი იყო?

მწვალებლობის განსაზღვრება უნდა მოიძიოთ ბიბლიაში, ვინაიდან ბიბლია არის ღვთის სიტყვა, ერთადერთი რასაც შეუძლია სიმართლისა და სიცრუის გარჩევა. მწვალებლობის განსაზღვრება

განხილულია 2 პეტრე 2:1-ში:

იყვნენ ცრუ წინასწარმეტყველნიც ხალხში, ისევე, როგორც თქვენში იქნებიან ცრუმოძღვარნი, რომელნიც შემოიღებენ წარმწყმედ მწვალებლობას, უარყოფენ მათ გამომსყიდველ უფალს და მალე თვითონვე წარიწყმედენ თავს.

ადამიანი თავდაპირველად ეკუთვნოდა ღმერთს და მისი სურვილის შესაბამისად ცხოვრობდა. დაუმორჩილებლობის შემდეგ ადამი ცოდვილად იქცა და ეშმაკის საკუთრებად გადაიქცა. უფალი წუხდა მათთვის, ვინც სიკვდილის გზას დადგომოდა. უფალმა გამოგზავნა იესო, მისი ერთადერთი ძე, მშვიდობის დასამკვიდრებლად და მსხვერპლად შეწირა იგი, რომ მისი სისხლის მეშვეობით გამოესყიდა ჩვენი ცოდვები.

უფალი იღწვის მათთვის, ვინც ოდესღაც ეშმაკს ეკუთვნოდა და ჩვენ გვეპატიება ჩვენი ცოდვები თუ იესო ქრისტეს ვიწამებთ. მივიღებთ ახალ სიცოცხლეს და კვლავ უფლის საკუთრებაში დავბრუნდებით.

ერეტიკოსებმა უარყვეს იესო ქრისტე

ეხლა უკვე თქვენ იცით, რომ "ერეტიკოსი" განეკუთვნება მათ, ვინც უარყოფს იესო ქრისტეს და ამით ნაჩქარევად იღუპავენ თავს. ეს ტერმინი მანამდე

არასდროს ყოფილა ნახსენები, სანამ იესომ არ დაასრულა თავისი გადამრჩენი მისია. სახელი "იესო" ნიშნავს [ის ვინც] იხსნის თავის ხალხს ცოდვებისაგან. "ქრისტე" არის "მირონცხებული." იესომ მხოლოდ მაშინ დაასრულა თავისი მისია, როდესაც იგი ჯვარზე აცვეს და შემდეგ აღსდა.

ამიტომაც არის, რომ თქვენ ვერ იპოვნით ამ ტერმინს ძველ აღთქმაში ან მათეს, მარკოზის, ლუკას და იოანეს სახარებებში, სადაც იესოს მოღვაწეობაა აღწერილი. ფარისევლებიც კი არ ხმარობდნენ ამ ტერმინს. არც უმაღლესი საეკლესიო პირების ლექსიკონს განეკუთვნებოდა.

მხოლოდ იესოს ჯვარცმის შემდეგ გამოჩდნენ ერეტიკოსები და მხოლოდ ამის შემდეგ გვაფრთხილებს ბიბლია ამ ადამიანების შესახებ.

ამიტომ, ის ვინც ირწმუნებს იესო ქრისტეს, მას არ დაერქმევა ერეტიკოსი. წინააღმდეგ შემთხვევაში ერეტიკოსებად მოიხსეინებიან.

პავლე მოციქულმა არ უარყო იესო ქრისტე. პირიქით, მან იესო ქრისტეს მადლობა გადაუხადა და მუდმივად თან დაჰყვებოდა და ამის გამო პავლეს დევნიდნენ და მას უწევდა საზღაურის გადახდა. ხუთჯერ მიიღო მან ებრაელებისგან გამათრახება. ერთხელ ქვებით ჩაქოლეს. იგი დაატუსაღეს, წარმართები დევნიდნენ მას და საბოლოოდ გაყიდეს მათ ვისაც ენდობოდა. ამ ყველაფრისდა მიუხედავად, პავლე უძლიერეს ადამიანად იქცა, ვინაიდან ყველა ამ დაბრკოლებას იგი სიხარულითა და მადლიერების

გრძნობით უმკლავდებოდა და ღმერთს ადიდებდა თავისი უთვალავი სასწაულით, რომელსაც ხალხის განკურნებით გამოხატავდა. იგი იესო ქრისტეს სახელით მანამ მოქმედებდა, სანამ წამებულად არ გარდაიცვალა.

პავლე ქადაგებდა სახარებას და ამით დემონსტრირებას უკეთებდა უფლის ძალას

შენ უნდა იცოდე, რომ ღმერთის ძალის ჩვენება შეუძლებელია იმ პიროვნებებით ვინც იესო ქრისტე უარყო, ვინაიდან ბიბლია პირდაპირ გვეუბნება, *"ერთხელ თქვა ღმერთმა - ორჯერ მოვისმინე, რადგან ღმერთისაა ძალა"* (ფსალმუნნი 62:11).

შენ არ უნდა განსაჯო ის ადამიანი, რომელიც ღვთიური ძალის დემონსტრირებას ახდენს, ვინაიდან ეს იმას ნიშნავს, რომ უფალი მასთან არის და უფალს იგი ძალიან უყვარს. გალათელთა 1:6-8-ში, პავლეს, რომელსაც ნაზარეველთა სექტის წინამძღვარი უწოდეს, მკაცრად გვაფრთხილებს, რომ არ ვიყოთ მიმდევრები ან არ ვიქადაგოთ სხვა სახარება გარდა ჯვრის მოწოდებისა:

> *მიკვირს, რომ იმისაგან, ვინც ქრისტეს მადლით გიხმოთ, ასე მალე გადახვედით სხვა სახარებაზე. თუმცა არ არსებობს სხვა სახარება, არიან მხოლოდ ზოგიერთნი, რომელნიც გამღვრევენ და ცდილობენ შერყვნან ქრისტეს სახარება. მაგრამ*

ჩვენ კი არა, თვით ანგელოსმა ზეცითაც რომ გახაროთ სხვა სახარება, და არა ის, რაც გვიხარებია, წყეულიმც იყოს.

დღესაც კი, ზოგიერთი ადამიანი ერეტიკოსად ითვლება, მიუხედავად იმისა რომ მათ იესო ქრისტე არასოდეს უარყვიათ და მხოლოდ მის სახარებას ქადაგებენ და მხოლოდ ერთადერთი და ნამდვილი შემოქმედი ღმერთის სჯერათ.

შემთხვევით პიროვნებებს ერეტიკოსებად ნუ განსჯით

მეც განვიცადე ეს ცრუ ბრალდებები საკუთარ თავზე. ხშირი იყო ხოლმე ჩემ მიმართ ერეტიკოსად შერაცხვის მცდელობა, ვინაიდან მე უფლის ძალის დემონსტრირებას ხშირად ვახდენდი და ჩემი ეკლესიაც სწრაფად იზრდებოდა. სინამდვილეში, შეკრებების მოცულობა 120,000 წევრამდე გაიზარდა 30 წელიწადზე ნაკლებ დროში, რადგან ეკლესია 1982 წელს დაარსდა.

7 წლის განმავლობაში უამრავი დაავადებით ვიტანჯებოდი და უფლის ძალამ ეს ყველაფერი თვალის დახამხამებაში განკურნა. ამის შემდეგ ვეცადე მეცხოვრა უფლის სადიდებლად, ისე ვსვამდი და ვჭამდი როგორც პავლე მოციქული აკეთებდა ამას. ჩემი ცხოვრება უფალს მივანდე და მიზანმიმართულად ავირჩიე იესო, მუდამ იესო.

იმ დროიდან მოყოლებული როცა მე ერისკაცი ვიყავი, სულ იმას ვამტკიცებდი, რომ უფალმა გამკურნა. როდესაც უფლის მსახურის სტატუსი მომენიჭა, მე ვიქადაგე ჯვრის მოწოდება და საჯაროდ განვაცხადე მაღალი ღმერთი და იესო ჩვენი მხსნელი. უფალს მაშინაც ვახსენებდი, როდესაც საქორწილო მოვალეობას ვასრულებდი, რადგან მინდოდა რომ უფრო მეტი ხალხი დამეყენებინა ჭეშმარიტ გზაზე.

მივხვდი, რომ უფლის ძლიერი სიტყვა და მისი ნაბოძები ძალით ნაჩვენები სასწაულები საჭირო იყო უფალის დასამოწმებლად. ამიტომაც ვლოცულობდი მხურვალედ ისევე, როგორც წინაპრები, რომ მიმეღო ღვთიური ძალა და განმევლო ყოველი განსაცდელი მადლიერებისა და სიხარულის გრძნობით.

ზოგჯერ სიკვდილისებრი განსაცდელებიც იყო. თუმცა, ისევე როგორც იესომ მიიღო დიდება თავისი უმწიკლო ცხოვრებისა და აღდგომის შემდეგ, უფალი ზრდიდა ჩემ უნარს მისი ნებისდა მიხედვით ყოველი მომდევნო განსაცდელის გადატანის შემდეგ.

შედეგად, ყოველთვის როდესაც უფლის სიტყვას აღვავლენდი და ვქადაგებდი შემოქმედ ღმერთს და იესო ქრისტეს ჩვენს მხსნელს მთელს მსოფლიოში - კენიაში, უგანდაში, ჰონდურასში, იაპონიაში, აგრეთვე მუსულმანურ პაკისტანში და ინდუიზმის დომინანტ ქვეყანა ინდოეთში, ხალხი ინანიებდა, ბრმებს თვალი ეხილებოდათ, მუნჯები ლაპარაკს იწყებდნენ, ყრუებს სმენა უბრუნდებოდათ, და შიდსის და კიბოს მაგვარი სენები იკურნებოდა. ეს სასწაულები განადიდებს

უფალს.

ამიტომ, მას ვისაც ზუსტად ესმის სიტყვა მწვალებლობის განსაზღვრება, ის დაუდევრად არ განსჯის სხვებს ერეტიკოსებად. საქმე 5:33-42-ში, თქვენ კითხულობთ გამალიელის შესახებ, კანონის მასწავლებელი, რომელსაც პატივს სცემდა ყველა. როგორ მოიქცა იგი?

იმ დროს, ფარისევლებმა პეტრეს და იოანეს აუკრძალეს იესო ქრისტეს სიტყვების ქადაგება, მაგრამ ისინი არ დაემორჩილნენ საბჭოს. ამრიგად, სანჰედრინის წევრებმა გადაწყვიტეს მოციქულების სიკვდილით დასჯა. გამალიელი წამოდგა ფეხზე სანჰედრინის სხდომაზე და ხალხის გარეთ გაშვება მოითხოვა. შემდეგ კი წევრებს მიუბრუნდა და მიუგო:

კაცნო ისრაელიტნო, კარგად დაფიქრდით, რას უპირებთ ამ ხალხს. ვინაიდან ამ დღეების წინ აღდგა თევდა, დიდ ვინმედ რომ მოჰქონდა თავი, და გაჰყვა მას ოთხასამდე კაცი, მაგრამ მოკლული იქნა, ხოლო მისი მომხრეები გაიფანტნენ და არარად იქცნენ. შემდგომ ამისა, აღდგა იუდა გალილეველი, აღწერის დღეებში, და დიდძალი ხალხიც გაიყოლია, მაგრამ დაიღუპა და გაიფანტნენ მისი მომხრენიც. ამიტომაც გეუბნებით: "ჩამოეხსენით ამ ხალხს და გაუშვით ისინი, ვინაიდან თუ ეს ზრახვა ანდა საქმე კაცთაგან არის, ჩაიშლება. ხოლო თუ ღვთისაგან არის, თქვენ ვერ ჩაშლით მას; მაშ,

გაფრთხილდით, ღვთისმბრძოლებად არ შეირაცხონ" (საქმე 5:35-39).

როდესაც ამ ნაწყვეტს კითხულობ, შენ ხვდები, რომ თუ სასწაულები უფლისგან არ არის მოვლენილი, მაშინ ისინი აუცილებლად განიცდიან მარცხს ხალხის ჩარევის გარეშეც კი. ამიტომაც, იმისდა მიუხედავად აღუდგებიან თუ არა უფლის საქმეებს, ამას მნიშვნელობა არ აქვს, რადგან ვერავინ შეაჩერებს ღმერთის ჩანაფიქრს. ამის მაგივრად, მათი ბრძოლა ღმერთის წინააღმდეგ უშედეგოდ ჩაივლის და ისინი მხოლოდ მის სასჯელსა და განსჯას მოიმკიან.

ზოგჯერ ხალხი ერთმანეთს ერეტიკოსობას სწამებს მათი ბიბლიის განსხვავებული ინტერპრეტაციის გამო, სული წმინდის თვალთახედვის გამო, თუმცა ყველა ერთხმად აღიარებს სამებას და იესო ქრისტეს ხორციელ მოვლინებას.

ზოგიერთი ამბობს, რომ მათ არ ჭირდებათ სიტყვა და ხედვა და რომ ეს სული წმინდის ქმედებები არასწორია, რადგან არ არსებობს ჩანაწერი იმისა, რომ იესო საუბრობდა ან ხილვები ქონდა. მიუხედავა ამისა, ბიბლია გვეუბნება რომ ეს კარგია ჩვენთვის:

ხოლო თვითეულ ჩვენგანს სასიკეთოდ ეძლევა სულის გამოვლენა. ზოგს სულისგან ეძლევა სიბრძნის სიტყვა, ზოგს – ცოდნის სიტყვა იმავე სულით; ზოგს - რწმენა იმავე სულისაგან, ზოგს – ნიჭი მკურნალობისა იმავე სულით; ვის -

სასწაულმოქმედება, ვის – წინასწარმეტყველება, ვის – სულით გარჩევა, ვის – სხვადასხვა ენა, ვის კიდევ – განმარტება სხვადასხვა ენის. ხოლო ყოველივე ამის მოქმედია ერთი და იგივე სული, რომელიც იმას უწილადებს თვითეულს, რაც თვითონ ნებავს (1 კორინთელთა 12:7-11).

შესაბამისად, შენ არ უნდა დასწამო ცილი ან განსაჯო ისინი, ვისაც სული წმინდისგან განსხვავებული ჯილდო ერგო და არ უნდა უწოდო მათ ერეტიკოსები მხოლოდ იმიტომ, რომ შენ ვერ განიცდი იგივეს რასაც ისინი.

ჭეშმარიტების სული და ცდომილების სული

2 პეტრე 2:1-3-ში არის მწვალებლობის განსაზღვრება. ბიბლია გვაფრთხილებს ცრუ წინასწარმეტყველების და მასწავლებლების შესახებ, რომლებსაც მალულად შეყავხარ დამღუპველ გაუგებრობაში. *"ზევრი გაჰყვება მათ თავაშვებულობას და მათი წყალობით დაიგმობა ჭეშმარიტების გზა. ანგარებით აღძრულნი ცრუ სიტყვებით მოგისყიდიან, მაგრამ არ დაახანებს მათი სასჯელი და არ სძინავს წარწყმედას მათსას"* (2 პეტრე 2:2-3).

ასევე 1 იოანე 4:1-3-ში წერია *"საყვარელნო, ყველა სულს ნუკი ენდობით. არამედ გამოსცადეთ,*

ღვთისაგან არიან თუ არა, რადგანაც მომრავლდნენ ცრუწინასწარმეტყველნი ქვეყნად. ამით იცნობთ ღვთის სულს: ყოველი სული, რომელიც აღიარებს იესო ქრისტეს, ხორციელად მოსულს, ღვთისაგან არის. ხოლო ყოველი სული, რომელიც არ აღიარებს იესო ქრისტეს, ღვთისაგან კი არ არის, არამედ ესაა სული ანტიქრისტესი, ვისზედაც გსმენიათ, მოვაო, და მოვიდა კიდეც ქვეყნად."

გამოცადო სული არის, თუ არა იგი უფლისგან

არსებობს კეთილი სულები, რომლებსაც უფლისა და ხსნისაკენ მიყავხარ, მაგრამ ამავდროულად არსებობს ეშმაკისეული სულები.

ერთის მხრივ, მან ვინც მიიღო ღმერთის სული, იგი აღიარებს რომ იესო ხორციელად მოგვევლინა. მას სჯერა სამების - ღმერთი, იესო ქრისტე და სული წმინდა, ასე რომ. იგი აღიარებულია უფლის შვილად. მას შეუძლია სიმართლის შეცნობა და სწორად ცხოვრება.

მეორეს მხრივ, მას ვისაც აქვს ანტიქრისტეს სული, ეწინააღმდეგება იესო ქრისტეს და უარყოფს აღდგომას. ფრთხილად უნდა იყო და უნდა შეგწევდეს მართალის გარჩევის უნარი, რადგან ანტიქრისტე ხშირად უფლის სიტყვას ბოროტად იყენებს და ამით მოქმედებს ხალხთა შორის.

ნებისმიერ შემთხვევაში, იესო ქრისტეს უარყოფა იგივეა რაც უფალთან ბრძოლა, რომლემაც გამოაგზავნა

იგი მსოფლიოს გადასარჩენად.

ბიბლია გვაფრთიხლებს ანტიქრისტეს შესახებ 2 იოანე 1:7-8-ში მომდევნოს:

რადგანაც მომრავლდნენ მაცთურნი ქვეყნად, რომელნიც არ აღიარებენ ხორციელად მოსულ იესო ქრისტეს. ეს არის მაცთურნი და ანტიქრისტე. თავს გაუფრთხილდით, რათა არ დაკარგოთ ის, რისთვისაც იღვწოდით, არამედ მივიღოთ სრული საზღაური.

1 იოანე 2:19-ში არის კიდევ ერთი გაფრთხილება ჩვენთვის:

ჩვენგან გამოვიდნენ, მაგრამ არ იყვნენ ჩვენგანნი, ვინაიდან ჩვენგანნი რომ ყოფილიყვნენ, ჩვენთანვე დარჩებოდნენ; მაგრამ გამოვიდნენ, რათა ცხადი გამხდარიაო, რომ ყველანი როდი არიან ჩვენგანნი.

არსებობს ორი სახის ანტიქრისტე: ის ვინც შეპყრობილია ანტიქრისტეს სულით და ის ვინც მოტყუებულია ანტიქრისტეს სულით. ორივე მუდმივად ცდილობს ტყუილის დანერგვას იქ სადაც სული წმინდა არის გაბატონებული. ისინი ცდილობენ აამხედრონ ადამიანი უფლის წინააღმდეგ და ცრუ აზრები ჩაუდონ გონებაში. ადამიანები, რომელთა გონებაც კონტროლდება ანტიქრისტეს სულის მიერ,

ეწოდებათ "შეპყრობილნი."

ამგვარად, ნათლად უნდა შეიცნო სიმართლისა და ცდომილების სულები, რომ განასხვაო იგი და არ მოტყუვდე ანტიქრისტეს მიერ და იცხოვრო სიმარლით.

როგორ განვასხვავოთ სულები

1 იოანე 4:5-6-ში წერია *"ისინი ქვეყნისანი არიან, ამიტომ ქვეყნისას იტყვიან და ქვეყანაც უსმენს მათ. ჩვენ კი ღვთისაგან ვართ; ვინც იცნობს ღმერთის, ის გვისმენს, ხოლო ვინც ღვთისაგან არ არის, არ გვისმენს ჩვენ. ამით შევიცნობთ სულს ჭეშმარიტებისას და სულს ცთომისას."*

ტერმინი "ცდომილება" მიეკუთვნება სიცრუეს, არა მართალს. ცდომილების სული არის ის, რომელიც ცდილობს შეგიყვანოს გაუგებრობაში და გადაგახვევინოს მართალი გზიდან. კერძოდ, ის ვინ უფალთან არის ის უსმენს მართალ სიტყვას, ხოლო ის ვინც უსმენს საქვეყნო სიტყვებს ის არ არის მართალი. თუმცა, ადვილია მათი ცნობა. შენთვის თვალსაჩინო მაშინ ხდება სინათლეა თუ სიბნელე, როდესაც შენ იცი სიმართლე. შემდეგ შეგიძლია თქვა, „ეს ადამიანი მართალია, ის ადამიანი კიდევ სიბნელეში იმყოფება.“

მაგალითად, თუ ვინმე იტყვის კვირას, „პიკნიკზე წავიდეთ. დილის წირვას დავესწროთ მხოლოდ. ესეც ხომ კარგია?“ ან კიდევ თუ იგი ცდილობს უფლის სამეფოს განადგურებას ეშმაკისეული ქმედებებით და

კვლავ აცხადებს რომ ღმერთის სჯერა, ეს არის ცდომილი სულის საქციელი.

უამრავი რამის გაგებას შეძლებ თავისუფლად, თუ მიიღებ სული წმინდას, რომელსაც უფალი გიგზავნის (1 კორინთელთა 2:12). ამიტომაც ბინადრობს შენში სული წმინდა – უფლის ძვირფასო შვილო. იგი მართალი სულია და მიგიძღვის ჭეშმარიტი სიმართლისაკენ. ის თავისას არ ამბობს; იგი მხოლოდ იმას ლაპარაკობს რაც ესმის და გეტყვის, რომ ყველაფერი კიდევ წინაა.

მაშასადამე იესო ამბობს იოანე 14:17-ში: *"ჭეშმარიტების სულს, რომელსაც ვერ შეიწყნარებს ქვეყანა, რადგანაც ვერ ხედავს და არ იცნობს მას, ხოლო თქვენ იცნობთ, ვინაიდან თქვენთანაა და თქვენში იქნება."* იოანე 15:26 გვაძლევს კიდევ ერთ სული წმინდის შეხსენებას: *"ხოლო როდესაც მოვა ნუგეშისმცემელი, რომელსაც მოგივლენთ მამის მიერ, – ჭეშმარიტების სული, რომელიც გამოდის მამისაგან, ის იმოწმებს ჩემთვის."*

ასევე 1 კორინთელთა 2:10-ში წერია *"ჩვენ კი თავისი სულით გაგვიცხადა ღმერთმა, რადგანაც სული ყველაფერს იკვლევს, თვით ღვთის სიღრმესაც."* როგორც დაწერილია, სული წმინდა არის ერთადერთი რომელმაც სრულიად იცის უფლის ჩანაფიქრი და სურვილი.

შესაბამისად, ისინი ვინც მიიღებენ წმინდა სულის სიმართლეს და დაუჯერებენ მას. რაც უფრო მეტად გაფართოვდება უფლის სიტყვა და სასუფეველი,

უფრო დიდია სიხარულიც. ისინი სიცოცხლით სავსენი არიან და მიისწრაფიან ზეციურ სამეფოში.

ზოგიერთი ეკლესიაში სიხარულის გარეშე დადის, რადგან მათ არ გააჩნიათ უფლისადმი სრული რწმენა. ისინი კვლავ მსოფლიოს განეკუთვნებიან და ფულსა და გართობას ამჯობინებენ. მაგრამ ისინი ვერ ცხოვრობენ სიმართლეში, ვერც ზეციური სამეფოსკენ მიილტვიან და არც ღმერთი უყვართ მთელი გულით.

საბოლოოდ, ამგვარი ხალხი რჩება უღმერთოდ და ისინი მაცდური სულის საკუთრებები ხდებიან. ასევე ის, ვინც ცილს სწამებს ან ცრუ ჭორებს ავრცელებს სხვებზე შურითა და ბოღმით, ის არ არის მართალი სულის პატრონი.

არავის მისცე შეცდომაში შეყვანის უფლება

1 იოანე 3:7 გვიბიძგებს შემდეგს; *"შვილებო, ნურავინ გაცთუნებთ; სიმართლის მოქმედი მართალია, როგორც ის არის მართალი."* ზურგი არ უნდა აქციო უფალს და მის სიტყვას, რადგან განსაცდელის ჟამს მხოლოდ მისი სიტყვით შემლებ გადარჩენას. მხოლოდ მაშინ, მიიღებ შენ სრულ ხსნას, გაბრწყინდები ამქვეყნად და ისიამოვნებ საუკუნო სიცოცხლით ზეციურ სამეფოში.

თუმცა, ეშმაკი ყველანაირ ხერხს ხმარობს, რომ ღვთის შვილებს ხელი შეუშალოს მართალ ცხოვრებაში და შენ უნდა უარყო ბოროტი და შეეწინააღმდეგო მას. 1 პეტრე 5:8-ში წერია *"იფხიზლეთ და ფხიზლად*

იყავით, რადგანაც თქვენი მტერი ეშმაკი დაძრწის, როგორც მბრდღვინავი ლომი, და მსხვერპლს დაეძებს.”

როგორ შეუძლიათ ეშმაკსა და სატანას უფლის შვილის მოტყუება? თქვენ შეგიძლიათ შეადაროთ ეს ქალს, რომელიც შეცდენილია კაცის მიერ. თუ ქალი კეთილშობილურად და გრაციოზულად იქცევა, კაცი ვერ ბედავს მის ცდუნებაში შეყვანას. წინააღმდეგ შემთხვევაში, კაცი ადვილად აცდუნებს იმას ვინც შესაფერისად არ იქცევა. გარდა ამისა, ეშმაკი და სატანა იმასაც ადვილად მოდრეკენ, ვინც მტკიცედ არ დგას თავის რწმენაზე და ეჭვი ეპარება უფალში. ეშმაკი მაცდური გზით ატყუებს ხალხს და ცდილობს ხალხს ზურგი შეაქცევინოს უფლისადმი და სიკვდილის გზაზე დააყენოს.

რათქმაუნდა, შენ შესაძლოა შეეფეთო განსაცდელს იმისდა მიუხედავად, რომ არ იმსახურებ. ეს იმიტომ, რომ ღმერთს სურს შენი დალოცვა, ისევე როგორც დანიელის განსაცდელი, რომელიც ლომის ბუნაგში ჩააგდეს, ან კიდევ აბრაამის განსაცდელი, რომელსაც საკუთარი შვილის შეწირვა მოუწია.

როდესაც შენ განსაცდელისა და სირთულეების წინაშე წარსდგები იმიტომ, რომ შენს რწმენაზე მტკიცედ არ სდგახარ, უმალვე უნდა მოიცილო ცოდვები და მოინანიოთ, გამოდევნო ყველა ცდუნება და გადალახო განსაცდელი უფლის სიტყვით და ეცადო რაც შეიძლება მედგრად იდგე სიმართლის კლდეზე.

მედგრად დგომა ჭეშმარიტებაში; არ მოტყუვდეთ

1 თიმოთე 4:1-2-ში ავტორი წერს *"ხოლო სული ცხადად მეტყველებს, რომ უკანასკნელ ჟამს რწმენისაგან განდგებიან ზოგიერთნი და შეუდგებიან მაცდურ სულთა და დემონთა მოძღვრებას ცრუმეტყველთა თვალთმაქცობით, რომელთაც დადაღეს თავიანთი სინიდისი."*

ეს ეხება მოგვიანებით დროს, როდესაც ზოგიერთი ხალხი რომელიც თავს დებს თავის სიმართლეზე, ზურგს შეაქცევს თავიანთივე რწმენას და ტყუილით შეპყრობილნი გაჰყვებიან ეშმაკისეულ სულს.

მოტყუებულნი არიან ორპირნი იმ შემთხვევაშიც კი, როცა საჩვენებლად ისინი ჭეშმარიტ და მართალ საქმიანობებს ჩადიან. ისინი სხვებზე ადრე ლოცულობენ და ერთგულობენ ფულის სანაცვლოდ და არა ღმერთის სამადლობელოდ. საბოლოოდ კი, ისინი უარყოფენ თავიანთ რწმენას და გაუყვებიან სიკვდილის გზას, რადგან მათი სინდისი დამწვარია ტყუილებით, უსამართლობით და მატერიალური გართობით.

უფალი მკაცრად გაფრთხილებს ბიბლიის მეშვეობით, რომ არ მოტყუვდე. იესო გვაფრთხილებს მათე 7:15-16-ში: *"ეკრძალეთ ცრუ წინასწარმეტყველთ, რომელნიც მოვლენ თქვენთან ცხვრის სამოსით, ხოლო შიგნით არიან მტაცებელი მგლები. თავიანთი ნაყოფით იცნობთ მათ; განა ეკალზე კრეფენ ყურძენს, ან ნარზე*

ღელავს?"

ადამიანის სიტყვები ირეკლავს მის ფიქრებსა და აზრებს. ანუ, შეგიძლია შეიცნო ადამიანი მათივე ნაყოფით. თუ ვინმეს გააჩნია ეშმაკისეული ნაყოფი როგორიცაა სიძულვილი, შური და ეჭვიანობა იგი ცრუ წინასწარმეტყველია. განსხვავებით იმათგან, ვინც სიმართლეს, სიკეთეს და ჭეშმარიტებას ღაღადებს.

უამრავი ცრუ წინასწარმეტყველი, ანტიქრისტე, უკვე არსებობს ამქვეყნად. ამიტომ, უფლის შვილებს უნდა შესწევდეთ მართალისა და ტყუილის გარჩევის უნარი, მართალი სულის და ცდომილი სულისგან გამორჩევა.

ეშმაკი და სატანა არასდროს გაუშვებს ღვთის შვილის შეცდომაში შეყვანის შანსს ხელიდან. ისინი ეცდებიან ცოდვებით წარწყმინდონ სულები. მაგრამ თუ სტაბილური და მედგარი ხარ შენს რწმენაში და ემორჩილები ღვთიურ სიტყვას, ეშმაკეულნი ვერ გადაგხრიან ჭეშმარიტი გზიდან და ადვილად ვერ დაგამარცხებს იმ შემთხვევაშიც კი, თუ შენამდე მოვიდნენ.

არც უნდა დაუშვა ან შეუერთდე რაიმე სხვა სახის სწავლებას და მოტყუვდე იმათ მიერ ვინც გასწავლის, ვინც სიმართლის მოწინააღმდეგენი არიან. პირიქით, დაუჯერე უფლის სიტყვას მიჰყევი სული წმინდის სურვილებს და შენ უმწიკლოდ და გაბედულად წარსდგები იესო ქრისტეს წინაშე მისი მეორე მოსვლის დროს.

იესო გვეუბნება, რომ *"კეთილ კაცს კეთილი საუნჯისგან გამოაქვს კეთილი, და ბოროტ კაცს ბოროტი საუნჯისგან გამოაქვს ბოროტი. ხოლო მე გეუბნებით თქვენ: ყოველი ფუჭი სიტყვისათვის, რომელსაც იტყვიან კაცნი, პასუხს აგებენ ისინი განკითხვის დღეს. ვინაიდან შენი სიტყვებით გამართლდები, და მაშინვე სიტყვებით განიკითხები"* (მათე 12:35-37).

კეთილ კაცს კეთილი გული აქვს და სხვის მიმართ ბოროტებას არ ჩაიდენს, მიუხედავად იმისა, თუ ეს მოქმედება მისთვის ძალიან მომგებიანია.

თუმცა, ბოროტი ადამიანი ვერ იქნება მოხარული ჭეშმარიტებით. იგი ყველანაირად ცდილობს სხვებს ბოროტება გაუკეთოს. იმისდა მიუხედავად, რომ მისი ნათქვამები მართალი და სწორია, შენ ვერ იტყვი რომ ის კეთილი ადამიანია, თუ მას გულში სხვების განსჯა და ხალხისადმი ბოროტება უდევს.

ამრიგად, გამუდმებით უნდა ილოცო და ფხიზლად იყო, რომ არ მოტყუვდე. უნდა შეგეძლოს მართალი სულის გამორჩევა ცდომილისაგან და არასდროს განსაჯო სხვები. უფრო მეტიც, მედგრად უნდა იდგე სამებაში – მამა ღმერთი, ძე ღმერთი და სული წმინდა. ირწმუნო ბიბლიის თითოეული სიტყვა, გჯეროდეს და ცხოვრობდე ამით.

"მოდი, უფალო, იესო!"

ავტორი: დოქტორი ჯაეროკ ლი

დოქტორი ჯაეროკ ლი დაიბადა 1943 წელს მუანში, ჯეონამის პროვინცია, კორეის რესპუბლიკა. მის ოციან წლებში დოქტორი ლი იტანჯებოდა სხვადასხვა განუკურნებელი დაავადებებით შვიდი წლის განმავლობაში და ელოდებოდა სიკვდილს გამოჯანმრთელების იმედის გარეშე. ერთ დღს 1974 წლის გაზაფხულს როგორღაც მისმა დამ წაიყვანა ეკლესიაში და როდესაც იგი სალოცავად დაიჩოქა ცოცხალმა ღმერთმა მაშინვე განკურნა ყველა დაავადებისაგან.

ამის შემდეგ დოქტორი ლი შეხვდა ცოცხალ ღმერთს გასაოცარი გამოცდილებიდან, მას უფალი მთელი გულით უყვარს და 1978 წელს ღმერთმა მას თავისი მსახური უწოდა. იგი გულმოდგინებით ლოცულობდა, რათა გარკვევით გაეგო უფლის ნება, მთლიანად შეესრულებინა იგი და დამორჩილებოდა უფლის ყოველ სიტყვას. 1982 წელს მან დააარსა მანმინის ცენტრალური ეკლესია სეულში, კორეაში და უფლის ურიცხვი სასწაულები, ზებუნებრივი განკურნებების ჩათვლით, ხდება მის ეკლესიაში.

1986 წელს დოქტორი ლი იკურთხა პასტორად კორეაში იესოს სუნგკიულის ეკლესიაში ყოველწლიურ ასამბლეაზე და ოთხი წლის შემდეგ, 1990 წელს მისი მისი ქადაგებების გაშვება დაიწყო ავსტრალიაში, რუსეთში, ფილიპინებში და და სხვა შორეული აღმოსავლეთის სამაუწყებლო კომპანიების, აზიის სამაუწყებლო სადგურის და ვაშინგტონის ქრისტიანული რადიო სისტემის ეთერში.

სამი წლის შემდეგ, 1933 წელს მანმინის ცენტრალური ეკლესია არჩეულ იქნა ერთერთ "მსოფლიოს საუკეთესო 50 ეკლესიაში" ქრისტიანული მსოფლიო ჟურნალის (ამერიკის შეერთებული შტატები) მიერ და მიიღო საპატიო ღვთისმეტყველების დოქტორის ხარისხი ქრისტიანული რწმენის კოლეჯისაგან, ფლორიდა, ამერიკის შეერთებული შტატები და 1996 წელს კი Ph. D. სამღვდელოებაში კინგსვეის თეოლოგიური სემინარიიდან, აიოვა, ამერიკის შეერთებული შტატები.

1993 წლის შემდეგ დოქტორმა ლიმ დაიწყო მსოფლიოს მისიის ხელმძღვანელობა ბევრი საზღვარგარეთული მისიებით

ტანზანიაში, არგენტინაში, ლოს ანჯელესში, ბალტიმორის ქალაქში, ჰავაიზე, ნიუ–იორკში, უგანდაში, იაპონიაში, პაკისტანში, კენიაში, ფილიპინებში, ჰონდურასში, ინდოეთში, რუსეთში, გერმანიაში, პერუში, კონგოში და ისრაელში. 2002 წელს მას ეწოდა "მსოფლიო მასშტაბის პასტორი" მთავარი ქრისტიანული გაზეთის მიერ კორეაში თავისი საზღვარგარეთული გაერთიანებული ლაშქრობების საფუძველზე.

2013 წლის მარტი მანმინის ცენტრალურ ეკლესიას ყავს 120000-ზე მეტი მრევლი. არსებობს 10000 საშინაო სა საზღვარგარეთული ფილიალი ეკლესიები მსოფლიოს გარშემო და ჯერჯერობით 129-ზე მეტ მისიონერს აქვს დავალებული 23 ქვეყანა ამერიკის შეერთებული შტატების, რუსეთის, გერმანიის, კანადის, იაპონიის, ჩინეთის, საფრანგეთის, ინდოეთის, კენიის ჩათვლით.

ამ გამოქვეყნების დღიდან დოქტორი ჯაეროკ ლის დაწერილი აქვს 84 წიგნი ბესტსელერების ჩათვლით: *საუკუნო სიცოცხლის დაგემოვნება სიკვდილამდე, ჩემი ცხოვრება ჩემი რწმენა I და II, ჯვრის მოწოდება, რწმენის საზომი, ზეცა I და II, ჯოჯოხეთი და უფლის ძალა.* მისი ნამუშევრები თარგმნილია 75 ენაზე.

მისი ქრისტიანული სვეტები ჩნდება ჰანკოკ ლიბოში, ჯონგანგის ყოველდღიურ გაზეტში, დონგ–ა ლიბოში, მუნვა ლიბოში, სეულის შინმუნში, კიუნგიანგ შინმუნში, ჰანკიორე შინმინში, კორეის ეკონომიკურ ყოველდღიურ გაზეთში, კორეის ჰერალდში, შისას ახალ ამბებში და ქრისტიანულ პრესაში.

დოქტორი ლი ამჟამად უამრავი მისიონერული ორგანიზაციის და ასოციაციების ლიდერია, ასევე იგი თავმჯდომარეა გაერთიანებული იესო ქრისტეს წმინდა ეკლესიის; მანმინის მსოფლიო მისიის პრეზიდენტი; მსოფლიოს ქრისტიანობის აღორძინების მისიის ასოციაციის მუდმივი პრეზიდენტი; მანმიმის ტელევიზიის დამფუძვნებელი; საზოგადო ქრისტიანული ქსელის დამფუძვნებელი და საბჭოს თავმჯდომარე, მსოფლიოს ქრისტიანული ექიმების ქსელის და მანმინის საერთაშორისო სემინარიის დამფუძვნებელი და საბჭოს თავმჯდომარე.

სხვა ძლიერი წიგნები იგივე ავტორისგან

ზეცა I და II

მტკიცებულებების მემუარები დოქტორ ჯაეროკ ლისგან, რომელიც ხელახლა დაიბადა და სიკვდილის ჩრდილს გადაურჩა და უმღვება სრულყოფილ სამაგალითო ქრისტიანულ ცხოვრებას.

ჩემი ცხოვრება, ჩემი რწმენა I და II

ყველაზე არომატული სულიერი სურნელება გაიყოფა სიცოცხლისაგან, რომელიც უბადლო ღმერთის სიყვარულით არის აყვავებული, ბნელი ტალღების შუაგულში, ცივი უღელი და ყველაზე ღრმა სასოწარკვეთილება.

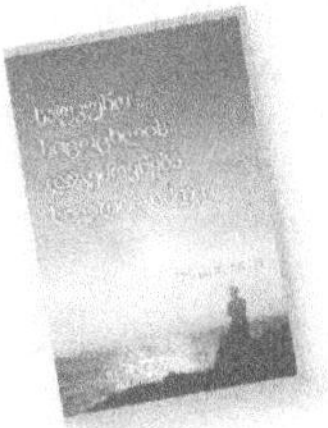

საუკუნო სიცოცხლის დაგემოვნება სიკვდილამდე

მტკიცებულებების მემუარები დოქტორ ჯაეროკ ლისგან, რომელიც ხელახლა დაიბადა და სიკვდილის ჩრდილს გადაურჩა და უმღვება სრულყოფილ სამაგალითო ქრისტიანულ ცხოვრებას.

რწმენის საზომი

რა ტიპის საცხოვრებელი ადგილი, გვირგვინი და კილდო არის მომზადებული შენთვის სამოთხეში? ეს წიგნი უზრუნველყოფს სიბრძნეს და წინამძღოლობას, რათა გაზომო შენი რწმენა და დახვეწო საუკეთესო და მოწიფული რწმენა.

ჯოჯოხეთი

სერიოზული მოწოდება უფლისგან კაცობრიობისათვის, რომლებსაც არ სურთ არცერთი სულის ჯოჯოხეთის ცეცხლში ჩაგდება! შენ აღმოაჩენ ადრე არასოდეს გამოვლენილ ქვედა ჰადესის და ჯოჯოხეთის რეალურ სისასტიკეს.

www.ingramcontent.com/pod-product-compliance
Lightning Source LLC
Chambersburg PA
CBHW061556120626
46550CB00004B/1513
* 9 7 8 8 9 7 5 5 7 6 9 5 9 *